진실과
아름다움

TRUTH & BEAUTY

Copyright ⓒ 2004 by Ann Patchett
All rights reserved.

Korean Translation Copyright ⓒ 2025 by Bokbokseoga. Co., Ltd.
Korean translation rights arranged with Creative Artists Agency
through EYA Co., Ltd.

이 책의 한국어판 저작권은 EYA(Eric Yang Agency)를 통해
Creative Artists Agency와 독점 계약한 복복서가㈜에 있습니다.
저작권법에 의해 한국 내에서 보호를 받는 저작물이므로
무단 전재와 무단 복제를 금합니다.

진실과 아름다움

어느 우정의 역사

앤 패칫 지음 | 메이 옮김

복복서가

일러두기

1. 주석은 모두 옮긴이 주다.
2. 본문 중 고딕체는 원서에서 이탤릭체나 대문자로 표기한 부분이다.
3. 편지글 중 대괄호([ ])는 앤 패칫이 첨언한 것이다.

차례

진실과 아름다움 ··· 011

옮긴이의 말
사랑과 애도의 제의로서의 글쓰기 ··· 383

아무것도 영원하지 않지만, 또한 아무것도 지나가지 않는다.
그리고 아무것도 영원하지 않기에 아무것도 지나가지 않는다.

― 필립 로스, 『휴먼 스테인』

루신다 마거릿 그릴리

1963년 6월 3일~2002년 12월 18일

세상에서 가장 사랑스러운 나의 친구

1장

 이 세상에서 확실한 것 중 하나는 8월의 테네시가 언제나 타는 듯 뜨거울 거라는 사실이다. 1985년에는 또하나의 사실도 꽤나 확실했다. 테네시에서 미주리를 거쳐 아이오와로 가기 위해 렌트한 이사용 트럭에 에어컨이 없거나 망가졌으리라는 것. 대학원 생활을 시작하기 위해 집을 떠날 때 내게 확실했던 건 그런 것이었다. 트럭 창문을 내린 채 의붓언니 티나가 운전하고 있었다. 우리는 검은색 인조가죽 좌석에 맨다리가 들러붙지 않도록 수건을 깔고 앉아 손가락에 묻은 엠앤드엠스 초콜릿을 빨았다. 나는 발을 대시보드에 올렸다. 우리는 노래를 불렀다. 에어컨이 그렇듯 라디오도 망가졌기 때문이다. "교-회에 가서 우리는— 결-혼-할-거야." 우리는 그 노래 가사를 단어 하나하나까지 전부 알았다. 티나는 나보다 목소리가 좋았다. 그 여행에 티나가 함께해준 걸 고맙게 여긴 또다른 이유였다. 나는 스물한 살이었고 소설가가 되고자 했다. 전체 계획은 단순했다. 트럭을 빌린다, 어머니 집 지하실에서 안 쓰는 냄비와 프라이팬 몇 개랑 싱글 침대 매트리스를 챙긴다, 타자기를 싼다. 테네시밸리의 산들은 우리가 멤피스에 닿기 전에 평평해졌으며, 북쪽으로 갈수록 풍경이라고는 온통 옥수수뿐이었다. 파란 하늘이 열기에 하얗게 바랬다. 차창 밖으로 몸을 내밀고 생각했다. 좋았어, 정신 산만하게 하는 건 없겠군.

지낼 곳을 찾기 위해 6월에 아이오와시티에 한 번 갔었다. 아파트 두 곳을 구하고자 했다. 하나는 내가 살 곳, 다른 하나는 같은 대학에 다녔던 루시 그릴리가 살 곳이었다. 아이오와 문예창작과정의 합격 통지서를 받은 지 얼마 안 돼서 루시에게 편지를 받았다. 루시는 내가 그 과정에 들어갔다는 소식을 듣고 처음엔 상심했다고 했다. 자신이 세라로런스대학에서 그곳에 간 유일한 학생이길 바랐기 때문이다. 하지만 내가 집을 구하기 위해 미리 가볼 거라는 말을 우리 둘 다 아는 친구인 조노 윌크스에게서 전해들었다고 했다. 루시는 편지에서 물었다. "그럼 내 집도 알아봐줄 수 있어?" 직접 가볼 형편이 안 된다고 했다. 예산이 아주 빠듯한 게 분명했다. 식탁에 앉아 루시의 손글씨를 봤다. 나이든 이모가 보낸 생일 카드의 글씨처럼 묘하게 앙상하고 불분명했다. 전에 루시의 글씨를 본 적이 없었으므로 그것이 분명 루시가 내게 처음으로 보낸 글이었다. 나중에 루시와 나는 우리의 역사를 고쳐서 말했다. 대학교 1학년 때 만난 이후로 쭉 친구였다고. 오로지 우리 두 사람의 역사에 몇 년을 추가하는 기쁨을 누리기 위해서였다. 하지만 진실은 대학 때 우리가 서로를 몰랐다는 것이다. 아니, 나는 루시를 알았지만 루시는 나를 몰랐다. 모델과 여배우와 백만장자 사업가의 딸로 가득한 세라로런스이지만, 그런 곳에서도 모두가 루시를 알고 루시의 이야기를 알았다. 아홉 살 때 유잉육종을 앓았고, 오 년 동안 혹독한 방사선치료와 화학요법치료를 받았으며, 그후에 여러 차례 재건 수술을 했으나 성공적이지 못했다는 이야기. 루시 인생의 이 같은 드라마는 수강하는 모든 수업에서 가장 똑똑한 학생이라는 평판과 합해져 루시를 캠퍼스 마스코트로, 해진 청바지와 품이 큰 아이리시 스웨터를 걸친 모두의 총아로 만들었다. 루시는 길고 짙은 금발이 얼굴을 가리도록 고개를 숙이고 다녔다. 아래턱 일부가 없다는 사실을 감추기 위해서였다. 멀리서 보면 루시가 돈이라든지 열쇠 같은 걸 잃어버려서 찾으려고 땅바닥을 열심히 살피는 것으로 보일 수도 있었다.

근로장학생이던 루시는 금요일과 토요일 밤에 열리는 영화 상영회를 진행했다. 프로젝터를 켜기 전 스크린 앞으로 걸어

나와 뉴욕주 소방 규정에 따라 출구가 영화관 양쪽에 있다는 말을 해야 했다. 하지만 그 말을 할 수가 없었는데, 학생 무리가 루시를 향해 격하게 환호했기 때문이다. 학생들은 소리를 지르고 박수를 치고 루시의 이름을 연호했다. "루우-시, 루우-시, 루우-시!" 루시는 팔로 얼굴을 가리고 부끄러워 몸을 이쪽저쪽으로 꼬면서도 환호를 즐겼다. 루시의 작은 몸, 잘 먹지 못한 열한 살짜리 아이 같은 몸이 커다란 스웨터 안에서 눈에 보일 정도로 떨렸다. 마침내 루시가 부끄러워 못 견딜 정도가 되면 관객들은 알아채고 입을 다물었다. 루시는 해야 할 말을 했다. "뉴욕주 소방 규정에 따라," 그렇게 시작했다. 힘껏 소리쳤지만 루시의 목소리는 그 목소리가 나오는 자그마한 체구보다도 더 작았다. 속삭이는 거나 마찬가지여서, 관객석 세 번째 줄 너머로는 들리지 않았다.

나는 이 쇼를 거의 매주 관람했다. 그것은 〈쥴 앤 짐〉* 관람과 더불어 그 저녁의 오락거리 중 하나였다. 나 역시 수줍은 성격이었기에 3학년이 되어서야 루시의 이름을 외칠 수 있었다. 그 즈음 루시는 관객이 자신을 향해 소리를 지르면 손을 흔들어주곤 했다. 허리를 굽혀 인사하기도 했다. 당시 루시는 머리를 잘라서 어딘지 나긋나긋하고 소년 같아 보였는데, 창백한 이

---

* 1962년에 개봉한 프랑수아 트뤼포 감독의 영화.

마 위로 머리카락을 높게 올려 세웠다. 우리는 루시의 얼굴을 또렷하게 볼 수 있었다. 수술 후에 부어 있거나 수술이 실패한 후 얼굴 한쪽이 꺼져 있거나 하는 식으로 루시의 얼굴은 항상 변했다. 어느 해엔가 루시는 지팡이를 짚고 다녔다. 누군가 내게 말해주길, 엉덩이에서 살 한 덩이를 떼어내 반죽해서 턱에 붙여야 했기 때문이라고 했다.

우리는 유명 영화배우의 사생활을 알게 되는 방식으로, 다시 말해 정보의 삼투현상 같은 것을 통해 루시와 관련된 일을 알았다. 누군가에게 물어보거나 이야기를 들었던 기억은 없다. 정보는 그저 대기를 타고 전해졌다. 어린 시절, 암 투병, 용감함. 그리고 거기에 더해 루시가 시인임을 학교의 모두가 알았다. 아주 괜찮은 대학생 시인 정도를 넘어서 교수와 힙스터까지도 전부 루시를 진정한 재능의 소유자로 여겼다. 학부모가 방문하는 주말에 커피숍에서 열리는 행사에 루시는 항상 낭독자로 뽑혔다. 낭독을 듣기 위해 모여든 사람들로 꽉 찬 그 작은 공간에서도 루시의 목소리는 금요일 저녁 상영회에서 비상구 위치를 안내할 때처럼 작았지만 더 자신감이 넘쳤다.

"내가 불의 꿈을 꿀 때," 루시가 낭독했다. "당신은 여전히 내가 구해낼 그 사람입니다/비록 나 자신을/불꽃으로, 무너져내리는 천장으로 여기게 되었지만."

청중 사이에 앉아 루시를 보며 우리 둘 사이에 뭔가 공통점

진실과 아름다움

이 있다고 믿었다. 내가 쓰는 건 단편소설이었음에도 그랬다. 사람들은 내 작품을 좋아했지만 나를 잘 기억하지는 못했다. 같은 수업을 듣는 앤이라는 다른 작가와 나를 자주 혼동하고 내 아래층에 사는 코리나라는 여자와도 혼동했다. 루시와 달리 나는 사람들 사이에 묻히는 경향이 있었다. 내가 세라로런스대학에 온 것은 십이 년 동안 가톨릭 학교에 다닌 후였는데, 가톨릭 학교에서는 자신의 개인성을 발견하는 일 같은 건 가르치지 않았다. 그곳 학생들은 똑같은 체크무늬 치마, 흰 블라우스, 새들 옥스퍼드 구두*를 착용했으며, 기도할 때도 다 함께 큰 소리로 기도했다. 사람들 사이에서 내 목소리를 구분해내는 건 불가능했다. 다른 이들과 뒤섞이는 데는 기술이 필요한데, 하나의 집단으로서 우리는 그 기술을 제대로 익혔다. 루시는 아팠기 때문에 초등학교의 다른 모든 아이와 자신이 다르다는 걸 알았고, 또한 자신이 살아남았기 때문에 암 병동의 다른 모든 아이와도 다르다는 걸 알았다. 반면 나는 세상에 존재하는 다른 모든 어린 소녀와 내가 너무도 비슷하다는 것을 알았으며, 학급 사진에서 내 얼굴을 찾아내는 데는 언제나 한참이 걸렸다. 나는 수줍음이 많고 사람들 사이에서 눈에 띄지 않는 편이었지만, 그래도 그 유명한 루시 그릴리와 친구가 된

---

* 발등 부분만 다른 색깔로 된 끈이 달린 구두.

다는 생각이 아주 말도 안 되는 것은 아니라고 봤다. 하지만 길을 가다가 루시에게 손을 흔들거나 학교 식당에서 인사를 하면 루시는 마치 우리가 한 번도 만난 적이 없다는 듯 나를 멀뚱히 쳐다보다가 가버렸다. 한번은 식기 반납 창구 앞에서 루시를 멈춰 세운 적이 있었다.

"우리 아버지와 의붓어머니가 로스앤젤레스에 사시는데," 내가 말했다. "해군사관학교에 다니는 장교 후보생 두 명을 추수감사절 저녁식사에 초대했대. 그런데 그중 한 명이 너와 같은 고등학교에 다녔다지 뭐야. 이름이 보비 어쩌고라고 했어."

루시는 내가 자신에게 왜 이런 이야기를 하는지 도통 모르겠다는 듯 나를 쳐다봤다. 나는 하던 얘기를 좀더 해봤다. "내 생각엔 세라로런스 이야기가 나왔고, 너랑 나랑 같은 대학에 다닌다는 걸 그 자리의 사람들이 떠올렸고, 그래서 걔가 두 분에게 부탁했나봐. 나를 통해 너에게 안부를 전해달라고 말이야." 루시에게 살짝 웃어 보였지만 효과가 없었다. "그래서 지금 내가 안부를 전하는 거야."

"알았어." 루시가 말하곤 가버렸다.

루시 그릴리는 나 같은 사람, 그러니까 도시의 클럽에 다니지 않는 테네시 출신의 여자애한테는 지나치게 근사한 사람이었다.

나는 대학을 조기졸업하고 내슈빌 집으로 돌아갔다. 루시의 편지를 받았을 때 싫다고, 네가 살 곳은 알아서 구하면 될 거라고 말할 생각은 전혀 들지 않았다. 루시에겐 유명인이 내뿜는 매력이 있었다. 언제나 날 무시하긴 했지만 그래도 루시가 내게 도움을 청해줘서 으쓱한 기분이 들었다. 게다가 루시는 내가 아이오와에서 아는 유일한 사람일 터였다. 6월에 어머니 차를 빌려 아이오와에 갔다. 공간을 잘게 쪼개서 임대하는 집들과 임시로 마련해놓은 방들을 살펴봤다. 아이오와의 혹독한 겨울 동안 대학원생 수용소가 되는 곳들이었다. 루시가 감당할 수 있는 수준의 아파트는 한 군데도 없으며, 내가 감당할 수 있는 수준의 아파트 역시 한 군데도 없음을 곧 알게 되었다. 우리 돈을 전부 끌어모아 합치면 가능할 수도 있는 곳이 그나마 몇 군데 있었고, 나는 찾을 수 있는 곳 중 유일하게 쓸 만한 곳을 빌렸다. 거버너 스트리트에 있는 몹시 흉하게 생긴 두 세대용 주택의 반쪽으로, 한 달에 375달러였다. 적어도 루시와 나는 각자의 침실을 가질 수 있었다. 집에 돌아가 루시에게 편지를 써서 우리가 하우스메이트가 될 거라고 알렸다. 이런 선택지를 루시가 내게 제시한 적은 없지만, 숫자가 말하는 바는 자명했다. 우리 둘 다 한 달에 200달러 이상은 낼 수 없었다.

다른 주로 이사해 잘 알지도 못하고 나를 좋아하지도 않는 것 같은 누군가와 산다는 게 용감한 일이라고 생각해본 적은 없다. 돈도 없이 가망 없어 보이는 직업을 추구하는 일이 힘들어 보이지 않았던 것과 마찬가지였다. 인생에 아무런 모양도 잡혀 있지 않았으므로 무슨 일이 벌어지든 받아들일 준비가 되어 있었다. 만일 그 찜통 같던 트럭에서 티나가 "이 트럭 우리가 갖자, 캐나다를 통과해 앨컨 하이웨이를 타고 알래스카까지 달리자"라고 말했다면 나는 아마 좋아라 했을 것이다. 티나는 같이 여행하기에 좋은 짝이었다. 정말로 함께 있고 싶었지만 티나에겐 이미 나름의 모험 계획이 있었다. 나를 내려준 다음 자전거를 타고 미국을 횡단하는 것이었다. 게다가 아이오와시티에 도착했을 무렵 우리는 그 트럭에 질려버렸다. 땀에 젖은데다가 오는 내내 초콜릿을 먹은 탓에 몸이 끈적끈적했다. 거버너 스트리트에 들어섰을 때 어느 잘생긴 남자가 모는 눈부시게 멋진 앤티크 컨버터블이 멈춰 섰다. 조수석에 루시가 있었다. 루시는 열광적으로 손을 흔들었다. "바로 갈게!" 루시가 외쳤다. 그러곤 두 사람은 붕 하고 사라졌다.

루시가 잘 지내는 모양이라고 생각했다.

집 현관문이 활짝 열려 있었다. 거실은 완전히 텅 비고 리놀륨 바닥은 젖어서 광이 났으며 청소용 세제의 소나무향이 풍겼다. 나는 발자국을 남기며 거실로 걸어들어갔다.

"집을 빌릴 때 이런 모습이었어?" 티나가 물었다.

집안은 마치 창고처럼 보였다. "상태가 더 안 좋아진 것 같아."

 우리가 도착한 지 오 분도 안 되어 루시가 돌아왔다. 인사를 하려고 돌아서는데 루시가 길게 소리를 지르며 쏜살같이 문을 통과해 들어왔다. 순식간에 뛰어올라 내게 안겨 목에 팔을 꽉 두르고 다리로 내 허리를 감쌌다. 40킬로그램이 좀 넘는 몸무게이지만 십몇 킬로그램밖에 안 되는 것처럼 느껴졌다. 루시는 내 머리칼에 얼굴을 묻고 울었다. 다리를 더 꽉 조였다. 그건 인사라기보다 선언에 가까웠다. 루시는 내 가슴팍이 자신의 것임을 분명히 표명했으며, 나는 루시가 원하는 만큼 오래 그렇게 안고 있어야 했다.

 "무슨 일 있었어?" 나는 말하며 루시의 등뒤로 팔을 감았다. 이렇게 자그마한 등이라니. 들썩이며 흐느끼고 있었다. 손안에 들어온 새. 끔찍한 일이 생긴 게 분명했다. 내가 아는 나쁜 일의 영역 밖에 있는 무엇만이 이 여자애를 내 품에 뛰어들게 할 수 있었다.

 루시는 몸을 빼고 나를 바라봤다. 내게 입을 맞추고 미소를 지어 보이더니 다시 울었다. "네가 와서 정말 기뻐." 루시가 말했다.

 루시와 나 사이에 사랑이 천천히 자라난 기억은 없다. 서로를 알아가면서 점차 친구가 되어간 기억도 없다. 내가 기억하는 건 루시가 그 문으로 들어왔고, 사랑은 처음부터 거기에 있었다는 것뿐이다. 거대하고 변치 않는 무엇으로서. 루시에게 선택받았다는 느낌이 들어 기뻤다. 나는 스물한 살이고 몹시 튼튼했다. 루시는 예고도 없이 내 품으로 소프트볼 공처럼 자신을 내던지곤 했다. 안기는 걸 좋아했다.

사랑하는 애애앤(루시는 육 년 후 나에게 이렇게 쓸 터였다), 지금은 사라졌으나 소중하게 기억되는 어느 나라의 퇴임한 대통령, 내 가장 어여쁜 사람, 너에게 적당한 애정의 말을, 네가 얼마나 멋진지를 전부 담아낼 수 있는 말을 찾을 수가 없어. 너는 '내가 가장 좋아하는 베이글'이나 '진하면서도 부드럽고 혀에 착 감기는 커피를 파는 어딘가의 멋지고 작은 카페 위로 드리운, 내가 가장 좋아하는 푸른색 차양'으로 만족해야 할 거야.

루시는 곧 도착할 나를 위해 사흘 동안 바닥을 닦았지만, 집안 공기가 너무 뜨겁고 습하고 전혀 통풍이 안 되는 바람에 물과 세정제가 고인 채 그대로 남았다. 사흘 동안 루시는 그 축축한 집에서 나를 기다렸다.

"네가 여기 영원히 안 오는 줄 알았어." 루시가 말했다. 이제 발은 바닥에 내려놓았지만 여전히 내 팔에 매달린 채였다.

"여기 얼마나 오래 있었어?"

"몇 주, 몇 년. 이 집 끔찍해." 무례하게 구는 게 아니라 루시는 그저 사실을 명시한 것이었다.

"끔찍하지." 티나가 공감하며 고개를 끄덕였다.

"이게 찾을 수 있는 유일한 집이었어." 나는 말했지만 여전히 죄책감을 느꼈다. "트럭에서 짐을 좀 꺼내와야겠다."

"아니," 루시가 말했다. "우리는 얘기를 나눠야 해. 네게 할 말이 너무 많아." 마치 내가 보르네오에서 십 년간 실종되었다가 지금 문 앞에서 우연히 마주친, 루시의 인생에서 가장 오래된 친구라도 되는 것 같았다.

우리 셋은 루시의 침대로 가서 앉았다. 루시가 해준 이야기는 이랬다. 시내로 처음 나갔던 밤에 지역 경매장에 갔는데, 파산한 농부들이 자신에게 남은 건 뭐든지 팔러 오는 곳이었다. 루시는 접이식 매트리스, 러그, 주방에 놓을 의자와 흔들거리는 탁자, 1950년대 할리퀸 로맨스 소설—루시는 표지를 찢어서 화장실을 도배할 생각이었다—이 가득 든 장바구니를 샀다. 그러자 바로 돈이 떨어졌다.

"로맨스 소설로 화장실을 도배할 거라고?"

"아냐, 아냐, 내 말을 들어봐." 루시는 흥분해서 목소리가 높아졌다. "나 누굴 만났어. 자동차에 타 있던 그 남자. 나 섹스했어."

B는 루시보다 나이가 두 배 많은 남자였는데, 자신의 앤티크 재규어 컨버터블로 루시를 경매장에서 집까지 데려다줬다.

그 차는 방향지시기가 두 개의 작은 깃발로 되어 있어서, 깃발이 차체의 이쪽이나 저쪽에서 튀어나와 운전자가 갈 방향을 표시했다. 그토록 매혹적인 방향지시기, 그리고 자신에게 향하는 약간의 관심이 루시에게 필요한 전부였다. B가 루시에게 흥미로운 책을 몇 권 빌려주며 짧게 구애한 후 두 사람은 섹스를 했다. 스물두 살 루시는 처녀성이라는 짐에서 벗어나 감격했다. 사실 그건 단지 처녀성을 잃는 일을 넘어 충만한 경험이었다고 나와 티나에게 말했다. 이후 루시는 B와 정기적으로 같이 잤다.

"경매장에 가자." 루시가 말했다. "내가 거기 보여줄게."

우리는 트럭에 올랐다. 트럭은 다음날까지 반납하면 됐다. 바퀴자국이 파인 잔디에 트럭을 주차했다. 기다란 헛간 안에 구내식당에서 볼 법한 탁자들이 있고 그 위에 상자가 진열되어 있었다. 어떤 상자에는 플라스틱 머리에 떡이 진 머리카락이 붙은 인형 일곱 개, 이가 나간 컵 네 개, 밧줄 한 묶음, 도르래 여러 개, 삽 두 개가 들어 있었다. 또다른 상자에는 토스터, 높게 쌓인 레코드판더미, 연장 코드 여섯 개, 카드 몇 팩, 셀 수 없이 많은 포크가 있었다. 왜 함께 담겨 있는지 알 수 없는 물품이 각 상자를 채우고 있었고, 그 전부를 한 묶음으로 팔았다. 원하는 걸 골라서 살 수는 없었다. 상자들을 지나자 의자, 담요, 새를 그린 그림 들이 있고, 다양한 종류로 한데 늘어놓아 눈에 확 띄는 슬로쿠커도 있었다. 농부와 아내와 아이 들이 천천히 탁자 주위를 돌며 어떤 물건이 있는지 신중히 살폈다. 오직 루시를 빤히 쳐다볼 때만 물건에서 눈을 뗐다.

 빤히 쳐다보는 건 그냥 쳐다보는 것보다 더 강한 응시다. 빤히 쳐다보는 눈길에는 뻔뻔한 호기심, 동정, 공포 등 반갑지 않은 인간의 감정 전부가 가득하고, 그 감정들이 합쳐져 호의적이지 않은 얼굴 표정으로 드러난다. 만일 루시가 빤히 쳐다보는 그 사람들을 봤더라도, 아니 그들은 비밀스러운 스파이 임무를 수행하듯 쳐다본 게 아니었으므로 분명 봤을 텐데, 그래도 루시는 표내지 않았다. 루시는 반바지에 작은 빨간색 볼링셔츠를 입고 때가 탄 캔버스화를 신고 있었다. 내 손을 잡고 탁자 사이를 걸어다녔다. 루시는 아이오와에 와서 행복하고, 티나와 내가 도착해서 행복하고, 애인이 생겨서—비록 그날 밤 그 남자는 코빼기도 보이지 않았지만—행복했다. 하지만 사람들은 루시를 계속 빤히 쳐다봤다. 맨해튼 어딘가에 데려다놓으면 자기들 역시 그렇게 잔인한 응시를 받을 것이면서. 그런 상황이 되면 나도 멈춰 서서 그들이 내 존재를 눈치챌 때까지 빤히 쳐다봐야지. 그들의 시선을 몇 초 동안 붙잡아 얼굴이 붉어질 때까지 응시하고, 그들이 허둥지둥 밖으로 나가 공사장 중장비 따위를 구경하는 척하는 모습을 지켜봐야지. 이

건 오래전 아홉 살 때, 언니와 내가 교통사고를 당한 해에 익힌 기술이다. 사람들이 나를 한번 더 쳐다보기 위해 식료품점으로 되돌아올 때 어떤 기분이었는지 기억한다. 빤히 쳐다보고 또 쳐다보기 위해 세번째로, 그러곤 네번째로 다시 돌아올 때 내가 얼마나 크게 상처받았는지 그때는 다 알지 못했다. 언니 헤더는 심하게 다쳐서, 병원 직원이 퇴원하는 나를 휠체어에 태워 승차장에 데려다준 후에도 한 달을 더 입원했다. 가족과 의사들이 말하길 내 문제는 주로 미용 측면이라고 했다. 코가 부러지고, 아랫입술이 찢어졌다가 다시 붙고, 긴 머리는 피가 잔뜩 엉겨붙어서 잘라야 했으며, 얼굴과 목은 온통 자주색과 푸른색이었다. 손목과 두개골이 골절되었다. 몇 달간 머리에서 머리카락 사이로 유릿조각이 나왔다. 두피를 긁으려고 손을 뻗을 때마다 손가락을 찔렸다. 갑작스레 날카로운 두통이 일곤 했지만, 그건 나를 쳐다보는 사람들에 비하면 별문제도 아니었다. 열아홉 살 때 코가 다시 부러져서 성형외과에 또 갔다. 코를 되맞추고 얼굴 아랫부분을 박피해서 흉터(두번째 사고로 오른뺨이 찢어졌다)를 엷게 만들기 위해서였다. 세상의 끈질긴 호기심이 또 한번 온통 내게 쏠렸다. 예상치 못한 일이었다. 사람들이 빤히 쳐다보는 건 두들겨맞은 듯 보이는 아이만이 아니었다.

아, 내 사고 이야기를 들은 사람들은 말한다. 그래서 너랑 루시가 그렇게 친하구나. 두 사람이 똑같은 일을 겪었으니까. 하지만 이건 진실에서 너무도 먼 말이다. 나는 얇은 책 한 권을 읽었을 뿐이지만 루시는 도서관 책 전부를 읽은 것과 같으니까. 내 경험은 오직 내가 얼마나 세상을 이해하지 못하는지를 이해할 만큼의 지혜만을 남겼다. 어린아이였던 내가 이 주 동안 결석한 후 학교에 돌아갔을 때 나이 많은 수녀님 중 한 명이 나를 한쪽으로 데려가서 언니를 위해 사람들이 매일 미사를 드린다고 말했다. 우수한 성적으로 인정받던 언니는 거기에 더해 이제 중상을 입어 인공호흡기 신세를 지면서 시성諡聖 후보에 올랐다. "하느님께서는 네 언니가 너보다 강인하다는 걸 아셨어." 수녀님이 말했다. "그래서 네 언니가 앞자리에 앉았던 거지. 더 큰 은총을 받았기 때문에 더 큰 고통을 견디도록 허락된 거야." 간단히 말해 언니의 후두를 으스러뜨린 건 하느님의 사랑이었고, 하느님이 내 나약함에 실망해서 내가 상대적으로 조금만 다치게 봐줬다는 것이었다. 겨우 3학년이었지만 나는 이 논리가 의심스러웠다. 내가 앞좌석에 앉지 않은 건 언니가 나보다 세 살 반이 더 많고, 같이 차를 타면 절대, 단 한 번도 내가 앞좌석에 앉도록 놔두지 않았기 때문이다. 거기 하느님의 사랑에 대한 교훈 같은 건 없었다.

아이오와에서의 첫번째 주에 소설 창작 수업을 같이 듣는 다른 학생이 용기를 내어 내게 계속 궁금해하던 질문을 했다. 어떻게 매일 루시를 볼 수 있느냐는 것이었다. "루시는 대단해." 그 여자애가 말했다. "하지만 나는 마음이 너무 불편하더라고. 계속 루시 얼굴만 생각하게 될 것 같아."

무슨 소릴 하는지 모르겠다고 말한 후 급히 자리를 떴다. 그런 말을 한 것에 대해 그 친구가 끔찍한 짓을 했다고 느끼길 바랐다. 사실 나는 그 질문을 받기에 적합한 사람도 아니었다. 나는 몇 년이나 루시의 얼굴을 의식하지 않고 지냈다. 구내식당에서나 언덕길을 올라 수업을 들으러 갈 때 루시는 언제나 가장 인기 있는 학생들 한가운데에 있었다. 무대 위에서 시를 낭독하거나 〈오즈의 마법사〉를 소개한 다음 환호받았다. 당시엔 루시를 잘 몰랐지만 루시의 얼굴이 여러 해에 걸쳐 크게 바뀌었다는 것은 알았다. 상태가 좋아졌다고 생각했다. 대학에 입학했을 무렵엔 루시의 아래턱이 광대뼈 바로 아래에서 툭 떨어진 것처럼 보인 탓에 얼굴이 날카로운 삼각형을 이루었지만, 이제는 얼굴선이 더 부드러워졌다. 루시는 입을 완전히 다물 수가 없어서 앞니가 드러나 있었다. 턱은 주먹으로 심하게 한 대 맞아 한쪽이 내려앉은 것처럼 비뚤어졌다. 흉터가 있는 목은 살짝 뒤틀렸다. 한쪽 귀에서 다른 쪽 귀까지의 피부색이 옅었는데 등에서 이식된 피부였기 때문이다. 고르지 않은 이식된 피부와 흉터가 얼굴 다른 부분에도 있었다. 그렇지만 루시에게는 짙고 촉촉한 속눈썹, 밝은 빛깔의 사랑스러운 눈, 귀족적으로 보이는 오똑한 코가 있었다. 아일랜드계의 흰 피부와 짙은 금발이 있었다. 결국 눈에 들어오는 건 그런 것이었다. 변하지 않는 것. 눈, 귀여운 작은 귀. 아이오와에서 루시는 가로세로 길이가 10센티미터인 거즈 패드를 한 번 접어서 얼굴 왼편에 붙이고 다녔다. 처음에는 낯설었지만 그 패드가 얼굴에 균형감을 주기도 했다. 패드는 문제가 무엇이든 임시적이며 해결되는 중이라는 인상을 주었는데, 사실 루시의 피부에 난 구멍으로 돌출된 합성 보철물을 가리고 있었다. 그걸 보게 해달라고 여러 번 청했지만 루시는 거절했다. 패드는 계속 그 자리에 붙어 있었다.

루시는 언제나 사람들이 그냥 다가와서 무슨 일이 있었던 거냐고 묻는 게 더 낫다고 말했다. 어색하게 피하는 것보다는 단도직입적으로 질문하는 게 나았다. "물어볼 배짱이 있는 사람에겐 진실을 말해줄 거야." 루시는 말했다. 물론 버스에서 물어보는 경우는 빼고. 누가 버스 안에서 그런 질문을 하면 루시는 그 사람에게 몸을 가까이 기울이곤 속삭였다. "버스 사고요." 아니면 "비행기 추락이요." 또는 "자동차 충돌 사고였어요." 무엇을 타고 있느냐에 따라 답은 달라졌다.

B는 루시의 얼굴에 전혀 신경쓰지 않는 듯했다. 루시가 자신에게는 절대로 주어지지 않으리라 생각했던 기회를 B는 제

공했고, 그래서 루시는 열심히 그가 이끄는 대로 따라갔다. 첫 번째 가르침은 복종이었다. 이른아침에 루시는 흐트러졌으나 평온한 모습으로 집에 돌아오곤 했다. 커피 한 잔을 따르고는 식탁에 나와 마주하고 앉았다.

"결박이란 건 말이야," 루시가 느릿느릿 말을 꺼냈다. "지배당하고 싶은 욕망에 관한 게 아냐."

그렇게 우리의 성교육이 시작됐다. 밤에 루시는 시연에 참여하고 아침에 나는 보고를 들었다. 내가 인스턴트 죽을 조리하는 동안 루시는 포르노그래피, 페티시 등 전날 밤에 있었던 일을 모조리 이야기했다.

둘이 서로 모르는 사이였던 것치고 루시와 나는 공통점이 많았다. 대학 시절 친구, 들었던 수업, 그리고 중서부에서 살게 되어 약간 망연자실한 기분까지. 그뿐만이 아니었다. 남자와의 경험이 우리 둘이 합쳐 약 네 시간 정도였다. 우리는 데이트 한 번 못하고 고등학교를 졸업했다. 대학에서 같은 남학생과 첫 키스를 했다(자신이 아니면 키스 한 번 하지 못한 채로 졸업하게 될 여자애에게 키스해주는 걸 자신의 업으로 삼은, 다정한 성인의 영혼을 지닌 남자애였다). 예이츠보다 더 중요하며 로맨틱한 것은 없다고 여전히 절대적으로 믿는다는 점에서 우리는 세상의 다른 스물두 살짜리 여자애들보다 어렸다. 물론 루시는 나보다 더 다채로운 삶을 살고 비교할 수 없을 만큼 더

진실과 아름다움 29

멋졌다. 고통만 겪은 것이 아니었다. 루시는 뉴욕에서 가장 멋진 여러 트랜스 클럽에서 춤췄는데, 때로는 테이블 위에서도 췄고, 거기서도 사랑스러운 마스코트 같은 존재였다. 루시는 모험을, 성적인 모험은 아닐지라도 적어도 섹시한 모험을 했다. 그리고 이제는 섹스를 하고 있었다.

B는 '소원을 빌 땐 조심하라'는 교훈을 주는 이야기 같은 남자였다. 잘생기고 밝고 세심했다. 멋진 차에 루시를 태우고 시내로 가서 아이스크림과 커피를 샀다. 모든 학생이 두 사람을 봤으며 두 사람 이야기를 했다. 루시가 바라던 대로였다. 내가 매일 들은 바에 따르면 B는 섹스를 좋아했고, 고를 아이스크림이 많았던 것만큼이나 많은 경험을 루시에게 제공했다. 그러나 B는 절대 루시를 사랑하지 않을 거라고 했는데, 루시에게 그렇게 말하는 데서 진정한 쾌락을 얻는 듯했다. 루시는 언젠가는 누군가가 자신과 섹스하고 싶어할 것이라는 꿈을 품고 대학 시절을 보냈지만, 자신에게는 섹스를 향한 욕구와 사랑을 향한 욕구가 하나로 묶여 있음을 서서히 깨달았다. 두 가지가 분리되어야 한다고 B가 주장할수록 루시는 더 혼란스럽고 필사적으로 매달리게 되었다. B와 함께할 수 있는 길은 섹스뿐이었기에, 그가 자신을 사랑하게 만들기 위해 기를 쓰고 섹스를 이용했다. 그건 루시에게 생긴 나쁜 습관이었으며, B가 떠난 이후에도 루시의 인생에 아주 오래도록 남았다.

내 불변의 신앙과도 같은 친구야〔루시가 나중에 스코틀랜드에서 보낸 편지다. 예전에 살던 곳으로 돌아갔는데, 전에 알고 지낸 친구 두 명이 다 연락이 안 된다고 했다〕, 전화기 옆에 서서 누구에게 전화를 할지 머리를 쥐어뜯는 내 모습은 처량했어. 외로움과 절망감에 완전히 사로잡혔지. 침대에 누워 비참해하고 싶다는 마음이 제일 먼저 들었지만 억지로, 정말 억지로 길 아래 바에서 연주하는 블루스 밴드의 음악을 들으러 나갔어. 비참해하려면 적어도 공공장소에서 손에 술 한 잔을 들고 배경음악으로 블루스를 깔아야겠다고 결심했거든. 그러다 이 D라는 남자와 수다를 떨게 됐고, 우리는 취한 채 비바람이 몰아치는 해변에서 섹스를 해보려고 했어(실패함). 남자와 같이 집으로 돌아왔는데 좀 묘했다. 이 사람은 삼십대 중반이고 절실히 사랑했던 여자에게 차인 지 몇 달밖에 안 됐대. 애버딘 출신이지만 런던에 살아. 여기엔 휴가차 왔는데 벌써 돌아갔어야 하지만 계속 미루고 있대. 신발회사에서 일하는데, 업무에 복귀하려니 너무 우울해서래. 섹스 부분은 좋았어. 진짜 정자세로만 하는 그런 남자이지만 몸이 훌륭해. 이상하게도 이 사람은 여러 면에서 B 같아. 몸도 비슷하고 체취도 똑같고 신체 특징 몇 가지도 똑같아. 가끔은 정말 B와 함께 있는 것처럼 느껴지기도 했어. 아주 좋은 경험이었다. 섹스를 한 지 너무 오래돼서 B와 했던 섹스를 이상화하기 시작한 참에 B가 대체될 수 있는 사람이라는 걸 보여줬거든. 내 논리가 명료한지 모르겠지만 무슨 말인지는 알겠지. 별로였던 점은 이 사람이 내게 육체적으로 끌려서가 아니라 우리의 대화 때문에 같이 잤다고 말한 것이었어. D는 뉴에이지 뭐 그런 종류의 영성주의에 빠져 있는데, 내가 아는 영성 관련 이야기를 그에게 자랑스러워하며 전부 말했다는 사실을 부끄럽지만 고백해야겠다. 부끄러운 이유는 나에게 아주아주 중요한 걸 섹스를 얻기 위한 도구로 사용했기 때문이고, 또 내가 아는 바와는 (약간) 다른 맥락의 이야기로 바꿔서 말했기 때문이야. 뉴에이지 유의 사상 전부가 어디서 나왔는지는 이해하지만, 특정 부류의 사람들이 그걸 심리학, 감정적 행복, 자기인식과 너무 자주 혼동하는 것 같아. 여기서 특정 부류의 사람들이란 대단히 예민하고 원하는 게 많지만 예술이나 좀더 전통적인(그리고 훨씬 더 까다롭고 어려운) 철학 그리고/또는 종교에서는 자신이 원하고 필요로 하는 것을 찾을 수 없었던 사람들을 말해. 개인적으로 나는 진정한 영성주의라면 앞에 언급한 것을 포괄해야 한다고 생각해. 하지만 대부분의 영성주의는 사는 일이 얼마나 어려운지를 보여줄 뿐이지, 얼마나 쉬운지가 아니라 말이야(음, 내 말 무슨 뜻인지 알겠지). 심리학은 우리가 사회에 적응하길 원해. 영성주의는 우리가 적응(순응)해서는 안 된다고 말할 때가 많고. 아, 어쨌거나 내 말이 너무 뒤죽박죽이 되어가네. D는 아주아주 다정하고 애정에 몹시 굶주린 남자고, 사흘 밤을 보내고 나서는 나를 사랑하지 않기 때문에 더는 나와 잘 수 없다고 했어. 자기 인생에서 그냥 섹스가 아니라 사랑을 나누길 원하는 그런 지점에 있다나. (여전히 런던으로는 안 돌아가고) 나흘 동안 사라졌다가 다시 나타나서 저 소리를 또 한 다음에 우리는 섹스를 하며 사흘 밤을 보냈어. 이제 D는 마침내 가버렸나봐. 아무 연락이 없다. 좋은 대화를 나눴던 사람이 사라지니 굉장히 외롭네. 그 사람을 만나기 전으로 다시 돌아간 기분이야. 큰 원을 그린 것 같아. 남자를 찾기 위한 원정에 나섰지만 지금까진 재앙이었고, 그 어느 때보다 자신감이 없다. 나 자신이 좋은 사람, 좋은 친구 등등인 건 알지만 여자친굿감으로는 정말 최악인 것 같아. D는 내가 '긍정 확언'을 해야 한대. 자신에 대해 긍정적인 말을 계속하면 그 말이 영적 차원에 자리잡게 되고 이제껏 내가 자신에게 해온 모든 부정적인 말을 중화시킨다는 거야. 이상하지만 말이 된다(영적 차원 부분은 빼고). 어쨌든, 긍정적으로 생각하려고 아주 열심히 노력하고 있어.

2장

아이오와대학에서 우리의 할일은 선생이자 작가가 되는 것이었다. 대학 시절 내내 루시도 나도 대단히 진지하게 글을 썼지만 교직을 고려한 적은 없었다. 오로지 강의실에 앉아 교수들이 가르치는 걸 보고 들은 것 말고는 그 일에 관해 아는 바도 없었다. 학비를 해당 주 거주자 등록금 수준으로 낮추려면 이제 강의를 해야 했지만, 차라리 우리를 밭으로 내보내 옥수수를 까게 하는 게 더 장래성 있어 보였다. 교단의 반대편에서는 뭘 어떻게 해야 하는지 전혀 몰랐다. 루시와 나는 대학원 과정 첫해에 같은 수준의 재정 지원을 받았다. 일주일에 삼 일 문학개론 수업을 진행해야 했다는 뜻이다. 학기 시작 전 새로운 직무에 대비해 한 주간 수업을 받았지만, 우리가 들어가야 하는 강의실 호수 외에는 다 하등 쓸모없는 정보였다. 루시와 나는 우리가 쓸 빈 강의실로 갔다. 루시의 강의실에 먼저 가본 다음 내 강의실로 가서 책상에 앉아 다리를 앞뒤로 흔들었다. 강의실은 찜통 같았다.

"여기에 백 명이 넘게 들어오는 거야?" 내가 물었다.

루시는 벌써 구겨지고 축축해진 자기 셔츠를 내려다봤다. "땀자국이 보이지 않는 옷을 입자."

어려 보이는 학생 두 명이 문에 기대섰다. 우리집 앞 인도를 왔다갔다 행진하면서 하루종일 회원 모집 노래를 불러대는 여학생 클럽 회원처럼 보였다. "나는 카파, 우리는 카파, 여기도 카파, 저기도 카파, 당신도 카파가 되고 싶지 않나요?" 여학생 클럽 회원들은 높게 올려 묶은 금발의 포니테일을 흔들며 닥터 페퍼 광고 음악에 맞춰 노래를 불렀다.

"이 수업 들을 건가요?" 문에 선 학생 중 하나가 물었다.

우리는 그들을 잠시 심각하게 쳐다보다가 웃기 시작했는데, 난감하게도 이 소녀들에게 뭔가를 가르쳐야 한다는 상상을 하자 겁이 나서 히스테리 상태에 빠졌던 것이다.

우리를 감독할 사람은 없었다. 무능한 우리가 아이오와의 선량한 아이들을 속이는 걸 막을 사람이 없었다는 뜻이다. 우리가 할일은 셰익스피어 희곡 한 편, 현대 희곡 한 편, 장편소설 두 편, 단편소설 다섯 편, 열몇 편의 시를 골라서 한 학기 동안 가르치고 정규 시험을 보고 과제를 내주는 것이었다. 나는 내가 잘 아는 작품을 골랐지만, 루시는 가르치는 일을 자기 자신을 교육할 좋은 기회로 봤다. 셰익스피어와 시를 제외하고 루시의 강의계획서는 루시가 그간 계속 읽으려고 했던 작품들로 채워졌다.

애초 루시의 계획은 그 작품들을 가르치기 전에 읽는다는 것이었지만, 어쩐 일인지 그런 경우는 전혀 없는 것 같았다. 루시는 강의실로 달려가면서 책장을 손가락으로 고정한 채 그날 분량을 훑어보았다. 학생들보다 몇 문단 앞서서 읽는 한 괜찮을 거라고 생각했다. 결말 부분까지 읽어오는 과제가 나가지 않는 한 아무도 결말에 관해 질문해서는 안 된다는 엄격한 방침을 고수했다. "앨리스," 앨리스가 야심차게도 정해진 분량을 훌쩍 넘겨 읽어오자 루시는 날카롭게 말했다. "이 수업을 듣는 모두에게 네가 그걸 밝혀버리면 불공평하잖니."

수업 분량을 읽었든 읽지 않았든 루시는 대단한 말솜씨만으로 수업을 이끌어갈 수 있었다. 루시는 말을 다룰 줄 아는 사람이었다. 몇 시간이고 진실과 아름다움의 본성에 관해 말할 수 있었으며, 문학개론 수업에서 진실과 아름다움에 관한 논의가 도움이 안 되는 소설, 시, 희곡은 없었다. 루시는 종종 교탁에 엎드린 채 한쪽 팔에 머리를 기댔다. 그 자세로「리어왕」의 결말 부분을 큰 소리로 낭송했다. "울어라, 울어라, 울어라,

울어라! 오, 너희는 돌 같은 인간이냐. 내가 너희의 혀와 눈을 가졌다면 그것을 써서 하늘이 무너지게 했을 것이다. 이 아이는 영영 가버렸다. 나는 죽은 것과 산 것을 구별할 수 있다. 내 딸은 완전히 죽었다."

루시는 「리어왕」을 사랑했다. 학기 내내 「리어왕」을 가르칠 수도 있었을 것이다.

"그런 다음 나는 영어에서 가장 아름다운 두 단어를 말했지." 집으로 걸어가며 루시가 말했다. "수업 끝."

『일리아스』와 나보코프의 『어둠 속의 웃음소리』를 샀어〔루시가 나중에 래드클리프대학의 번팅 연구소에서 펠로십을 할 때 보낸 편지다〕. 『일리아스』는 내가 청강하는 수업에 필요한 건데, 엄청나게 천재인 교수가 가르쳐. 완전히 반했다. 지난주에 그 교수가 「로미오와 줄리엣」 수업을 해서 내 맘을 바꿔놨어. 제일 안 좋아하는 희곡이었거든. 교수는 그 작품이 임의적이고 예측할 수 없이 일어나는 만남에 관한 것이라고 했어. 이 작품에서 등장인물들은 한순간 늦게, 또는 한순간 일찍 도착하거나 깨어나거나 하면서 만나. 그리고 그 임의적인 조우의 순간을 자신의 열정을 가지고 '진짜' 순간으로 만들지. 그들의 열정은 순간을, 분노나 슬픔처럼 결국 사라질 감정 상태를 붙잡아 그것을 행위를 통해, 가령 한 가문이나 개인을 향한 저주라든지 아니면 자살을 통해 '영원하고' 되돌릴 수 없는 상태로 바꾼다는 거야.

여전히 가장 좋아하는 작품이라고는 할 수 없지만 분명 새로운 느낌으로 그 작품을 대하게 됐다. 월요일에 수업만 듣고 뉴욕으로 출발해야 하는데, 그 교수가 호메로스의 책을 처음부터 제4권까지 강의할 거라서 읽어야 해. 고등학교 때 축약본 한두 권을 머릿속에 쑤셔넣은 걸 빼고는 호메로스 작품 중 읽은 게 없다. 인정하려니 부끄럽구나.

나의 학생들은 깔끔하게 타이핑된 강의계획서에 맞춰 수업을 듣고 철갑처럼 빈틈없는 출석 규정을 견뎌야 했다. 분명 루시의 학생들보다는 수업에 덜 빠져들었겠지만 언제나 제시간에 과제를 제출했다. 루시와 나는 『이솝 우화』에 나올 법한 짝이었다. 개미와 베짱이, 토끼와 거북이. 물론 개미는 겨울을 더 따뜻하게 보내고 거북이는 경주에서 이기지만, 베짱이와 토끼가 그 둘보다 한없이 더 매력적인 동물임을 모두가 안다. 긴 다리의 아름다움, 음악, 곁길로의 흥미로운 유람. 그 이야기들이 하지 않은 이야기가 있다. 날씨가 매서워지자 개미가 막판에 마음을 돌려 베짱이를 안으로 들이고 자신이 모은 것 중 가장 부드러운 풀을 겨울 내내 베짱이에게 내줬다는 것, 그리고 거북이는 우승 따위에 관심이 없었기에 메달을 토끼에게 줬다는 것. 베짱이와 토끼는 개미와 거북이를 찾아야 한다. 그들이 살기 위해선 우리가 필요하지만 우리 역시 그들이 필요하다. 그들은 진실과 아름다움을 가져온다. 아침을 먹는 동안 루시가 키츠의 시를 암송하면서 전해준 진실과 아름다움은 어느 날에건 음식보다 귀했다.

우리에게 아이오와는 넘치는 시간의 바다와도 같았다. 흘려보내고 불태울 수 있는 시간, 하루, 일주일이 잔뜩 있었다. 오전과 오후를 태평하게 보내도 시간은 남았고, 그러고도 또 남았다. 우리는 몇 시간씩 아침식사를 했다. 전화 통화를 한번 하면 수척해질 지경까지 전화기에 붙어 있었다. 루시가 근력운동을 하러 헬스클럽에 가면 나는 수영장에 가서 쿠바에 도달할 수 있을 만큼 오래 수영을 했다. 강의를 하고, 과제물을 채점하고, 우리를 현명하다고 여기는 금발의 어린 아이오와 출신 학부생들과 몇 시간씩 면담을 했다. 철학·영문학관 건물 복도를 어슬렁거리다 아는 사람을 마주치면 콘크리트블록으로 된 벽에 기대어 이야기를 나눴다. 루시와 내가 마침내 서로를 발견하고 퇴근 후 술 한잔을 하러 나갈 때까지 그랬다. 퇴근 후 술 한잔. 우리는 그렇게 말하길 좋아했는데 굉장히 어른스럽게 들렸기 때문이다. 학교에서 집으로 갔다가 칵테일을 마시러 다시 나갔다. 해피아워에는 진토닉 한 잔 값에 세 잔이 나와서, 총 여섯 잔이 짙은 색의 반질반질한 테이블 위를 차지했다. 우리에겐 그 전부를 마실 수 있는 시간이 있었다. 얼음이 녹기 전에 전부 마실 순 없었지만. 그러고 있자면 아는 사람이 우리를 발견하곤 끼어들어서 칵테일 세 잔을 더 주문했다.

"포크너, 피츠제럴드, 헤밍웨이도 '한 잔 값에 세 잔' 해피아워의 즐거움을 알았을까." 루시가 칵테일 첫 잔에서 빨대를 뽑아올리며 말했다.

"우리는 지금 고귀한 전통을 따르는 중이거나 아니면 새로운 전통을 확립하는 중이야."

"자동차가 없다는 것에 건배." 루시가 여섯 개의 잔 중 하나를 들어올리자 나도 잔을 들어 쨍하고 부딪쳤다.

둘 중 한 명이 급한 볼일이 있다든지 이야기를 나눠야 하는 사람이 길을 지나는 걸 봤다든지 해서 한 시간 남짓 자리를 비우면, 그동안 다른 한 명은 모조 티파니유리 램프의 침침한 빛 아래서 책을 읽으려 애쓰며 상대를 기다렸다. 기다리는 건 대개 나였고, 루시가 돌아오면 나는 올려다보며 미소 지었다. "철새가 돌아왔네." 나는 말했다. 그러다 우리는 저녁을 먹으러 집에 돌아갔다. 서로 팔짱을 꽉 끼고, 공원을 가로질러, 그네를 타기 위해 멈추기도 하면서. "무슨 생각 해?" 분홍빛이 도는 어두운 하늘을 올려다보려고 몸을 젖히면서 내가 말했다. "눈 생각?"

"날씨를 예측할 수 있는 그런 발목 관절을 언제나 갖고 싶었어." 루시가 말했다. "아니면 팔꿈치 관절이라든지. 눈을 예측하는 팔꿈치인 거지."

우리가 시간을 만들어내기라도 하는지, 아무리 시간을 죽여도 시간은 자꾸 남았다. 저녁을 먹고, 춤을 추고, 목욕을 한 후에는 책을 읽고 시와 소설을 썼으며, 이를 닦고 침대로 뛰어들었다. 그러곤 다음날을 완전히 똑같이 보냈다. 밤이 지나도 우리는 같은 자리에 있었다. 그건 감옥 같았는데, 처벌받는다는 뜻에서가 아니라 매일 너무도 똑같은 날을 보낸다는 뜻에서 그랬다. 말이 안 될 정도로 시간이 넘쳐났고, 우리는 서로에게 그 넘쳐나는 시간을 쏟아부었다.

우리는 서로의 아이디어를 마치 스웨터처럼 공유했다. 늘상 주고받고 소유권은 없었다. 불필요한 단어를, 잘라내야 하지만 상대방은 갖고 싶어할 수도 있는 아름다운 문장을 넘겨줬다. 상당히 진지한 창작과정에서 공부하는, 상당히 지적이고 몹시 진지한 두 젊은 작가로서 우리는 작품을 논의한다기보다는 무엇이 누구에게서 나왔는지 알 수 없어질 때까지 서로 아이디어를 쏟아내며 주고받았다. 누구에게서 나왔느냐는 하나도 중요하지 않았다. 같은 장르의 글을 쓰지 않았으므로 같은 아이디어에서도 우리 둘 다 창작의 여지가 충분했다. 루시는 언제나 주방의 종이 타월에 시작詩作 메모를 끄적였다. 하루는 거미 다리처럼 가늘고 기다란 루시의 글씨체로 "거미집으로 가는 오솔길"이라고 적힌 냅킨을 전화기 옆에서 발견했다. "이거 너무 좋다." 루시가 집에 돌아왔을 때 냅킨을 들어 보였다. "갖고 싶어."

"너무 늦었어." 루시가 말했다. "임자가 있어." 그 메모는 내가 들어본 적 없는 이탈로 칼비노의 소설 제목으로, 루시가 찾아 읽으려고 적어둔 것이었다. 루시에게 내가 작업중이던 단편의 줄거리를 말해준 적이 있다. 마법사의 조수에 관한 것인데, 마법사가 조수의 꿈속에서만 완벽한 환영을 창조해낼 수 있다는 내용이었다. 하지만 내가 작품을 완성하기 전에 루시가 '마법사 조수의 죄책감 가득한 꿈'이라는 제목의 시를 썼다. 수년 후 나는 그 아이디어를 다시 훔쳐와서 『마법사의 조수』라는 장편소설을 썼다.

"오랜 시간이 흐른 후 아우렐리아노 부엔디아 대령이 총살형 집행대를 마주했을 때 그는 아버지가 자신을 데리고 얼음을 찾으러 갔던 그 먼 옛날의 오후를 기억하게 된다." 어느 밤 강의를 마치고 돌아온 내게 루시가 말했다. 나는 코트, 목도리, 모자, 장갑 차림으로 몸을 떨며 현관에 서 있었다. "그때 마콘도는 스무 채의 진흙벽돌집으로 이루어진 마을로, 맑은 물이 흐르는 강기슭에 세워져 있었다. 반들반들하게 닳은 돌들이 깔린 강바닥 위로 물이 흘렀으며, 그 돌들은 선사시대의 알처럼 하얗고 거대했다. 그 세계는 너무나 최근에 만들어져서 많은 것에 이름이 없었고, 그것들을 지시하기 위해선 손가락으로 가리켜야 했다."

"『백년의 고독』을 외워?"

"그냥 한번 시도해보고 싶어서 처음 몇 페이지를 외워봤어." 루시가 말했다.

나는 끝없이 겹쳐 입은 겨울옷을 벗고 러그 위에 누워 루시가 암기하는 걸 코치했다.

전에 마르케스를 읽었지만 외워보려고 한 적은 없었다. 내가 소설과 시에 머무는 동안 루시는 철학, 영화비평, 그리고 도서관에서 집으로 끌고 온 무거운 예술사 책을 탐독했다. 루시는 과학을 사랑했다. 스티븐 제이 굴드가 왔을 때 나를 데리고 갔고, 우리는 청중이 꽉 찬 강당에서 굴드 앞 바닥에 앉아 그가 화석과 야구를 재치 있게 연결해서 이야기를 풀어내는 강연을 들었다. 루시에게도 그런 연결을 만드는 특별한 재능이 있었다. 루시는 자신이 읽는 서로 완전히 다른 주제를 가진 내용들을 엮어서 한 주제가 다른 주제에 통찰을 더하도록 만들곤 했다. 루시의 이야기를 듣는 게 정말 좋았다. 어디 나가지 않고 거실 러그 위에 함께 누워 보내는 밤이 나는 제일 행복했다. 우리는 수업, 시, 정치, 섹스에 관해 이야기했다. 루시도 나도 아이오와 문예창작과정에 다니는 걸 그리 좋아하지 않았지만 상관없었다. 달리 갈 곳도 없었다. 우리에겐 함께 꾸린 그 작은 집, 그 흉한 녹색 주택에서의 삶이 있었다. 옆 세대에는 낸시 테이트라는 싱글맘이 살았는데 모든 면에서 관대한 사람이었다. 우리를 식료품점에 태워다주고, 멘톨 담배를 건네고, 아들이 잠들면 늦은 시간에 건너와서 우리 주방에 앉아 와인을 마시며 헤겔과 마르크스를 논했다. 1980년대의 아이오와시티가 1920년대의 파리가 될 순 없었겠지만, 우리는 최선을 다했다.

 내 상상 속 파리의 예술가들은 먼지를 털지 않는다. 그들은 창작과정에 너무도 몰두해서 코트 옷걸이 같은 하찮은 개념과는 씨름하지 않았을 것이다. 루시와 달리 나는 자신을 그토록 완전히 예술에만 바칠 수 없었기에 거실 바닥 한가운데에 놓인, 반쯤 먹다 남긴 스파게티 접시를 의식할 수밖에 없었다. 초기에 몇 번의 논의를 거쳐 우리는 다음과 같은 사실에 동의했다. 내가 수용할 수 있는 청결함의 기준을 루시는 절대 이해할 수 없을 것이고, 루시가 상당히 편안하게 지내는 듯 보이는 돼지우리에서 나는 살 수가 없다는 것이다. 내가 거버너 스트리트에 도착하기 전에 루시가 바닥을 닦은 일이 우리가 함께 지내는 동안 루시가 도전해본 처음이자 마지막 집안일로 남았다. 우리는 내가 청소와 요리를 전담하되 누구도 그에 관해 불평해서는 안 된다고 타협을 보았고, 둘 다 만족했다. 나는 루시의 침실에 가까이 가지 않았다. 컵과 접시가 전부 거기로 이사를 가서 음식을 담아 먹을 그릇이 남아 있지 않는 한 말이다. 식사로는 우리가 '루시 음식'이라고 부르던 것을 만들었다. 루시가 꾸준히 섭취한 식단으로 씹을 필요가 없었다. 부드러운 라자냐, 반쯤만 익힌 팬케이크, 비스킷과 젤리, 으깬 통밀 크래커, 인스턴트커피 가루를 섞은 소프트아이스크림. 식사는 루시에게 계속되는 시련이었다. 어릴 적에 받은 가차없는 방사선치료로 루시는 아랫니 전부를 잃고 윗니는 여섯 개만 남았다. 침샘이 손상되었기 때문에 음식을 삼키려면 줄곧 물을 마셔야 했다. 수년간의 삽관으로 목구멍에 흉터가 남은 데다가 입술을 다물 수 없었기 때문에 루시는 아주 작은 푸딩 조각에도 계속 목이 막혔다. 무엇보다 아랫입술과 턱에 감각이 없어서 음식을 얼굴 여기저기에 묻혀도 자신이 알아채지 못할 거라는 생각에 굴욕스러워했다. 실제로 종종 일어나는 일이었다. 다른 사람들과 저녁을 먹으러 가면 루시는 보통 맥주만 홀짝거리다가 집에 돌아와서 식사를 했다. 나는 스파게티를 푹 익혀서 줬고, 그러면 루시는 나이프와 포크를 십자 모양으로 겹쳐서 그걸 자르고 자르고 또 잘랐다. 금속 날이 음식을 쳐대고 공격하며 딸각거리는 소리가 났다. 스파게티가 분쇄되어 전혀 알아볼 수 없는 무엇이 되면 루시는 음식 섭취라는 길고 긴 과업을 시작했다. 그 모든 노력에도 불구하고 루시가 먹을 수 있는 양은 많지 않았다. 나중에는 식사를 하는 데 지쳐 얼굴이 붉어진 채로 땀을 흘렸다. 그래도 루시는 테이블 앞에 앉아 냅킨을 놓고 식사하는 것을 좋아했다. 그게 교양 있는 일이라고 생각했다. 거리를 걸으며 피자 조각을 먹을 순 없었지만, 그런 식으로 먹고 싶지도 않다고 루시는 말했다.

설거지를 하고 주변을 정리한 후 루시가 작은 오디오에 테이프를 넣으면 우리는 주방에서 춤을 췄다. 채점하지 않은 과제물, 혹독한 날씨 등등 상황이 아무리 음울해도 우리에겐 그 집의 밝은 형광등 아래에서 식탁 주위를 돌며 춤출 에너지가 있었다. 루시는 멋지게 춤을 췄고, 나는 지칠 줄 모르고 루시를 따라 했다. "허리 아래쪽에 집중해." 루시가 말했다. "한 번에 몸 반쪽만 움직여." 하지만 그 동작이 나에겐 너무 무리인 것으로 보이자 루시는 할일을 줄여줬다. "좋아, 오른발만 움직여." 루시를 따라 머리 위로 손을 쳐들고 발을 한쪽으로 내밀었다가 다시 다른 쪽으로 내밀었다. 대학 시절에 루시는 댄스 마라톤의 여왕이었다. 사람들과 함께든 혼자든 모든 노래에 맞춰 춤을 췄고, 사람들은 루시를 둘러싸고 감탄했다. 루시는 물처럼 움직였다. 편안하게 리듬을 타는 자신감의 화신이었다. 반면 나는 벽에 기대 가만히 서 있었다. 세라로런스는 재능과 과시욕이 넘치는 곳이라 풋내기는 댄스플로어에서 자리를 차지할 수 없었다. 나처럼 사람들이 안 보는 곳에서 자신의 길을 찾아야 했던 여자애들에게 주방 댄스는 유일한 희망이었다. 거버너 스트리트에서 우리는 몇 시간씩 춤추곤 했다. 너무 요란하게 웃고 음악이 시끄러워서 어떤 밤엔 우리 이웃 낸시가 건

너와 한참 동안 함께 춤추기도 했다. 우리는 머리카락이 축축해지고 리놀륨 바닥을 밟는 발이 아파올 때까지 춤췄고, 그 시점이 되면 루시는 욕조 안으로 들어갔다(깡마른 루시는 언제나 추위를 타서 뜨거운 물을 받은 욕조에 자주 들어갔다). 땀에 젖고 기진맥진한 나는 욕조 가장자리에 앉아 담배를 피웠다.

"이것 좀 봐." 루시가 허벅지 바깥쪽 살을 움켜쥐며 말했다. "지방, 지방, 지방."

"말도 안 되는 소리."

"제대로 보지도 않고는."

"지방 얘길 하고 싶어?" 나는 한쪽 다리를 욕조 위로 휙 올렸다. "이걸 보라고!"

대부분의 사람들은 루시의 이야기가 얼굴에 있다고, 루시의 역사가 고르지 못한 턱선에 담겨 있다고 생각했지만 루시의 이야기는 몸 전체에 있었다. 루시의 몸은 수년에 걸쳐 체계적으로 잘려나가 사용되었다. 피부와 근육을 떼어내느라 넓게 베인 흉터 자국이 등에 남았다. 섬세하고 뱀 같은 흉터가 두 다리를 감고 있었는데, 외과의가 여분의 정맥을 필요로 했기 때문이다. 골이식을 위해 고관절 한쪽을 파냈고, 그 자리에 뾰족한 석순 봉우리 같은 게 남아 분홍빛 흉터가 있는 피부를 위협적으로 밀어올렸다. 나중에 의사들은 루시의 아래쪽 갈비뼈 몇 개와 다리뼈 하나와 위의 연조직을 떼어내 그 전부를 루시의 턱에 쏟아부을 것이었고, 그런 후 그것은 서서히 녹아 없어질 터였다. 루시는 자기 얼굴과의 관계에서 고통받으며 얼굴이 흉하다고 말했지만, 그러면서도 자기 몸을 정말 좋아했다. 모든 흉터는 명예 훈장이었다. 루시는 셔츠를 들어올려 사람들에게 등의 흉터를 보여주고 거기 담긴 불행한 이야기를 해주는 걸 늘 즐겼다. 몸을 드러내는 데 주저함이 없었는데, 병원에서 벌거벗은 채로 많은 시간을 보낸 사람들에게 흔한 모습이었다.

욕조에 몸을 담근 밤에 루시가 비눗물 아래의 자신을 내려다보며 주로 숙고한 것은 납작한 가슴이었다. 루시는 젖은 때수건을 집어들어 가슴팍에 걸치고는 양끝을 팔 아래로 팽팽하게 잡아당겼다. "아무것도 없어." 루시가 말했다. "제로야." 그렇지 않다고 말해주고 싶었지만 반박할 수가 없었다. 이견의 여지가 없었다.

"가슴이 납작한 게 잘못된 일은 아냐." 나는 애써봤다.

루시는 한숨을 쉬고 욕조에서 몸을 일으켰다. "가슴이 있는 사람이 할 법한 소리로군." 루시가 말했다.

루시는 아이였을 때 몸통에 방사선을 쬐었고, 그 치료는 루시를 그 지점에 멈춰놓았다. 영원히 열한 살의 모습으로 남게 한 것이다. 대학 때 머리를 자른 이후로 루시가 어깨를 움츠리고 손은 주머니에 깊게 찔러넣은 채 낡은 가죽 재킷의 칼라를 세우고 있으면, 사람들은 루시를 어린 소년으로 착각하곤 했다. 하지만 영화관 검표원이 "네, 선생님"이라든지 "감사합니다, 선생님"이라고 말하면 루시의 그 자세는 언제나 무너졌고, 루시는 울면서 집에 돌아왔다. 루시는 소년같이 되고 싶은 게 아니었다. 소년같이 보인다는 점이 특히나 섹시한 여자애가 되고 싶었다. 말괄량이 소녀 스타일의 진 세버그*가 되고 싶었다. B는 제임스 딘 같은 모습보다는 좀더 여성스럽고 전통적인, 다른 종류의 섹시함을 키워보는 게 어떻겠느냐고 제안했다.

루시는 거실에서 초고속 제자리뛰기 같은 걸 시작했다. 아이오와주 풋볼팀 입단에 도전할 생각이라도 있는 듯 보였다.

"뭐 하는 거야?"

"〈플래시댄스〉의 주인공이 하는 건데 그 여자 다리가 끝내줘." 루시는 숨을 헐떡이면서도 멈추지 않고 말했다. "하루에 십 분씩 하면 될 것 같아."

루시는 곧 거실 운동을 그만두고 시내에 있는 고급스러운 헬스클럽에 등록했다. 쇼핑몰에 가서 검은 스타킹과 가터벨트를 샀다. 며칠 후에 우리는 다시 쇼핑몰에 가서 하이힐과 짧은 치마를 샀다. 그러곤 그보다 더 짧은 치마를 사기 위해 또 갔

---

* 프랑스 누벨바그의 아이콘이었던 미국 배우. 금발의 쇼트커트 헤어스타일로 유명하다.

다. 자기 허벅지 윗부분을 두고 불평하긴 했지만 루시의 다리는 멋졌고, 여성성에 눈을 뜨자마자 루시는 자기 다리에 어울리는 멋진 가슴도 있어야겠다는 결정을 내렸다.

우리 가족은 다른 모든 가족처럼 돈에 관해 나름의 괴상한 면이 있었지만, 그래도 돈이 부족하지는 않았다. 어떤 때는 돈이 너무 많기도 했다. 청구서 더미 앞에서 누군가가 울고 있었던 기억은 없다. 가족은 나를 대학에 보내줬고, 그후 나는 조교 일을 해서 대학원에 다니겠다고 말했다. 그건 자긍심의 문제였다. 내가 작가가 되고 싶어한다는 데 신이 났던 의붓아버지는 새로운 학위를 따는 데 돈을 대지 못하게 하자 거의 짜증을 냈다. 매달 말이 되면 나에겐 45센트 정도가 남았고, 집에 돈을 보내달라고 전화한 적은 없지만 마음만 먹으면 그렇게 할 수 있었다. 그 사실을 안다는 게 큰 차이를 만들어냈다. 반면 루시는 재정적 위기의 소용돌이 속에서 자랐다. 자신은 가난하며 앞으로도 가난할 거라고 믿었으나 그에 대해 별로 걱정하지 않았다. 루시의 과거는 절대로 지불되지 않을 병원비 청구서로 얼룩져 있었다. 학부생 때는 학자금 대출을 엄청나게 받았는데, 루시는 그 대출도 아마 병원비 청구서의 전철을 밟게 될 거라고 생각했다. 아이오와에서 조교 자리를 얻었음에도 루시는 또 대출을 받았고, 그래서 돈에 약간 여유가 있었다. 그러다가 자신의 새 치마와 하이힐에 어울리는 최고의 액세서리로 가슴이 있어야겠다고 결정했을 때 루시는 그냥 정부 융자를 또 받았다.

"너는 시인이야." 내가 말했다. "이걸 어떻게 다 갚으려고 그래?"

"나중에 걱정할래."

나는 루시의 침실로 쫓아들어갔다. "넌 빚더미에 산 채로 삼켜질 거야."

루시는 나의 어리석음에 한숨을 쉬었다. "빌린 걸 갚는 게 아냐. 그쪽과 일종의 합의를 하는 거지. 내가 얼마나 줄 건지 말하면 그 사람들은 가져갈 수 있는 만큼 가져가는 거야."

돈을 빌리기도 전에 어떻게 빚을 갚지 않을 계획을 세울 수가 있지?

루시는 내가 이해하지 못한다는 걸 알았다. 나는 루시가 절대 열어보지 않는 우편물이 있다는 걸 이해하지 못했다. 루시가 대학 때 플라자호텔의 복도를 오가며 룸서비스 트레이에서 음식을 꺼내 먹었다는 이야기를 이해하지 못했다. 그건 실제 배고픔보다는 궁핍 속에서도 화려함을 추구하고자 하는 독특한 감성 때문에 생긴 취미라고 했다. 밤늦게 지역 서점에서 열리는 낭독회에 갔을 때 이따금씩 루시가 재킷 속에 시집을 슬쩍하는 버릇을 이해하지 못했다. 나는 지불할 것을 정기적으로 지불하는 부르주아의 세계에 속해 있었다. 가톨릭 학교에서 십이 년을 보내며 내가 한 일뿐 아니라 앞으로 하고자 하는 일 전부에 대해 책임을 져야 한다는 걸 배웠다. 암에 맞서 십이 년을 보내며 루시는 아무것도 자신을 꺾을 수 없고 그 어떤 것도 절대로 자기 발목을 잡을 수 없다는 걸 배웠다. 돈에 관한 한 루시에겐 우월감이 있었다. 돈이 없다는 사실이 자신을 세상 물정에 밝고 약삭빠른 사람으로 만들었다고 믿었고, 이와 마찬가지로 내가 교외 지역 출신이라는 사실이 영원히 내게 순진함이라는 낙인을 찍었다고 믿었다.

"차이는 누구 계좌에 얼마가 있느냐가 아니야." 루시는 말했다. "차이는 안전망이야. 네가 바닥을 치면 널 구해줄 사람들이 있지. 내가 바닥을 치면 그건 자유낙하야."

나는 고개를 저었다. "완전히 바보 같은 소리야. 너에게도 나와 똑같은 안전망이 있어. 내가 있잖아."

대출이 나왔을 때 그 돈으로는 식염수 보형물만 할 수 있었다. 루시가 바란 건 그보다 더 비싼 실리콘 보형물이었지만 마음을 굽혔다. 시더래피즈에 있는 성형외과의 대기실은 소나무 벽판으로 마감되어 있었으며 작고 어두침침했다. 얼마 안 되는 개인적 경험에 근거해 나는 성형외과라면 괜찮은 잡지들이 있는 게 당연하다고 생각했지만 비치된 잡지 중엔 읽을 만한 게 없었다. 그래서 우리는 수조 속 물고기가 이쪽저쪽으로 헤엄치는 걸 지켜보았다. 검사 후 의사는 루시를 위해 특별한 보형물을, 그 병원에서 가장 작은 사이즈보다도 더 작은 보형물을 주문해야겠다고 말했다. 루시는 기뻐했다. 가장 작은 것보다 더 작은 무언가는 자신이 특별하다는 뜻이었다. 이미 가슴이 있는데도 더 큰 가슴을 원하는, 아마도 그저 욕심쟁이인 다른 환자들과 자신은 다르다는 뜻이었다. "우아해야 해요." 루시는 말했다.

가슴 수술은 내가 루시와 함께 겪은 첫번째 수술이자 입문 강좌였다. 간단하고 수월한 일이자 꿈꿔온 걸 얻는 동화였다. 루시는 갓난아기처럼 가슴을 꽁꽁 싸맨 채 별문제 없이 집에 돌아왔다. 코데인*이 함유된 타이레놀 병을 흔들며 미소 지었다. 루시는 이틀 정도 팔을 너무 높이 쳐들거나 무거운 걸 들어올리지 않도록 조심했다. 붕대를 풀게 되었을 때, 그건 마치 제막식과도 같아서 와서 구경할 사람은 전부 환영이었다. 우리 모두 새 가슴이 눈부시다는 데 동의했다. 날씬한 열다섯 살 소녀의 완벽한 가슴, 오래전 턱에 생긴 암이 부주의하게도 루시에게서 앗아간 바로 그 가슴이었다. 루시는 가슴과 완전히 사랑에 빠졌다. 제대로 된 성형수술이란 바로 그런 것이었다. 희망, 정부 융자, 실현된 꿈. 루시가 어린 시절부터 받았던 다

---

* 마약성 진통제.

른 수술들처럼 꼭 고통스럽고 비참한 실패로 끝나지 않을 수도 있는 것이었다. 때로는 정확히 의사가 말한 대로 되기도 했다. 가슴이 그 증거였다. "학자금 대출로 얻은 최고의 것이자," 이후 몇 년간 루시는 작은 가슴을 양손으로 감싸며 말하곤 했다. "대학원에서 얻은 최고의 것이지."

당시 우리는 자주 차를 빌려 썼다. 보통은 낸시에게 빌렸는데, 나는 낸시의 진공청소기에도 심하게 의존하고 있었다. 하지만 루시가 실밥을 뽑아야 했던 그날 낸시에겐 약속이 있었고, 그래서 내가 낡은 토요타를 빌려서 루시를 태우고 다시 한번 시더래피즈로 향했다. 반쯤 갔을 때 차가 주간고속도로 위에서 멈춰버렸다. 눈이 내리기 시작했다. 아스팔트 위에서 녹아 없어지던 눈발이 점점 더 거세졌다. 우리는 유방확대술 후 처치를 받으러 가기 위해 히치하이킹을 시도했다. 아마 아이오와주 최초였을 것이다. 엄지손가락을 내밀고 가던 방향으로 걷기 시작했다. 길에는 차가 거의 다니지 않았는데, 우리 앞에 멈춰 선 차는 그중에서도 가장 상태가 안 좋은 차였다. 1970년식 혼다 시빅으로, 한때는 아마 빨간색이었을 테지만 말라붙은 피 색깔로 변해버린 지 오래인 녹슨 차였다. 그 차가 우리 옆에서 털털거렸고, 조수석에 앉은 여자가 창문을 내리며 어디로 가냐고 물었다. 운전자는 몸집이 너무 커서 애초에 그 차에 타려면 몸을 구겨넣어야 했을 것 같은 남자였다. 여자 쪽으로 몸을 기울이는 남자의 검은 수염에는 설탕이 여기저기 묻어 있었다.

"병원이요." 루시가 말했다. 루시는 턱이 사라진 쪽에 여전히 거즈 패드를 붙이고 있었는데, 그 덕분에 차를 태워달라는 요청이 심각하고 중대하게 들렸다. 실상과는 다소 다르게 말이다. 여자는 고개를 끄덕이고는 우리가 좁은 뒷좌석으로 기어들어갈 수 있게 앞으로 몸을 숙였다. 뒷좌석엔 식품포장용 랩으로 덮인 흰색의 얕은 스티로폼 상자가 가득했고, 상자 안에는 반쯤 먹은 잼 도넛이 납작하게 눌려 있었다. 우리는 도넛 위에 앉지 않으려고 애쓰며 빈 상자 위에 앉았다. 루시와 나는 우리가 대단히 심각한 실수를 저지른 게 아닐까 걱정하면서 서로 손을 붙잡고 무릎을 맞댔다.

"엄청 춥네." 남자가 말했다. 여자가 자리에서 몸을 웅크렸다.

"그렇네요, 선생님." 내가 말했다.

"아가씨들은 히치하이커를 태워주나?"

"네." 루시가 말했다. 차가 있다면 분명 그럴 거라는 뜻이었다.

남자가 고개를 끄덕였고 우리는 남자의 뒤통수를 쳐다봤다. 기름진 긴 머리를 올려 묶은 모습이었다. "내가 시카고에서 시더래피즈까지 히치하이킹을 하려고 한 적이 있어." 남자가 우리에게 말했다. "버스표 살 돈이 없었지. 고속도로를 걷기 시작했는데 한 대도 멈춰 서질 않더군. 단 한 대도. 결국 끝까지 걸어서 갔다니까. 사흘이 걸렸는데, 그때 진짜 말도 못하게 추웠어. 단 한 사람도 나한테 도움이 필요한지 어떤지 신경쓰지 않았지."

모두 아무 말도 하지 않았다. 내가 사과해야 하는 건지 알 수 없었는데, 나라도 분명 남자를 태워주지 않았을 것이기 때문이었다.

"차를 세워서 사람들을 태워줘야 해." 단어 하나하나에 힘을 주며 남자가 말했다.

"내가 아가씨들을 태워줬으니 나한테 빚을 진 거야. 나중에 다른 사람을 태워줘야 해. 내 말 알겠나? 어떻게 생겼든 간에 태워주라고."

3장

　루시의 가족은 루시가 네 살 때 더블린에서 미국으로 건너왔다. 루시의 자매 둘과 형제 둘도 함께였다. 루시의 아버지는 아일랜드 최초의 방송 언론인 중 한 명이었으며, 그곳에서의 인기 덕분에 뉴욕에 있는 큰 방송국에서 좋은 일자리를 얻을 수 있었다. 그런데 루시가 열네 살 때 췌장염으로 세상을 떠났다. 루시는 아버지의 흑백사진을 거실 벽에 걸어두었다. 사진 속의 아버지는 트렌치코트를 입고 담배를 피우면서 카메라를 똑바로 응시했다. 늠름한 동시에 사랑스러워 보이는 인상을 줬다. 눈이 루시의 눈과 똑같았다. 루시는 자기 가족에 대해서라면 전혀 감상적이지 않았지만, 그 사진은 루시의 특별한 애착을 보여주듯 거기 걸려 있었다.

슬픔은 '헤쳐 나가야' 하는 무엇이 아냐. 그렇게 그 자체의 삶을 지니고 있지 않아. 슬픔은 그냥 거기 있을 뿐이고, 우리가 인간임을 말해주지. 웃기지만 나에게 암이 있었다는 걸 항상 잊어. 다른 사람에게 일어났던 일 같아. 암이 내가 여기 애버딘에 있는 유일한 이유인데도 지금 겪는 일과 암을 연결 짓지 못한다. 요즘엔 과거의 일이 많이 떠올라. 그 화학요법치료를 떠올리지 않는 날이 없는 것 같아. 이상하게도 그 치료 역시 암과 상관없는 것처럼 느껴져. 아마 내게 암이 생겼다는 걸 진정으로 받아들인 적이 없고 암에 관해 생각한 적도 없어서 그런 것 같아. 당시 줄곧 절망한 상태였지만, 그 시절을 돌아볼 때 기억나는 건 그저 객관적인 사실이야. 나는 빨간색 원피스를 입고 있었다, 나는 절망한 상태였다, 이런 식으로 말이지. 그게 나였다는 느낌이 전혀 들지 않아.

아버지를 떠올릴 때도 비슷해. 화학요법치료를 받았던 기억과 마찬가지로 아버지가 늘 마음속에 떠오르지만 대부분이 거리감 있는 기억이야. 그게 아닐 땐 굉장히 감정이 충만한 기쁜 기억이거나. 이상하게 들릴지도 모르겠지만, 아버지를 기억함으로써 삶을 더 잘살고 더 사랑할 수 있다고 느끼곤 해. 제임스 테이트*는 「사라진 파일럿」 (시집 제목이기도 해)이라는, 자신의 아버지를 주제로 한 멋진 시를 썼

---

* 미국의 시인.

어. 읽어봤니? 아버지의 이른 죽음에 장점(이 단어를 무례한 뜻으로 쓰는 건 아니야)이 있었다고 이야기하는데, 아버지가 죽지 않았다면 지금쯤 아주 늙고 쇠약해졌을 것임을 이제 성인이 된 시인이 깨닫는 거지. 나는 아버지에 대해 굉장히 순수한 초상을 간직하고 있어. 거의 신화와도 같은 이미지야. 실제 아버지라기보다 내가 만들어낸 모습에 가깝지.

예전에 아버지 친구였던 아일랜드의 영화 제작자에게서 전화를 받았을 때 루시는 매우 기뻐했다. 미국으로 이주하기 전에, 루시가 정확히 기억하지는 못하지만 그릴리 가문의 역사에서 더 좋았던 시절에 루시의 아버지와 알고 지낸 사람이었다. 그 제작자는 루시의 이야기를 알았다. 암, 여러 번의 수술. 그는 영화 제작진과 함께 아이오와로 와서 루시의 삶을, 극복하기 어려운 역경을 이겨낸 스물두 살짜리 아일랜드 소녀의 인생을 다룬 짧은 다큐멘터리영화를 찍고 싶어했다.

"진심이래?"

"그 사람들 말로는 주제가 '인간 투혼의 승리'래."

"그게 바로 너라는 거지."

"인간 투혼의 승리." 루시는 몸을 숙이고 가느다란 팔로 머리를 감쌌다. "세상에, 내가 무슨 짓을 한 거지?"

루시는 자기 얼굴로 알려지길 원치 않았다. 자신의 시로, 자신의 사유로 알려지길 원했다. 그럼에도 마음 한편에선 영화 제작진이 도착하길 고대했다. 그런 관심을 받는 게 좋고 제작진이 아일랜드에서 온다는 사실이 좋았다. 아버지를 아는 누군가를 만난다는 생각이 좋았다.

도착한 영화 제작진은 과하게 몸집이 큰 남자 세 명으로, 카메라와 가방과 조명과 함께 작은 렌터카에 꽉 들어차 있었다. 장비를 내리는 남자들을 보며 어떻게 그처럼 엄청난 부피의 몸집과 장비를 그처럼 조그만 공간에 쑤셔넣을 수 있었는지, 혹은 어떻게 그 전부를 다시 밀어넣을 것인지 상상이 안 됐다. 그들은 아일랜드로 돌아가기 전에 이야기를 최대한 많이 모으기 위해 미국 이곳저곳을 돌아다니는 중이었다. 남자 셋이 우리집 거실에 어색하게 서 있었다. 거실엔 의자 하나와 60킬로그램 이상인 사람은 절대 앉을 수 없는 합성고무 재질의 자그마한 이인용 소파가 있었다. 제작자는 벽에 걸린 사진을 보고 액자를 톡톡 두드렸다. "아, 네 아버지는 정말 좋은 분이셨지." 그가 말했다. 그게 전부였다. 심지어 나조차 뭔가 더 말해주길 바랐다. 그 사람들은 모두 루시를 뚫어져라 쳐다봤다. 얼굴뿐 아니라 루시 전체를. 이 여자애가 TV 화면을 충분히 채울 수 있을까?

"우리랑 같이 돌아다닙시다." 제작자가 말했다. "구경 좀 시켜줘요."

"볼거리가 많지 않아요." 루시가 말했다. 그럼에도 루시와 남자들은 전부 차에 우르르 올라탄 후 가버렸다. 나는 문 앞에서 딸을 남학생 셋과 무도회에 보내며 걱정하는 어머니인 양 그들을 향해 손을 흔들었다.

밤늦게 돌아온 루시는 말이 별로 없었고 피곤해 보였다. 제작진과 함께 저녁을 먹고 맥주 두어 잔을 마신 후 그 사람들이 루시를 거버너 스트리트에 내려주고 갔다고 했다.

"그래서," 내가 말했다. "너 유명한 영화배우가 되는 거야?"

루시는 코트를 바닥에 아무렇게나 던졌다. 소파에 주저앉더니 내 무릎을 베고 누웠다. "그거 못하겠더라고."

나는 루시의 머리카락을 손가락으로 쓸며 왜냐고 물었다.

"아, 전부 인간 투혼의 승리 뭐 그런 거였어. 그런 얘길 할 때마다 웃음을 멈출 수가 없더라고. 상관없어. 그 사람들도 어차피 나를 원하지 않는 것 같았으니까. 내가 자기들 생각하곤 달랐나봐."

루시가 그 일로 기분이 상한 건지 어떤 건지 알 수가 없었는데, 루시도 마찬가지였던 것 같다. 아일랜드 TV에 나오는 건 멋진 일이었을 것이다. 루시의 얼굴 때문에 나오는 것이 아니라면.

며칠 후 루시를 따라 짐 갤빈 교수의 윌리엄 포크너 강의를 들으러 갔다. 수업중에 종이 모퉁이를 찢어 인간 승리라는 단어를 쓴 다음 루시에게 건넸다. 그걸 읽은 루시가 풋 하고 웃더니 킥킥거리기 시작했다. 일이 분 정도 억눌렀지만 다시 웃음이 터졌다. 처음엔 참을 수 있었으나 곧 주방에서 시작된 작은 불이 갑자기 치솟아 집 전체를 삼켜버리듯 통제 불능이 되었다. 감당할 수 없게 큰 웃음이 터져나와 어떻게 할 수가 없었다. 이제 강의를 듣던 사람들이 동작을 멈췄고, 갤빈도 멈췄으며, 우리는 거의 숨도 못 쉬며 울고 웃는 루시를 지켜봤다. "죄송합니다." 루시는 말했지만 제대로 말할 수도 없었다. 루시는 책을 챙겨서 강의실을 나갔다. 나도 루시 뒤를 따랐다. 루시는 나를 타박하려고 했지만 웃음을 멈출 수가 없었다.

루시, TV 스타는 아니지만 이따금 인간 승리의 화신인 루시는 시 작업으로 돌아가서, 자기 옷을 집안에 흩뜨려놓는 것과 마찬가지로 시 초고를 집안 여기저기에 두었다. 루시는 읽고 좋았던 시를 복사해서 내게 줬다. 문학잡지에서 찢어낸 시를 냉장고에 테이프로 붙여뒀다. 시는 루시를 규정하고 루시를 구했다. 시가 유일하게 의미 있는 것으로 보이는 그런 때가 있었다.

점점 더 정말로 예술에 의존하고 있어, 앤. 가식적으로 들릴지도 모르고, 내가 지금 감정적인 심연에 약간 빠져 있기 때문인지도 모르지만, 예술이 의미를 찾을 수 있는 유일한 장소로 보여. 그런데 제일 감탄스럽고 놀라운 사실은 내가 찾는 이 의미를 절대 정의할 수 없다는 거야. 요즘엔 특히 회화에서 그런 느낌을 받는다. 과거에는 언제나 현대 회화가 좋았다가 싫었다가 뭐 그랬는데, 작년부터인가 그게 나한테 정말 큰 영향을 미치기 시작했어. 전에는 비웃었던 회화 스타일이 이제는 시선을 사로잡고 진정으로…… 뭐랄까, 중대하다는(나 말고 작품이) 느낌을 줘. 미국과 독일의 현대 회화를 다룬 거대한 책을 왕창 할인받아서 샀는데 정말 좋아. 내가 화가였으면, 하고 바라게 된다. 그렇지만 시 역시 요즘 정말 중요해져서, 말하자면 재정의되었다고 할 수 있어. 전에는 존 애시버리*를 참을 수가 없었는데, 지금 읽는 작품은 아주 맘에 들어(여전히 그의 작품 대다수가 읽기 힘들지만). 내가 말하고자 하는 요점은 말이야, 시와 예술 일반이 새로운 중요성을 띠게 된 게 내 생각엔, 아니 분명히 나의 위태로운 감정 상태와 관련이 깊다는 거야. 그렇다면 이 사실이 예술의 일상적인 중요성을 더 높일까 아니면 낮출까? 가장자리에 존재하는 무언가와 안정된 중심부 사이에 진정한 관련성이란 없는 걸까? 혹은 가장자리에 있는 그 무언가는 가장자리의 일부이자 경계의 일부이므로, 그 무언가가 전체에 명확한 형태를 부여하는 건 아닐까? 나는 후자라고 믿고 싶지만, 무언가를 믿고 싶어한다고 그 무언가가 유효해지나?(옛날 사람들이 이런 식의 논리

---

* 미국의 시인.

로 신이 존재한다고 주장하지 않았었나?)

삶을 계속 예술에만 쏟아부을 수 있었다면 우리는 찬란한 행복의 상태에 머물렀을 것이다. 그러나 그림 앞에 영원히 서 있을 수 있는 사람은 없다. 봄이 될 무렵 나는 어느 소설가와 데이트중이었는데, 사랑했던 여자한테 최근에 차인 남자였다. 그는 매우 상심한 터라 내가 열심히 기운을 북돋아주면 분명 도움이 될 것 같았다. 건강한 관계는 아니었지만 적어도 나 역시 이제 아침의 섹스 논의에 기여할 수 있게 되었다. 루시는 B와 계속 사귀었지만, 두 사람은 헤어졌다가 다시 만나기를 너무도 여러 번 반복해서 그 관계는 마치 바닥에 몇 번이고 떨어진 접시 같았다. 도자기 부분보다 접착제가 더 많았다. 루시는 거기서 벗어나려 하면서도 B라도 있는 게 아무도 없는 것보다는 낫다는 생각을 떨쳐버리지 못했다.

"그 사람은 미쳤어." 루시가 말했다. "내뱉는 한 마디 한 마디가 다 미쳤어. 미쳤다는 게 너무나 분명하고 나도 확신하는데, 그러다가 그 사람이 너무도 진실인 어떤 사소한 것 하나를 말하면 나는 다시 무너지고 말아. 그 진실이 허를 찌르고, 모든 게 이해되기 시작하고, B가 뱉은 모든 미친 말을 생각하게 되고, 어쩌면 그것도 진실이 아니었을까, 그저 내가 믿지 않으려 한 건 아니었을까 의문이 생기지. B가 항상 그렇게 말하거든. 내가 진실을 마주할 수 없어서 그 나머지 것도 믿지 않는 거라고."

B가 말한 진실이란, 루시는 언제나 혼자일 것이고 누구도 루시를 사랑하지 않을 것이며 그건 루시의 외모 때문이 아니라 루시의 사람 됨됨이 때문이라는 것이었다.

분별 있는 친구라면 마땅히 그래야 하듯, 나는 루시에게 그런 말은 듣지 말라고 했다. "그 사람 말을 듣고 나서 거부하라는 게 아냐. 그 사람이 다가오는 게 보이면 길 건너편으로 가 버리라고." 아버지가 내게 항상 했던 말을 루시에게 해줬다. 누군가와 얽히고 싶지 않다면 어떤 수준에서든 절대로 얽히지 마라, 그러면 그들은 사라지게 돼 있다. 하지만 루시는 관심과 해석에 너무도 굶주려서 그걸 얻을 수 있다면 어디에서든 얻고자 했다. 루시는 별자리 운세를 열심히 읽었다. 주방 바닥에 동전을 던져 역점을 치며 자기 인생에 대한 확실한 조언을 구했다.

어느 날 그레이트 미드웨스턴 아이스크림 컴퍼니에서 B와 합석하게 됐다. 루시와의 연애 초기에 B가 블루베리 아이스크림을 큰 통으로 사서 우리에게 가져다주던 가게였다. B는 내게 잘 지내느냐고 물었다. 나는 잘 지내고 있었다. 그 시점에 B와 루시는 한 주인가 두 주 동안 만나지 않았고, 나는 루시가 무엇을 원할지 알았다. 내가 B와 같이 앉아서 그의 이야기를 듣길 원할 것이었다. 사실 확인 임무를 수행해주길 원할 것이었다. B와 내가 같은 공간에 있었던 적은 많지만 언제나 루시와 함께였고, 그래서 나는 우리 둘만 있을 때 그가 무슨 말을 할지 궁금했다. B의 속마음을 알아내고 암호를 풀 수 있을 거라고 생각했다. 루시가 그를 완전히 차버려야 한다는 걸 보여주는 정보를 얻어낼 것이었다.

만일 B가 배우였다면 잘생긴 바닷가재잡이 어부 역할로 캐스팅되었을 것이다. 코는 반듯하고 밝은 갈색 머리칼은 곧게 뻗어 있었다. 호리호리한 몸은 운동으로 다져져 탄탄했으며, 컨버터블을 타고 다녀서 그을린 피부에 약간 홍조가 돌며 자연스러운 건강미가 빛났다. B는 나에게 작업은 잘되어가냐고 물었다. 내가 누군가와 데이트를 하고 있다는 이야기를 루시에게서 전해들었다고 했다. "글쓰는 데 방해가 되지 않도록 해요." B가 말했다. "가장 중요한 건 글쓰기예요. 그게 당신이 여기에 있는 이유고요." 수년 전 이곳 문예창작과정의 학생이었던 B는 내부 사정을 꿰뚫고 있는 사람이 지닐 법한 여유로운 자신감을 발했다. 내가 얼마나 써두었는지 알고 싶어했다. 매일 쓰는지도. "매일 써야 해요." B가 말했다. "매일 몇 페이지씩 써내지 않으면 진짜 작가가 아니에요. 그저 재미삼아 하는 거죠. 시간을 낭비하는 거예요."

나는 나에 관해 이야기하고 싶지 않았다. 내 친구에 관해 그가 뭐라고 하는지 알고 싶었다. 대화의 주제는 내가 아니었다.

"오, 하지만 당신이 주제인 게 맞아요." B가 말했고, 나는 긴장한 채로 다시 아이스크림을 한 수저 떠먹었다. "작가가 되는 데 관심이 있다면, 진짜로 관심이 있다면요. 하지만 매일 몇 페이지씩 쓰지 않는다면 진심이 아닌 거죠. 그러면 당신도 다른 사람들과 똑같은 거예요. 말은 많지만 이루는 건 없고, 앞으로 할 거라고 하면서 내놓는 건 없는 사람들이요. 내 말이 맞나요?"

"저 글써요." 나는 말했다.

"물론 쓰겠죠. 다들 써요. 머릿속에 어떤 작은 이야기가 있고 장차 그걸 쓰려고 하죠. 이 동네는 그런 사람들로 가득해요. 나는 그들이 작가가 되고 싶어 이곳에 와서는 웨이트리스로 끝나는 걸 봐요. 여기 창작과정은 사실상 웨이트리스를 제조하고 있어요. 왜 자신은 다를 거라고 생각하죠? 당신은 다른가요? 특별한가요?"

"난 특별하지 않아요." 무슨 얘길 하다가 이렇게 됐지?

"말하기 좀 그렇긴 하지만," B가 나를 향해 손가락을 흔들어 보였다. "당신이 제대로 해내고 있는 것 같지 않네요. 만난다는 그 남자도 당신을 꿰뚫어보게 될 거고, 그러면 당신을 떠날 거예요. 당신이 될 거라고 말하는 그런 사람이 절대 될 수 없다는 걸 알게 될 테니까요. 당신은 아무것도 하지 않고, 아무엇도 아닌 사람이니까요. 당신이 수많은 가능성으로 가득한 여자, 진짜 작가가 될 여자가 아닌 거죠. 그 사람은 당신이 아무것도 아니고 그저 섹스 상대일 뿐이라고 느낄 거예요. 그럼 당신을 버리겠죠."

어느 순간 나는 일어서서 테이블 위에서 녹고 있는 아이스크림을 그냥 둔 채 햇빛 속으로 걸어나왔다. 극심한 공포를 느꼈다. B가 나를 따라올까봐가 아니라 그가 말한 것이 나를 따라올까봐, 그의 말이 어찌어찌 쐐기풀처럼 나한테 붙어서 옷 속으로 들어가고 피부까지 파고들까봐 두려웠다. 스물두 살밖에 안 됐는데 세계 최악의 타로 카드 점괘를 들은 기분이었다. 심지어 내가 청한 적도 없는 점괘였다. B의 말이 맞으면 어쩌지? 내가 아무것도 아니면 어쩌지? 내가 아무것도 아님을 다른 사람도 눈치챘으면 어쩌지?

집으로 돌아가 루시에게 모든 걸 말했다. 루시는 내 이야기를 듣고 정말 좋아했다. 루시 자신이 그를 보는 방식대로 내가 그를 봤으며, 그게 반쯤 죽을 만큼 무서운 일이었다는 사실이 루시에겐 진정으로 위안이 됐다.

B는 루시에게 성경험이 부족하다고 질책했다. 루시가 다른 남자들과 자길 원했고, 루시는 그렇게 했다. 반쯤은 B에게서 벗어나기 위해, 반쯤은 B를 되찾을 수 있을지도 모른다는 바

람에서. 유혹은 탐색이고 기술이자 종일 매달려야 하는 일이었다. 루시가 남자를 원하느냐가 문제였던 적은 없다. 언제나 문제는 남자가 루시를 원하느냐였다. 루시가 품은 가장 진실된 바람은 모두가 자신을 원하는 것이었다. 루시는 창작과정의 학생들과 사귀고, 창작과정 밖의 학생들과도 사귀고, 자신이 강의하는 문학 수업의 학부생 한 명과도 사귀었다. 일 년 전만 해도 자신이 처녀로 죽을 거라고 생각했으나, 이제 루시는 그간 잃어버린 시간을 만회해야겠다고 생각하는 데까지 이르렀다. 루시가 원한 건 사랑이었고, 사랑을 찾는 최선의 길은 섹스를 하는 것이었다.

하지만 절대 그렇게 되지 않았다. 섹스는 루시를 더 외롭게 만들 뿐이었다. 그 사실이 이해가 갔는데, 나 역시 섹스 후에 더 외로워졌기 때문이다. 예전에는 외로웠던 기억이 없었다. 분명 이런 식으론 아니었다. 타인과 어떤 한계까지 함께하고 나면 그 타인과 결코 함께할 수 없는 수많은 이유 역시 생겨난다. 그렇게 나는 외로워졌다.

몇 주 후 우리는 〈페기 수 결혼하다〉를 보러 시내 쇼핑몰에 갔다. 루시와 나는 영화에 있어서라면 수치를 몰랐다. 에어컨이 나오는 어두운 영화관에 앉아 있을 수만 있다면 무슨 영화든 상관없이 보곤 했다. 영화관에 들어갈 땐 날씨가 좋았지만 밤늦은 시간이 되자 비가 어두운 장막처럼 쏟아졌다. 우리는 길 건너편의 스포츠 바로 달려가서 안쪽 작은 테이블을 차지하고 냅킨을 한 움큼 집어 머리카락을 닦아내며 주문했다. 바 천장 아래 걸려 있는 열 대의 TV에선 무슨 경기가 중계되고 있었고, 바 안에 여자는 거의 없었지만 아무도 우리를 주목하지 않았다.

"세상에, 형편없는 영화였어." 내가 말했다. "니컬러스 케이지 말야. 대체 무슨 생각으로 출연한 거래?"

"난 나쁘지 않았어." 루시가 말했다.

"진짜?" 루시를 놀려주려고 하는데 갑자기 루시가 울기 시작했다. "왜 그래?" 나는 조용히 말했다. 우리 둘 다 마음속 가장 어두운 슬픔을 꺼내놓으며 흐느껴 운다고 해도 그 바에서 알아채는 사람은 없을 터였다.

"두 사람은 함께 있잖아." 루시가 말했다. "완벽하진 않지만 그래도 함께 있잖아."

"친구야, 그건 아주 바보 같은 영화였어."

"난 언제나 혼자일 거야." 루시가 말했다. 머리칼은 여전히 젖어 있었다. 뺨도 젖어 있었다. "누군가를 절대 만나지 못할 거야."

"넌 누군가를 만날 거야."

"넌 이해 못해." 루시는 작은 테이블 위에 팔을 포갠 채 고개를 숙이고 울었다.

루시는 자신이 찾아낼 수 있는 기쁨을 끊임없이 찾아내고 그 안에서 온전히 기뻐하려 애썼지만, 그럼에도 한 차례씩 맹렬한 우울감에 빠져들었다. 추하다는 느낌에서 오는 슬픔, 그리고 자신의 욕구를 채울 수 있을 만큼 큰 사랑을 받고 싶다는 욕망은 주기적으로 루시를 작은 공처럼 웅크리게 하고 무력하게 했다. 루시는 몇 시간 동안, 며칠 동안 울곤 했다. 루시의 슬픔 앞에서 나는 겁이 났는데, 그 슬픔을 전부 이해할 수 있기 때문이기도 했다. 루시가 가진 재능과 친구 관계를 비롯해, 루시의 삶에서 보석처럼 귀중한 다른 많은 것들을 아무리 들먹인다고 해도, 루시가 겪어온 일과 여전히 루시 앞에 놓여 있는 일이 극복하기에 엄청나 보인다는 사실을 부인할 수는 없었다. 손상된 얼굴은 어찌할 수 없는 현실이었지만, 루시는 수년에 걸쳐 그 현실을 자신이 사랑받을 만하지 않다는 생각과 단단히 결부시켰다. 루시는 겨울까지 버텨보다가, 한밤에 얇은 재킷을 입고 옥수수밭으로 가서 위스키 한 병을 들이켜고 눈 위에 누울 거라고 내게 말하곤 했다.

나도 고개를 숙이자 루시가 얼굴을 들고 젖은 파란 눈으로 나를 봤다. "내 말 들어. 넌 누군가를 찾을 거야. 넌 항상 사람들을 찾아내잖아. 아직 딱 맞는 사람을 못 찾았을 뿐이지. 그렇지만 다른 사람들도 아직 못 찾았어. 넌 혼자가 되지 않을 거야. 내가 있을 테니까."

바에서 일제히 함성이 터져나왔다. 응원하는 팀이 스코어를 올린 모양이었다. 나는 루시의 등에 손을 얹고 루시의 고르지 못한 호흡을, 떨리는 어깨를 느꼈다. 루시의 고통이 너무도 날 것이라서 충격을 받았다. 앞이 안 보일 정도로 쏟아지는 비를 피해 들어간 스포츠 바에서의 그 밤에 내가 더이상 루시를 걱정할 수 없다는 사실을 깨달았다. 감당하기엔 너무도 엄청난 일이라 루시 걱정이 나를 삼켜버릴 것이었다. 그리고 만일 걱정이 나를 삼켜버린다면 나는 루시에게 쓸모없어질 것이었다. 내가 루시를 버릴 수도 있지만, 그건 절대 일어날 수 없는 일이었다. 그 밤에 나는 결심했다. 걱정하는 데 시간을 쓰기보다 루시를 돕는 데 시간을 쓰겠다고. 나를 키운 가톨릭 수녀들은 명확하게 말했다. 노동은 하느님께로 향하는 길이다, 마음 깊이 충성과 헌신을 느끼는 건 좋은 일이지만, 네가 품은 좋은 생각을 실현하고 실행하는 것이 모든 이에게 훨씬 좋은 일이다, 세상을 구원하는 건 기도가 아니라 행위인데, 기도는 일종의 걱정일 뿐이기 때문이다. 그 밤에 나는 루시를 향한 내 사랑을 행동으로 보여주겠다고 결심했다.

사랑스러운 내 친구야,

오늘 여기 살짝 눈보라가 몰아쳤어. 10펜스짜리 동전만한 눈송이가 펑펑 쏟아져서 길 건너편이 보이지 않을 정도였지. 눈이 내리기 시작했을 때 헬스클럽에 있었는데, 눈이 그치기 전에 나가려고 좀 서둘렀다. 불행히도 나갔을 땐 이미 눈이 그쳤지. 그래도 새로운 모습의 애버딘이 펼쳐져 있어서 '와, 애버딘이 정말 예쁘네'라고 생각하며 즐겁게 걸어다녔어. 그런 다음엔 '젠장, 춥잖아'라는 생각이 들었고, 그래서 카페 드러먼드에 가서 안쪽 자리에 앉아 차를 마시며 아까 산 책을 읽었어. 커다랗고 비싼 책으로 나 자신에게 주는 크리스마스 선물인데, 영화사에 관한 책이고 온갖 젠체하는 이론이 가득해. 그런 이론이 늘 너무 재밌더라고. 어쩌면 나는 흔한 지적 속물이거나 사이비 지식인인지도 모르지만, 그렇게 뭔가 심오해 보이는 것이 짜릿한 즐거움을 줘. 해가 지기 시작하는 세시 반에 카페에서 나왔다. 하늘은 개어서 엷은 푸른색이고 커다란 솜털 같은 구름이 흩어져 있었어. 여러 겹을 겹쳐 입을 수 있는 게 옷만은 아냐. 우리가 얼마나 여러 가지를 동시에 생각할 수 있는지 놀라울 때가 있어. 하늘이 얼마나 예뻤는지, 보통 때엔 하늘이 얼마나 흉한지, 저자 이론 對 장르에 대해서, 운동이 얼마나 만족스러웠는지, 내 엉덩이가 얼마나 싫은지, 글을 더 잘 쓸 수 있길 내가 얼마나 바라는지, 너, B, 내가 집착하는 또다른 데이비드인 데이비드 매돌, 그리고 이유를 설명할 수는 없지만 베스 필슨.* 이 편지를 타이핑하는 지금에서야 내가 얼마나 외로운지에 관해선 생각하지 않았다는 걸 깨닫는다. 예전의 나, 더 나은 모습의 내가 잠시 거기 있었나봐. 요즘 외로움에 완전히 사로잡혀 있어. 지난 몇 주 동안 외로움이 내가 보는 모든 것을 물들이는color 것 같았어(내가 영국식으로 '물들이다colour'라고 쓰지 않았다는 데 주목할 것). 외로워도 괜찮다는 걸 알지만, 내가 외로움을 기준 삼아 다른 모든 걸 견주어본다는 게 싫어. 외로워하지 않는 게 나에겐 어려운 일 같아. 우연히 가끔씩만 있는 일인 듯해. 오늘 오후처럼 말이야.

우리 둘 다 집에 있는 추운 밤이면 루시는 어두운 새벽에 일어나 내 방으로 오곤 했다. "옆으로 좀 가봐." 루시는 말했고, 내가 싱글 침대 옆 벽으로 붙으면 내 옆에 기어들어와서 내 허리에 팔을 감았다. 우리는 따뜻한 플란넬 이불 안에 누웠고, 나는 등뒤에서 고르게 이어지는 루시의 숨소리를 들었다. "언젠가 우리는 이 모든 일을 돌아볼 테고, 우리가 여기 있었다는 사실을 믿지 못할 거야." 루시가 속삭였다. "우리는 말하겠지. '우리가 아이오와에 살 때 기억해?'"

온기 속에 잠으로 다시 빠져들던 나는 미소 지었다. 루시에게 말했다. "우리는 말하겠지. '아이오와 시절에 말이지, 이런 일이 있었어.'"

---

* 여기서 언급된 매돌과 필슨은 당시 아이오와 문예창작과정의 학생이었던 것으로 보인다.

4장

　나는 루시와 나 자신에게 커다란 잘못을 저질렀다. 아이오와에서의 두번째 해에 우리가 같이 살던 집을 떠나 남자친구의 집으로 들어간 것이다. 거버너 스트리트에서 1.5킬로미터쯤 떨어진 곳의 어느 큰 집 뒤편에 있는 작은 단층집이었다. 그때 짐을 싸서 떠난 일은 그보다 훨씬 더 큰 잘못의 발단이 되고, 바로잡는 데 몇 년이나 걸리게 된다. 당시에는 그게 사랑을 위한 절호의 기회라고, 내가 아주 로맨틱하고 중요한 일을 하고 있다고 생각했다. 그러나 이제 와 돌아보면 그 일 전체를 매우 간단하게 정리할 수 있을 것 같다. 나를 사랑하는 누군가와 함께 사는 집을 떠나 나를 전혀 사랑하지 않는 누군가의 집으로 갔다고. 남자와 같이 사는 게 더 중요했던 걸까? 그 남자가 어느 아침 눈을 떠서 곁에 잠들어 있는 나를 보고 행복해할 거라고, 나에게 좋은 마음만 가득하다면 분명 그럴 거라고 믿으면서? 나를 웃게 하는 친구, 내가 모든 것에 관해 생각하도록 만드는 친구, 그러나 결국에는 여자일 뿐인 친구와 같이 있는 것보다 남자친구와 있는 게 더 소중했던 걸까? 두 사람 중에 한쪽을 고르지 말았어야 했다. 루시는 내가 떠난다는 사실에 몹시 충격받았고, 자신이 충격받았다는 사실을 내게 확실하게 알렸다. 내 가구를 전부 주고 루시가 살 곳을 찾을 때까지 몇 달 동안 계속 집세 반절을 냈지만 아무 소용이 없었다.

물론 루시와 나는 여전히 계속 만났다. 데니스에게 TV와 비디오 플레이어가 있어서 그가 집을 나서면 곧바로 루시에게 전화하곤 했다. 루시가 오면 같이 제인 폰다가 나오는 영화를 봤다. 어쨌든 1980년대였고, 우리는 제인 폰다에게 미쳐 있었다.

세상에서 가장 사랑스러운 내 친구야, 우리 대장에게 문제가 생겼어. 소문이 계속 있었지만 나는 단호히 부정해왔지. 하지만 이제 믿을 만한 소식통(TV 아침 프로그램)에서도 그게 사실이라고 하네. 제인 폰다가 갈비뼈를 제거했대, 셰어처럼. 진짜일까? 믿을 수가 없어. 이 일이 우리에게 어떤 영향을 미칠까? 제인 폰다에게 너무나 실망했어. 어떤 집착이 이 갈비뼈 제거술을 감행하게 하는지 한편으로는 이해하지만 말이야. 어쨌든 나도 골반의 상당 부분을 이제 곧 잘라낼 거니까.

다른 일이지만 같은 일이기도 해. 아무도 이해 못한다고 해도 스폭*이라면 내 논리를 이해할 거야. 폰다는 모든 걸 가졌잖아. 몸매, 돈, 영화 계약. 왜 이런 미친 짓을 해야 했던 걸까? 무언가를 두려워하나? 그 사람이 두려워할 만한 게 뭐가 있지? 그게 무엇이든 우리도 같은 것을, 같은 종류를 두려워하나? 내가 갈비뼈를 절대 제거하지 못하게 하겠다고 약속해줘. 나도 네가 그런 짓을 하지 못하게 하겠다고 맹세할게. 나는 제인 폰다를 끝까지 용서하겠지만 무언가 달라지긴 했어. 제인도 우리와 마찬가지로 잘못을 저지를 수 있는 사람인 거지. 알아, 언제나 그랬지. 하지만…… 갈비뼈 한 쌍이라니! 너도 알겠지만 갈비뼈는 나무에서 자라는 게 아니잖니.

루시는 데니스가 없을 때만 온 것이 아니었다. 데니스와 나 둘 다 없을 때도 왔다. 루시에겐 집 열쇠가 있었고, 우리가 밤에 집을 비우면 누군가를 데려와 우리 침대에서 섹스를 하곤 했다. 그러고 나서는 매번 내게 말해주었다.
"그러지 마." 나는 말했다.
"우린 그냥 화초에 물을 주러 왔던 거야." 루시는 천진하게 말했다. "그렇게 될 줄은 몰랐어."

---

* SF TV 시리즈 〈스타 트렉〉에 나오는 과학 담당 장교. 이성과 논리를 최우선으로 삼는 인물이다.

그해 초봄에 루시와 나는 얀이라는 몸집이 큰 젊은 여자에게 점을 보러 갔다. 어린 세 자녀와 함께 시더래피즈 외곽의 주택에 사는 여자로, 점을 잘 보기로 정평이 났다. 내가 먼저 보기로 했다. 작은 거실에 깔린 북실북실한 오렌지색 카펫 위에 얀이 타로 카드를 배열하는 동안 루시와 나는 바닥에 책상다리를 하고 앉아 미래를 기다렸다. 얀은 컵, 검, 달이 그려진 밝은색 그림들을 신중히 살펴 모든 의미를 파악한 다음 나를 향해 미소 지었다. "지금 함께하는 남자가 당신 인생 최고의 사랑이에요." 얀이 말했다. "그와 영원히 함께할 거예요."

그 말에 꽤 놀랐지만 좋은 징조로 받아들였다. 내 관계는 나아져야만 했다. 그다음 루시가 앞으로 나왔고 얀은 카드를 다시 섞었다. 루시가 커다란 카드 더미를 반으로 가르자 얀이 카드를 다시 배열했고, 그동안 우리는 소파 탁자 위 액자에 든 얀의 아이들 사진을 봤다. 오랫동안 말없이 카드가 무슨 말을 하는지 읽어낸 얀은 루시에게 그 의미를 말해주었다. "당신은 절대 사랑을 찾을 수 없을 거예요." 마치 가족에게 나쁜 소식을 전하러 수술실 밖으로 나온 의사인 양 천천히 신중하게 말했다. "아이를 갖는 일도 없을 테고 당신은 언제나 혼자일 거예요."

이해할 수 없었다. 타로점을 치는 사람들은 당신이 다음주

목요일에 교통사고로 죽는다고 말하지 않는다. 그리고 사랑 없이 사는 삶이라니, 교통사고로 죽는 일보다 더 나쁜 운세 아닌가? 루시는 자신이 마땅히 물었어야 할 질문도 하지 않고 집 밖으로 걸어나갔다. 나는 돈을 지불했다. 얀에게 무슨 말이라도 했어야 하지만 무슨 말을 한단 말인가? 방금 전 오 분 동안 한 말을 취소해달라고?

루시는 작은 공기주입식 풀장 옆 주차 공간에 앉아 울고 있었다. "헛소리야." 나는 루시 귀에 속삭이며 루시를 일으켜세웠다.

나는 소설 창작 학부 강의를 하고 시를 가르치는 두 교수의 아이들을 주 오 일 돌보면서 간신히 생활비를 벌었다. 그해에 분명 단편을 두어 편 썼다는 걸 안다. 하지만 기억하는 건 돈 걱정을 하지 않을 때면 루시의 아파트에 가 있었다는 것과 우리가 사랑 문제로 불평했다는 것뿐이다. "사랑과 돈," 어느 밤 전화 통화중에 어머니가 내게 말했다. "사람들이 쓰는 글은 대부분 그 둘에 관한 것이지." 타로 점쟁이가 말한 바와는 달리 데니스의 집으로 들어가자마자 내가 실수를 저질렀다는 걸 알았다. 이제는 그와의 관계를 정리하고 다시 이사하는 난처한 상황을 피하면서 내 실수를 바로잡을 방법을 찾아야 했다. 간단히 말해, 우리 관계를 어쨌든 잘 굴러가게 만들어야 했다.

바워리 스트리트에 있는 루시의 새 아파트는 나무 바닥에 높은 창이 있고, 베란다가 공간을 둘러싸고 있었다. 루시가 감당할 수 있는 수준이 아니었지만 루시는 어쨌거나 거기 살겠다고 결심했다. 고양이 두 마리를 들이고 강의 수입을 보충하기 위해 이른아침에 빵집에서 일하기 시작했다. 혼자 살면서 루시는 더 많은 친구를 사귀고 더 많은 모험을 한 반면 내 세계는 상당히 좁아졌다. 아이오와시티에서 일 년을 보낸 후 루시는 세라로런스에서 누렸던 그런 종류의 명성을 다시 누렸다. 어디를 가든 사람들이 루시를 알아봤다. 루시와 함께 길을 걸으면 언제나 놀랄 일이 많았다. 마치 루시가 장미로 장식한 자동차에 올라 퍼레이드를 하는 양 모두가 손을 흔들었다. 사람들은 가던 길을 멈추고 루시에게 말을 걸고 싶어했다. 루시가 버스에 타면 사람들이 이랬다. "오늘 기분이 어때요, 루시?"

"어떻게 모르는 사람이 없어?" 다섯번째로 루시의 이름이 불린 후 내가 말했다. "내가 사교적으로 엄청나게 무능한 사람처럼 느껴질 정도야."

"다 모르는 사람이야." 루시가 말했다. "그 사람들이 나를 아는 거지. 내 얼굴은 잊히지 않으니까."

그제야 대학 때 루시가 나를 싫어한 적이 없다는 걸 깨달았다. 루시는 그저 내가 누구인지 몰랐던 것이다. 사람들은 루시 인생의 세세한 데까지 캐내고자 했다. 루시의 이야기를 알기 때문에 루시를 실제로 안다고 착각했다. 바로 내가 그랬다. 루시가 무례하다고 생각하는 사람도 많았는데, 모두가 친근하게 구는데도 거기에 맞춰주려 애쓰지 않았기 때문이다. 우리가 만나기 몇 년 전에는 그런 상황이 감당 못할 정도가 되기도 했었다. 이제 루시는 그냥 그러려니 했다. 우리가 어느 은행의 드라이브스루 창구 옆으로 걸어가고 있을 때였다. 창구 직원이 유리 박스 안에 혼자 앉아 창밖의 세상을 내다보고 있었다. "안녕하세요, 루시!" 직원이 마이크에 대고 외쳤다.

루시는 그 여자를 쳐다보고 한숨을 쉰 후 나를 다시 쳐다봤다. "내가 거래하는 은행도 아냐." 루시가 말했다.

어느 날 루시는 샐리라는 자기 친구와 승마하러 가면서 나도 데려갔다. 내가 연애 고민에서 잠시 벗어나도록 해주기 위해서였다. 샐리도 연애 문제가 있는 것 같았고, 루시 역시 늘 사랑 때문에 갈팡질팡했다. 그런 우리에게 승마는 오후 동안 고민에서 벗어날 좋은 핑계였다. 내가 자란 내슈빌 외곽의 농장에는 말 두어 마리가 있었는데, 그때까지는 안장을 사용해서 말을 타본 적이 거의 없었다. 차를 타고 어느 마구간으로 가서 루시가 그곳의 관리자와 이야기를 나눈 후 말을 골랐다. 루시가 청소년기에 마구간에서 일했던 이야기를 들은 적이 있고, 그래서 루시가 말과 같이 있을 때 완전히 자기 자신이 된다는 것을 알고 있었지만 말을 타는 모습을 본 적은 한 번도 없었다. 글쓰기로 성공하지 못할 때를 대비해 루시가 가진 인생의 대안은 조랑말을 길들이고 훈련시키는 직업이었다. "잘 훈련한 조랑말 한 마리로 부자가 될 수도 있어." 루시는 말했다. 말이 왔을 때 루시는 고삐를 아래로 당겨 말의 코가 자기 코에 닿게 한 다음 손가락을 말의 윗입술 아래로 미끄러지듯 넣어서 잇몸을 세차게 긁었다. 강아지 배의 마법 지점을 찾아서 긁어주면 다리를 떨며 황홀해하는 것과 마찬가지의 일이 일어났다. 이제 그 말은 루시의 것이었고, 루시는 훌쩍 말 등에 올랐다.

아이오와에서 맞이한 첫번째 겨울, 얼굴을 가릴 만큼 목도리를 높게 두르면 입김이 응결되어 속눈썹에 맺혀서 눈을 한 번 깜빡하는 사이에 얼어붙는다는 걸 발견했다. 7월이 되자 여름이 엄청나게 덥다는 게 확실해졌고, 최대한 가만히 있으면서 헐떡이는 것 외에는 할 수 있는 일이 없었다. 하지만 꽁꽁 얼어붙는 때와 불타오르는 때 사이의 아주 짧은 기간 동안, 녹색 수목이 울창한 가운데 야생화가 군데군데 피어 모든 곳이 아름다운 때가 있다는 사실도 알게 되었다. 우리가 말을 탄 날도 그런 날 중 하루였다. 루시는 앞서 달리면서 우리 둘을 나무 사이로 빠르게 이끌었다. 우리는 함께 함성을 지르고 깔깔대면서 삶이 자유롭고 가능성으로 충만한 척했다. 종달새처럼 자그마한 루시는 횃대인 양 말 등에 높이 앉아 아름답게 말을 탔다. 샐리와 나는 루시가 하는 대로 전부 따라 했다. 루시는 윌리 슈메이커* 같았다. 햇빛 사이로 금발이 빛나고 사랑스럽다는 점에서는 달랐지만. 언뜻 생각해보면 그렇게나 조그마한 사람이 어떻게 그렇게나 커다란 동물을 장악할 수 있는지, 자신이 탄 말뿐 아니라 뒤에서 따라오는 두 사람까지 장악할 수 있는지 이해하기 어렵다. 그러나 막상 내 눈으로 보고 나니 그런 일이 가능하구나 싶었다. 아이오와의 그 숲에서 루시는 말을 지배했다. 세상을 지배했다.

"너 진짜 미쳤어!" 마침내 마구간으로 돌아왔을 때 나는 소리쳤다. 땀에 젖은 채 흥분해서 루시 품으로 쓰러졌다.

"넌 모든 말의 군주야!" 샐리가 말했다.

우리는 두 시간을 달렸다. 루시는 자판기에서 콜라를 뽑아 손에 부은 다음 말이 자기 손가락을 핥게 했다.

너무도 멋진 소풍이었기에 그다음주에 데니스를 데리고 다시 갔다. 루시와 내가 탔던 그 말들을 내달라고 요청했다. 그러나 안장에 올랐을 때 말을 목장 밖으로 나가게 할 수가 없었다. 청바지와 부츠를 차려입은 우리는 등자를 밟고 서서 말이 한 발자국이라도 내딛게 하려고 애썼지만, 말은 꿈쩍도 하지

---

* 전설적인 미국의 기수로 몸집이 매우 작았다.

않았다. 마침내 마구간에서 일하는 누군가가 나와서 다른 말 위에 올라 우리를 500미터가량 데리고 가주었다. 하지만 그 사람이 돌아가자 말은 다시 머리를 땅에 박고 풀을 뜯기 시작했다. 아무리 고삐를 당기고 발꿈치로 찔러도 인간이 등에 타고 있다는 사실을 말에게 설득시킬 수 없었다. 전에는 말에 대해 좀 안다고 생각했지만 이제 그게 완전한 착각이었음을 깨달았다. 일주일 전 루시가 무리를 이끌 땐 그렇게나 큰 기쁨을 주었던 바로 그 동물이 이제는 완전히 낯설었다. 마치 냉장고 위에 앉아 있는 것 같았다. 말은 배를 채운 후 느릿느릿 마구간으로 걸어갔다. 한 청년이 나와 고삐를 잡고는 우리에게 즐거웠냐고 물었다. 데니스는 몹시 화를 내며 환불해달라고 했다. 그러나 우리는 한 시간 동안 나가 있었던데다 우리가 말을 탈 줄 모른다는 게 그들의 책임은 아니었다.

그즈음 루시는 굉장히 멋져 보였다. 과하도록 많은 시간을 헬스클럽에서 보냈으며 더 잘 먹으려고 노력중이었다. 먹는 일이 루시에겐 너무도 어려웠기에 좋은 음식이 아니라 아무 음식이라도 먹으면 성공적인 식사였다. 삼킬 수 있는 게 초콜릿 크림 약간과 도넛 반쪽뿐일 때가 잦았다. 루시는 근력 운동을 하는 사람들의 비밀인 단백질 셰이크와 분말 비타민을 발견했다. 몽땅 믹서기에 던져넣기만 하면 됐다. 루시는 짧은 치마와 아찔하게 높은 힐을 신고 거리를 활보하며 차에 가득 올라탄 사교클럽 남학생들이 던지는 추파를 전부 명예 훈장으로 받아들였다. 문제는 얼굴이었다. 루시가 대학 때 마지막으로 받은 수술 역시 이전 모든 수술의 전철을 밟아가는 듯했다. 이식한 부분이 녹아 없어지고 있었다. 아이 때 받은 광범위한 방사선치료 탓에 재건 수술의 효과가 전혀 지속되지 않는 것 같았다. 그것만으로도 이미 치명적인데, 루시는 해결할 수 없는 보험 문제까지 맞닥뜨렸다. 현재 거주지가 아닌 뉴욕에서는 수술 비용이 보장되지 않아서 또다른 수술을 받을 수 없다는 것이었다. 그렇다면 대안은 아이오와대학 병원에서 수술을 받는 것인데, 이곳 의사는 이식할 조직을 몸에서 자라게 하는 전통적인 방식의 수술을 권했다. 그 수술을 받으면 루시는 이식할 조직에 혈액이 공급되도록 손목을 복부에 꿰맨 채로 육 주를 보내야 했다. 그다음엔 이식한 조직이 한쪽 턱에서 자라는 동안 손목을 얼굴에 꿰맨 채로 또 육 주를 보내야 했다.

나는 루시가 평범한 사람들과는 다른 문제를 안고 있다는 점을 자꾸 잊었다. 루시의 고통이 고만고만한 사랑 문제와 돈 문제를 훨씬 넘어선다는 점을 자꾸 잊었다. 그때 루시는 자기 남자친구를 좋아하지 않았고, 외로웠고, 파산 상태였고, 친구로만 지내자는 남자에게 빠져 있었다. 루시의 고민이 좀더 심각하고 끈질기게 계속될 뿐 기본적으로 내가 아는 여자 모두가 하는 고민과 다르지 않아 보이기도 했다. 하지만 그러다가 루시는 내 거실에 나타나 창백한 모습으로 가쁜 숨을 몰아쉬며 자신이 들은 말을 하고 또 했다. 우리 둘 다 이해할 수 없는 말이었다. "내 손을 얼굴에 꿰매야 한대."

"웃기지 말라 그래." 나는 말하고는 일어나서 술을 가져왔다.

병원에서 집으로 돌아오니 성녀 루치아 펜던트가 나를 기다리고 있네. 늘 갖고 싶었던 거야. 고마워, 사랑스러운 내 친구야. 넌 정말 그 누구보다도 날 행복하게 해. 놀라울 정도야(팝송 가사 같지, 나도 알아).

내 눈은 아직도 부어 있어. 금요일만큼 나쁘지는 않지만 여전히 미적인 측면에서는 커다란 문제야. 월요일에 닥터 펜턴이 와서는 말했어. 자신이 해줄 수 있는 게 정말로 없고, 나는 옴짝달싹 못하게 된 상황인데 문제가 나아질 수도 있고 아닐 수도 있다면서 그동안 내가 상태를 악화시킬 게 뻔한 수술을 더 받고 싶은지 아닌지 마음을 정해야 한대. 그 사람은 너무도 무심하게 말했어. 완전히 다 실패였다는 식으로 짧고 단호하게. 그 사람의 말과 말투 때문에 정말 속상했다. 그날 밤새 감당이 안 될 정도로 울어서 간호사들이 전부 나를 위로하려고 애썼지. 그러다가 수간호사가 와서 나랑 이야기했고, 닥터 펜턴에게 내가 얼마나 속상해하는지 알리겠다고 했어. 다음날 펜턴이 와서 논의하기로 했는데 결국 시간이 없어서 못 왔고, 이제 나는 월요일에 돌아가. 모르겠어, 앤, 난 정말 모르겠어. 아주 침착하고 현명한 사람이 되어 모든 걸 받아들이고자 할 때도 있지만, 신경이 온통 곤두설 때도 있어. 초연한 시인인 척하고 있을 때는 괜찮아. 모든 게 실제로 좋지는 않더라도 최소한 견딜 수 있을 정도로는 보여. 하지만 내가 여자이고자 하면 전부 엉망이 돼.

루시는 자신이 현대미술 작품 같다고 말하곤 했다. "내가 완성되었다고 할 때 완성된 거야." 그러나 당시 루시는 완성 가까이에도 가지 못한 상황이었다. 이식할 조직을 몸에서 자라게 하는 수술을 거부할 수는 있었지만 수술 자체를 계속 거부할 수는 없었다. 얼굴 한쪽이 꺼지고 있었는데, 그건 무엇보다 점점 더 음식을 삼키기 어려워진다는 뜻이었다. 수술을 한 차례 더 받기 위해선 아이오와를 떠날 때까지 기다려야 할 터였다.

우리는 여백 규격에 맞춰 논문을 타이핑했고, 우리 논문은 제본되어 도서관으로 보내진 다음 순수예술 석사학위를 받고 졸업한 다른 작가들의 논문과 함께 서가에 꽂혔다. 아이오와 문예창작과정은 그저 멋들어진 핑계였다. 대학을 나와 무엇을 할지 도저히 알 수 없을 때 이 년의 시간을 벌 수 있는 장소였다. 그리고 이제 그 과정이 끝났으므로 우리는 완전히 표류했다. 나는 잡지 『세븐틴』에 단편 몇 편을 싣고 계속해서 아이 돌보는 일을 했다. 루시는 계속 빵집에서 일했다. 이 세계에서 내가 있을 자리가 어디인지, 고등학교를 졸업했을 때보다 훨씬 더 불확실하게 느껴졌다.

1987년 겨울, 나는 두번째로 루시를 떠났다. 데니스는 우리 두 사람의 모든 문제가 아이오와 때문이며, 일단 아이오와를 떠나면 괜찮아질 거라고 믿었다. 루시는 바워리 스트리트에 있는 아파트에 남았다. 나는 작별 인사를 하러 들렀다.

"내가 일 년 후에도 여전히 여기 있으면 돌아와서 날 데려가 줘. 그래줄래?" 루시가 말했다.

"필요하다면 총이라도 가지고 올게." 내 냉장고와 식료품 저장실에 있던 음식과 물품을 준 다음 루시를 껴안았다. 또다른 실수를 저지르고 있음을 알았다. 이미 연달아 저지른 실수를 합리화하려고 애썼지만, 이 시점에 나는 미래를 향해 급히 떠나는 열차에 올라탄 기분이었다. 일단 열차에 오르자 점점 더 빠르게 앞으로 나아갈 뿐이고 이제 뛰어내리는 일은 상상할 수도 없었다. 루시는 여전히 나의 가장 가까운 친구였다. 그러나 데니스와 함께 이사용 트럭에 올라 예전에 지나왔던 주간고속도로를 다시 탔을 때, 루시를 버리고 떠난다는 느낌을 피할 수 없었다.

루시는 1988년 5월까지 아이오와시티에 있다가 뉴욕으로 가서 고등학생을 위한 여름작문교실에서 아이들을 가르치며 또다른 수술을 받았다. 그후엔 베를린으로 가서 아주 친했던 대학 친구와 함께 지냈다. 내 결혼식에 참석하러 돌아오기에는 너무 멀리 있었다. 나는 내슈빌에 살며 서점에서 일했고, 1988년 6월에 스물넷의 나이로 결혼했다. 그해 가을, 데니스와 나는 펜실베이니아에 있는 작은 대학에서 강사직을 얻었다. 결혼 후 우리 관계는 악화되지 않았다. 그저 애초부터 그리 좋은 적이 없었던 그 관계를 참아낼 능력이 내게서 사라졌을 뿐이다. 1989년 8월 마지막 날에 나는 공항으로 가서 비행기를 타고 내슈빌로 돌아왔다. 새 학기를 앞두고 강사로서 두번째 해를 시작하기 일주일 전이었다. 크게 보자면 나의 재앙은 그리 대단한 것이 아니었을지 모른다. 데니스와 나에겐 아이도 없고 돈이나 여타 재산도 없었다. 반려견조차 없었다. 하지만 스물다섯 살의 가톨릭 신자에게 이혼은 완전히 절망적인 일이었다. 내슈빌공항에서 어머니에게 전화해 문제가 좀 있다고 처음으로 고백했다.

나는 어머니 집의 손님방에 사는 실직한 대학 강사가 됐다. 다른 학교 강사직에 지원하기에는 너무 늦은데다가 어차피 학생들 앞에 설 수 있는 상태도 아니었다. 웨이트리스 일자리를 찾기 시작했는데 구직이 잘 안 됐다. 내 이력서에는 석사학위, 그리고 『파리 리뷰』에 기고한 단편을 포함해 몇몇 지면에 글을 실은 경력이 기재되어 있었다. 다섯번째 레스토랑에 지원할

즈음에야 나는 눈치를 챘다. 그후엔 이년제 대학을 한 해 다니고 요식업 서비스직에서 칠 년간 일한 탄탄한 경력이 있다고 적었다. 아무도 경력 조회를 하지 않을 거라는 나의 가정이 맞아떨어졌다. TGI프라이데이에서 나는 새롭게 태어났다. 짧은 검정색 치마를 입고 망사 베일이 달린 둥글고 납작한 흰색 모자를 썼다. 우스꽝스러운 모자는 그 일자리에서 필수였다. 머리에 모자나 꽃묶음이나 레코드판을 착용하지 않으면 귀가 조치를 당했다. 어렸을 때 할아버지와 함께 미사에 가던 때가 떠올랐다. 내가 깜빡하고 모자를 쓰지 않으면 할아버지는 내 머리 위에 손수건을 떨어뜨려놓았다. 일을 시작한 첫 주에 있었던 오전 근무반 회의에서 총지배인이 일어나 발표했다.

"오늘 저는 대단히 유망해 보이는 우리 신참에게 특별한 선물을 수여하려 합니다. 이 레스토랑 지점 역사상 처음으로 종업원 시험에서 만점을 받은 분입니다. 앤 패칫 씨, 앞으로 나와주세요. TGI프라이데이 '와우 배지'를 수여하겠습니다."

직원들이 환호하며 발을 굴렀고, 총지배인은 내 셔츠 칼라에 작은 배지를 달아주었다. 그렇다. 나는 시험공부를 했다. 각 음료의 내용물을, 각 메인 요리를 신속하게 제공하는 절차를 전부 알았다. 배지를 받으며 시험을 망치는 게 더 낫지 않았을까 하는 생각이 잠깐 들었다.

"나 그 배지 갖고 싶어." 그날 밤 통화할 때 루시가 말했다.

"내 '와우 배지'를 달고 싶다고?"
"우리는 핀으로 연결될 거야, 귀여운 내 친구야."

펜실베이니아에서 강사 일을 하던 해에 나는 지극히 불행했지만 매일 아침 마음을 다잡고 출근했다. 사무실 동료 다이앤만이 사정을 알고 있었으며 그의 우정과 도움이 날 지탱해주었다. 그 외에는 아무도 내게 집안 문제가 있다는 걸 몰랐다. 학계는 그렇게 속마음을 드러내고 지낼 장소가 아니었던 반면, TGI프라이데이에서는 모두가 서로의 문제를 알았다. 웨이터 한 명은 아이에게 보낼 양육비가 너무도 많이 밀린 나머지 당장이라도 감옥에 잡혀들어갈 만한 상태였다. 내가 금발을 땋아 내리고 눈 화장을 하지 않는다는 이유로 나를 '초원의 집'*이라고 부르던 요리사는 진짜로 감옥에 갔지만 마약 불법소지죄였을 뿐이고 우리 모두 시간이 날 때마다 면회를 갔다. 그 레스토랑에서 가장 가까운 친구였던 리자이나는 표범 가죽 모자를 쓴 영리한 흑인 아가씨로, 언젠가 경영진이 자신에게 큰 실수를 저지를 것이고 그러면 그때부터 이 레스토랑 체인은 '리자이나 레스토랑'으로 바뀔 거라는 농담을 즐겨 했다. 어느 날

---

* 미국 개척 시대를 배경으로 시골에 사는 한 가족의 생활상을 그린 로라 잉걸스의 소설을 원작으로 한 1970년대 인기 드라마로, 금발을 땋아내린 소녀가 주인공으로 나온다.

새벽 다섯시에 리자이나가 전화를 해서 공항으로 급히 태워다 달라고 했다. 문제가, 큰 문제가 생겨서 휴스턴에 가야 한다면서. 리자이나를 공항에 데려다주고 대신 근무를 서고 사흘 후 다시 공항에서 데려왔지만, 리자이나는 무슨 일이 있었는지에 관해선 입을 꾹 닫았다. 익숙한 종류의 우정은 아니지만 당시 내게 필요한 종류의 우정이었다. 나는 계속 바뀌는 접시닦이, 모든 권력을 쥐고 있는 바텐더와 함께 생활했다. 우리는 주방에서 울었다. 다른 웨이트리스가 정신을 못 차리고 있을 땐 그가 서빙해야 하는 치즈버거를 대신 손님 테이블로 내갔다. 더운 여름밤이면 우리는 돈을 모아 싼 모텔방을 잡고 수영장을 썼다. 근무가 끝나면 다른 레스토랑에 가서 마르가리타를 마시고 후하게 팁을 줬다. 우리가 관대할 수 있었던 이유는 그 순간이 지속되지 않을 것임을 알았기 때문이다. 그곳에서는 모두 자신이 한때만 거기서 일하는 것이라고 믿었다. 자신이 어떤 식으로든 큰 인물, 중요한 인물이 될 거라고 믿었다. 나 역시 스스로 그렇게 믿었다. 한밤중에 어머니 집으로 돌아와 뜨거운 물이 머리카락에서 기름기와 담배 연기를 씻어낸 후 등을 타고 내려가 배수구로 흘러들어갈 때까지 샤워기 아래에 서 있었다. 그러고는 침대에 앉아서 받은 팁을 세어보았다.

루시는 베를린에 계속 있고 싶어했지만 독일어를 할 줄 모르는데다가 영어를 가르치겠다는 계획도 실현되지 않았다. 돈이 떨어지자 런던으로 가서 언니 수엘런과 그 남편 조엘과 함께 지냈다. 런던에서 루시는 임시직으로 비서 일을 했는데, 처음엔 사설탐정 사무소에서 보고서를 타이핑하는 일을 하고 그 다음엔 질레트사에서 복사하는 일을 잠시 했다. 루시의 새로운 계획은 이탈리아에서 영어를 가르치는 것이었다가 나중에는 일본으로, 더 나중에는 프라하로 가고 싶은 곳이 바뀌었다.

영어를 가르치며 여행을 하겠다는 루시의 계획은 수엘런이 잡지에서 펜턴이라는 외과 의사가 나온 기사를 읽으면서 보류되었다. 혁신적인 방식의 재건 수술을 하는 애버딘의 의사라고 했다. 루시는 기적의 치료법을 가지고 있다는 낯선 의사를 또 만난다는 생각에 망설였지만, 수엘런은 그 의사에게 편지를 쓰고 그의 접근방식이 굉장히 가능성 있어 보인다고 생각했다. 일을 확실히 진행하기 위해 수엘런은 루시에게 애버딘으로 가는 기차표를 사주며 그 의사를 만나보라고 했다. 닥터 펜턴은 조직확장기를 사용해 혈관화 골이식을 하겠다고 자신의 계획을 설명했다. 전체 과정에 여섯 달이 걸릴 거라고 내다봤다. 루시는 성형외과의가 얼마의 기간을 말하든 언제나 그 두 배를 예상하는 편이 낫다는 걸 알았기에 일 년이 걸리겠구나 생각했다. 그 수술을 다 받는 데는 결국 거의 삼 년이 걸렸다.

루시에게 수술이 의미하는 바와 다른 대다수의 사람들에게 의미하는 바는 완전히 달랐다. 루시에게 수술 한 번은 드레스를 맞출 때 치수를 재는 일이라든지 거실 가구를 재배치하는 일과 같았다. 다른 무언가를 향한 한 걸음일 뿐이었다. 루시는 최종적인 순간, 마지막 수술, 자신의 '진짜 인생'이 시작되는 지점이 있을 거라는 믿음을 절대 포기하지 않았다. 열 살 때 입은 손상은 완전히는 아닐지라도 결국에는 상당히 나아질 것이다. 남자들은 자신과 사랑에 빠질 것이고, 감탄하기 위해서가 아닌 한 아무도 자신을 두 번 쳐다보지 않을 것이다. 인생의 가장 커다란 짐에서 해방될 것이다. 이런 것이 보상이라면 수술을 또다시 받으며 겪는 고통과 불편은 충분히 감내할 만한 가치가 있었다. 게다가 루시는 훌륭한 환자이기도 했다. 병원 내의 정치와 역학을 이해했다. 양팔에 정맥주사 튜브를 꽂고도 놀라울 정도로 상냥하고 느긋한 환자였다. 루시는 자신이 이제껏 의료진이 겪어본 가장 어려운 케이스였다는 말을 듣는 걸 좋아했다. 그리고 물론 실제로도 그랬다. 루시는 의학 서적에 실린 소녀였다. 사례 연구 대상이었다.

하지만 스코틀랜드를 견디는 일이 수술보다 훨씬 힘들었다. 애버딘은 석유 시추 타운이라고 할 수 있는데, 이 말은 몇 주 동안 해상 석유 시추 장비 위에서 일한 많은 사람이 두둑한 현금을 가지고 돌아와서는 다시 나가야 할 때까지 최대한 취한 상태로 지내고자 하는 동네라는 뜻이다. 조직확장기를 달고 있는 사람에게는 잔혹한 곳이었다. 첫번째 조직확장기를 달았을 때 루시는 병원에 있었다. 의료진은 루시의 피부 아래에 풍선 비슷한 것을 집어넣고 거기에 육 주에 걸쳐 식염수를 조금씩 주입했다. 곧 이어질 수술을 위해 시간을 두고 천천히 피부를 늘리려는 것이었다. 보통 땐 얼굴이 너무 작은 게 흠이었던 루시는 이제 턱이 있어야 할 얼굴 한쪽에 타이어같이 생긴 무언가를 매달고 있었다. 루시는 병원에서 책을 읽고 다른 환자들과 이야기를 나누며 딱히 나쁠 것 없는 시간을 보냈다. 하지만 수술이 진행되면서 더 많은 피부가, 따라서 두번째 확장기가 필요하다는 결론이 났다. 이번에 의료진은 루시를 입원시키는 대신 집으로 돌려보내고는 식염수 주입을 위해 매일 병원에 나오라고 했다.

제대로 풀리는 일이 하나도 없는 것 같아. 내가 뭘 잘못했는지 알아내려 여전히 머리를 쥐어짜고 있어. 글쓰기든 사랑이든 그 밖의 어떤 일에서든 나한테 운 같은 게 따를 때가 과연 있을지 정말 부정적인 생각만 든다. 운만 중요한 게 아니라 내가 바라는 일이 일어나도록 노력해야 한다는 건 알지. 그렇다고 누군가가 내 작품을 출판하도록, 아니면 내 사랑을 받아들이도록 강요할 수는 없잖아. 왜 이리 부정적인 생각이 드는지 설명할 수는 없지만, 그런 생각을 떨쳐버릴 수가 없구나. 매일 점점 더 벼랑 끝에 가까워지는 기분이야.

얼굴의 풍선은 물론 이 상황에 도움이 안 된다. 병원에 입원하지는 않았지만 거의 매일 아침 병원에 가야 해. 주변에 사람들이 있으면 나 자신을 너무 의식하게 되어서, 집에 돌아올 때쯤엔 어깨랑 목이 엄청 뻐근하고 머리가 지끈지끈해. 골이식까지 적어도 한 달은 더 있어야 할 거야.

어느 밤 일을 마치고 돌아와서 어머니 침대에 걸터앉아 루시의 편지를 읽었다.
"전부 잘 모아둬라." 내가 다 읽었을 때 어머니가 말했다.
"몇 통은 간직하고 있어요." 나는 말했지만, 내가 뭔가를 잘 모아두는 사람이 아니라는 건 어머니도 알고 나도 알았다.
어머니가 다시 말했다. 편지를 전부 잘 보관해두어야 한다고. "언젠가 너희 둘 다 유명한 작가가 될 거야. 그러면 이 편지들이 네게 아주 중요해질 거다."

5장

아이오와에서 타로점을 봐줬던 얀의 말을 기억해봐. 너와 데니스가 언제나 함께할 거라고 했잖아. 좀 이상하게 들릴 수도 있겠지만, 너희 둘이 헤어졌을 때 마음 한편에선 얀의 말이 전부 틀려서 기뻤어. 그 사람이 나에겐 아무도 오래 못 만나고 아이도 절대 가질 수 없을 거라고 했잖니(내가 특별히 아이를 원한다는 말은 아니지만 점쟁이한테 그런 말을 듣는 건 좀 가혹한 일이지). 얀의 말이 오래도록 날 괴롭혔지만 이제는 훨씬 괜찮다(네가 내 말을 오해하지 않을 거라 생각해). 최근엔 역점에서 별 응답을 못 받았어. 가끔씩 그래. 그러다가 전혀 기대하지 않은 순간에 적중하곤 한다.

자, 부둣가의 작은 불빛 같은 내 친구야, 여기서 끝낼게. 꼭 답장하고, 네 어머니에게 사랑을 전해줘. 지금도, 그리고 언제까지나 너는 내가 가장 사랑하는 영웅이라는 걸 꼭꼭꼭 알아줘. 루시.

　루시와 나는 서로에게 줄기차게 편지를 썼으며, 내가 번 팁의 상당 부분은 스코틀랜드로 전화를 거는 데 쓰였다. 루시가 자기 얼굴이나 심지어 연애보다 더 마음을 쓴 건 작업이었다. 루시는 글쓰기가 자신을 구할 것이며 오로지 자신의 의지력과 재능으로 현재의 모든 곤경에서 벗어나야 한다는 생각을 품고 작업에 집중했다. 계속 시를 쓰는 한편 나보코프의 『서배스천 나이트의 진짜 인생』을 모델로 한 소설 작업도 하고 있었다. 주인공이 수수께끼 같은 인물인 오빠를 찾아 나선다는 이야기로, 생의 마지막 시기에 소설을 쓰려고 했을 때도 다시 이 주제로 돌아갔다.

　당시 우리 둘 다 글쓰기를 헬스클럽에 가는 일과 비슷하게 여겨서, 규칙적으로 출석하면 전투에서 이미 반쯤 이긴 것이라고 믿었다. 루시는 매일같이 앉아 몇 페이지씩 쓰기만 하면 소설 한 편을 쓸 수 있다는 걸 알았다. 스코틀랜드를 재정 지원과 무한한 자유 시간이 있는 최고의 작가 레지던스로 생각하자고 자신에게 말했다. 루시의 마음 한편엔 거대한 우울의 우물이 도사리고 있었다. 자신이 사랑받지 못하고 있으며 따라서 사랑받을 자격이 없다고 말하는 머릿속 목소리가 있었다. 다른 한편엔 매일 채워야 하는 작업 목표량과 읽고 있는 책 『전쟁과 평화』가 있었다. 글쓰기가 자신을 구할 것이며 정신의 삶이 자신을 해방시킬 거라는 믿음이 있었다.

이 지점에서 루시와 나는 완전히 한마음이었다. 우리는 대학과 대학원에서 글을 쓰고 나름 조촐한 성공을 거두었지만, 그때 우리는 친구, 교수, 그리고 어쩌면 스스로에게 잘 보이려고 썼다. 하지만 이제 글쓰기는 완전히 다른 무언가를 의미했다. 글쓰기가 없다면 루시는 그저 수술 병동에 있는 또 한 명의 환자, 조직확장기에 식염수가 채워져 피부가 늘어나길 기다리는 환자일 뿐이었다. 글쓰기가 없다면 나는 그저 대형 계약을 꿈꾸는 내슈빌의 수많은 웨이트리스 중 한 명일 뿐이었다. 다른 웨이트리스들은 노래를 썼다. 나는 소설을 쓰고 싶었다. 그 두 가지가 꽤나 비슷한 일임을 알게 되었다. 루시와 나는 점점 더 다른 모든 이들과 비슷해졌으며, 우리가 서 있는 지반은 매일 점점 더 물러져서 우리를 조금씩 삼켰다. 아무도 우리 인생을 구해주지 않을 것임을 점차 깨달았고, 자신의 삶을 스스로 구하고자 할 때 우리가 가진 건 단 하나의 기술이며 그것만이 희망을 줄 수 있음을 깨달았다. 글쓰기는 직업이고 재능이지만, 또한 내가 갈 수 있는 머릿속의 어떤 장소이기도 하다. 그건 오후에 함께 차를 마실 수 있는 상상 속 친구다. 병원 침대에서나 집 한편의 외로운 방안에서 루시는 자신이 아는 문장을 꺼내 시로 엮고 장章으로 묶었다. 나 역시 매일 밤

TGI프라이데이에서 식기 백오십 세트를 나르며 일한 후 주방에 서서 내 문제보다 더 아름다우며 해결하기 어려운 문제를 지닌 인물을 생각해냈다.

루시는 지원할 수 있는 모든 펠로십, 보조금, 공모전에 지원했다. 시 원고를 출판해줄 법한 모든 곳에 연락했다. 소설 작업을 하고 시나리오도 썼는데, 그 시나리오에 가능성이 있다고 본 에이전트도 있었다. 루시는 강사직과 작가 레지던시 프로그램에 지원하고 가망이 있어 보이는 시를 계속 문학잡지에 보냈다. 우표를 붙이고 회신용 주소를 적은 봉투와 함께 원고를 발송했다. 나는 루시에게 미국 우표책을 보냈고, 루시는 내 어머니의 집을 회신용 주소로 사용했다. 루시는 자신이 스코틀랜드에 산다고 여겨지길 원치 않았으며, 자신에게 올지도 모르는 기회를 놓치고 싶지 않았다. 내가 세상에서 가장 중요하게 생각하는 무엇을 낯선 이의 평가 앞에 내놓는 과정은 아무 걱정 없이 좋은 상황일 때도 자신감을 뒤흔든다. 하물며 루시의 상황에서 그런 노력은 완전히 영웅적인 행동이었고, 루시가 자신의 예술에 얼마나 헌신하는지를 진정으로 보여줬다. 어떻게 보면 자신에게 남은 마지막 칩을 가지고 도박 테이블에 앉아 주사위를 굴리며 한판 크게 따려는 것과 마찬가지이기도 했다. 거절은 정중한 편지의 형태로 왔다. 루시가 자기 인생을 구해줄지도 모른다고 꿈꿨던 모든 것은 봉투를 열자마자 사라졌다. 이건 내가 나쁜 소식을 여러 번 전해야 했다는 뜻인데, 봉투를 전부 열어보고 루시에게 결과를 보고하는 편지를 내가 썼기 때문이다.

앤에게.

이건 지난 한 시간 동안 네게 쓴 편지 중 두번째 편지야. 전에 쓴 편지는 찢어버릴 수밖에 없었어. 기본적으로 인생이 얼마나 무의미한지 말하는 편지였기 때문이야. 이 편지는 조금 더 밝았으면 좋겠지만, 그럼에도 모든 게 더할 나위 없이 좋다고 말하려 애쓰는 건 정직하지 못한 일이겠지. 여기 있는 게 싫고, 여기 집도 싫고, 하우스메이트도 싫고, 내 글도 싫고, 무엇보다 이 순간 나 자신이 싫어. 지금 막 도넛 세 개를 먹어치웠기에 내 허벅지가 싫고 내 의지력이 싫어. 맥스 갈런드가 싫고(그 사람이 위스콘신 시 분야 펠로십을 받았기 때문이다), B가 싫고, 부시 대통령이 싫고, 길거리에서 발을 밟는 사람들이 싫고, 유아차를 미는 여자들이 싫고, 스코틀랜드 날씨가 싫고, 캐슬린 터너는 그 다리 그리고 마이클 더글러스와 베드신을 찍었기 때문에 싫고, 텔레비전이 싫고, 프로빈스타운*이 싫고, 『미국 시 리뷰』가 싫고, 데이비드 포스터 월리스마저도 싫은데 책을 두 권이나 출간해놓고도 의욕이 나지 않는다고 불평하는 얼간이라서…… 그리고 이곳의 키 작

---

* 프로빈스타운에 있는 순수예술창작센터를 말한다.

고 멍청한 남자들이 전부 싫고, 여기서 말한 모든 사람이 내게 전혀 관심이 없기에 날 미워하지도 않는다는 사실이 싫어. 밝은 편지를 쓰려고 했는데 이게 다 뭐라니.

이렇게 장황해진 건 오늘 받은 네 편지 때문이야(네 편지 때문이 아니고, 친구야, 내 말은 그 안의 나쁜 소식 때문이라는 거지). 안 되겠다는 말, 어림없다는 말을 듣는 게 젠장 네번째네. 왜 소설을 쓸 수 있을 거라고 생각했을까. 얼마나 쓰레기 같은 글인지. 그리고 내 시로 말할 것 같으면, 그게 얼마나 형편없는지 프로빈스타운이 확실하게 말해줬지. 아, 이 편지도 찢어버리는 게 나을지 몰라. 그렇지만 편지가 도착하려면 일주일이 걸릴 거고 그즈음엔 아마 상황이 달라졌을 거야. 바라건대, 이 역시 지나가길. 내게 기반도 없고 뿌리도 없다는 느낌이 들어. 외적으로도 내적으로도. 혼자 생각한다. 음, 그래, 글을 좀 쓰자, 그러면 기분이 나아질 거야. 하지만 글을 못 쓰겠다는 게 아냐. 난 앉아 있을 수 있어(나는 작가의 슬럼프를 믿지 않는다). 그런데 내가 써놓은 글이 싫어. 진짜로. 사람들이 반박하며 내게 좋은 이야기를 해주길 바라서 하는 말이 아냐. 어쩌면 나 자신이 무슨 예술가라는 생각을 그만두고 실제로는 그 무엇도 성취해낸 적이 없다는 사실을 직시해야 하는지도 모르겠다. 그래, 대학 시절에 나는 스타였지. 그렇지만 대학 때 스타였다가 이후의 인생에선 전혀 아무것도 한 일이 없는 사람들의 이야기를 우리가 얼마나 많이 알고 있니. 이 모든 수술을 받으며 그저 불가피한 걸 미루고 있을 뿐인지도 몰라. 내가 무언가 용감하고 강인한 일을 하고 있다고 사람들이 믿도록 연막을 피우면서 말이야 (하!). 내 하루의 하이라이트는 <이웃들>을 시청하는 것이란다.

 1989년 11월, 내가 스물여섯 살이 되기 한 달 전 의붓아버지가 애버딘으로 가는 비행기표를 끊어줬다. 루시와 시간을 보내는 것이 나에게 자신을 추스를 수 있는 가장 좋은 기회가 될 것임을 알았기 때문이다. 그 비행기표는 언제까지나 평생 받아본 최고의 선물로 남을 것이다. 레스토랑에서 이 주의 휴가를 얻어 떠났다.

 런던에서 애버딘까지의 비행 내내 거칠게 이은 조각보 같은 지상 풍경을 창밖으로 내려다보며 그 풍경이 얼마나 아름다운지 생각했고, 내가 저지른 실수에서 이렇게나 멀리 떨어져 산다면 얼마나 아름다울지 생각했다. 작은 비행기라 꽤나 요동을 쳤다. 승객 모두에게 멋진 치즈 플레이트와 레드와인 한 잔이 제공되었을 때 나는 음식을 쏟지 않으려 애썼다. 잉글랜드와 스코틀랜드 상공에서 세상은 굉장히 문명화되고 심지어 세련돼 보였으며, 그 순간에 나는 루시가 화려한 인생을 살고 있다고, 최소한 테네시에서 웨이트리스로 일하는 것과 비교하면 그렇다고 생각했다.

 내가 게이트를 통과할 때 루시는 울고 있었다. 몇 시간이나 일찍 공항에 와서 기다렸다고 루시는 나중에 말했다. 나를 만나는 게 행복해서, 아니면 내가 온다는 생각만으로 행복해서 운 사람은 오로지 루시밖에 없다. 루시를 봤을 때 놀란 티를 내지 않아야 했다. 전화로 설명을 듣긴 했지만 나는 조직확장기를 이해하지 못하고 있었다. 전혀 이해하지 못하고 있었다. 루시의 얼굴은 거대했다. 목에 넓게 덧붙인 피부가 창백하고 액체로 차서 부풀어 있었다. 루시의 종아리만큼이나 두툼했다. 루시는 울고 또 울었고, 내가 루시를 안아올려 품에 안자 다리를 내 허리에 둘렀으며, 우리는 거기 입국장에 그렇게 서서 오랫동안 함께 울었다.

타운으로 향하는 버스 안에서 루시는 내 목에 팔을 두르고 얼굴을 내 어깨에 기댔고, 나는 루시의 정수리에 몇 번이고 키스했다. 루시는 빤히 쳐다보는 사람들을 무시했는데, 그곳 사람들은 아이오와 사람들이 꿈도 못 꿀 만큼 뻔뻔했다. 내가 아무리 공격적으로 노려봐도 그들은 그냥 나를 쳐다봤다.

"네가 여기 있어서 정말 기뻐." 루시가 말했다. 말하고 또 말했다.

루시는 네 살 때까지의 일을 거의 기억하지 못했지만, 그래도 여전히 아일랜드 시민으로 커다란 녹색 여권을 가지고 있었다. 사회의료보장제도가 있는 나라로 돌아와 루시는 처음으로 끝없는 보험 서류, 타당성 입증, 빚에서 벗어났다. 무료로 살 곳을 빌릴 수 있었으며, 수술받는 동안 생활비도 적당히 지급받았다. 당시 루시는 YWCA 건물을 연상시키는 황량한 현대식 건물에 살았다. 각각의 거주 공간에는 주방과 거실이 있고, 아주 작은 침실 여섯 개와 공용 욕실이 일직선 복도를 따라 줄지어 있었다. 루시의 방에는 창 쪽으로 붙여둔 트윈 베드가 있고 창밖으로 거리가 내려다보였다. 벽에는 엽서를 압정으로 꽂아놓고 바닥 쪽 몰딩을 따라 책을 세워두었다. 좁은 서랍장과 자그마한 책상, 그리고 한 달 주기로 렌트하는 12인치 컬러 텔레비전이 있었다. 나를 위해 지하실에서 여분의 간이침대를 가져왔는데, 그걸 펼치자 문이 거의 열리지 않을 정도였다. 루시의 침대로 가려면 간이침대를 밟고 넘어가야 했다. 방 전체에 커다란 매트리스가 떠다니는 것 같았다.

"거버너 스트리트에서 우리가 살던 집이 얼마나 좋았는지 생각하게 되지." 루시가 말했다.

"대학 때 기숙사 방이 얼마나 좋았는지는 말할 것도 없고."

"아," 루시가 말했다. "대학 때에 비하면 여기는 주립 교도소야."

같이 사는 다른 여자애들은 우리보다 몇 살 어려 보였다. 진한 화장에 하이힐을 신고 이런저런 가게로 일하러 갔으며, 모두가 예의바르게 행동하는 중에도 그곳이 자신의 공간이며 다른 사람은 잠깐 머무는 것뿐이라는 인상을 주려 대단히 애썼다. 우유병에 각자 이름을 써서 냉장고의 자기 자리에 넣어두었다. 나는 슈트케이스에 인스턴트 죽 상자와 두유마요네즈 병을 가득 넣어왔는데, 루시가 스코틀랜드에서는 구할 수 없었던 '루시 음식' 두 가지였다. 우리는 그 물건을 루시의 칸인 찬장 세번째 선반에 풀어놓았다.

애버딘의 11월은 낮이 밤에 덧붙여진 것이라고 해도 될 만큼 짧고 햇볕은 들다 말았다. 거의 모든 건물이 스코틀랜드에 풍부한 석회암으로 지어져서 가장 아름다운 건축물조차 약간은 감옥처럼 보였다. 거리, 담, 건물, 하늘, 애버딘의 모든 것이 회색이었다. 우리는 뉴스의 일기예보를 넋 놓고 시청했다. "강우를 묘사하는 방식이 열여덟 가지나 있어." 루시는 침대에서 나와 예보를 하는 기상캐스터를 따라서 상상 속 지도 위에 팔로 커다랗게 원을 그렸다. "오후에 소나기가 내린 뒤 초저녁엔 옅은 안개가 끼겠습니다." 루시가 생기 넘치는 목소리로 말했다. "그후엔 폭우가 쏟아지고 간헐적으로 보슬비가 내리겠습니다."

울적한 표정의 여자들이 유아차를 밀고 인파 사이를 지나는데, 투명한 비닐 커버로 덮인 유아차가 작은 환자용 산소텐트처럼 보였다. 아침에 우리는 나일에 갔다. 공간이 넓고 탁 트인 레스토랑으로 엔야 노래밖에 안 나오는 곳이었다. 웨이트리스 전부가 루시의 이름을 부르며 인사했다. 놀랄 일은 아니었다. 킬트를 입은 남자들이 거리를 우울하게 행진하고 또 행진하는 동안 우리는 커피 한 잔을 몇 시간이고 마셨다. 그렇게 비가 많이 내리는 걸 본 것도, 그렇게 가두행진을 많이 본 것도 처음이었다. 나일에서 나와 왕립병원으로 가는 버스를 탔다. 루시는 조직확장기를 검사하고 하루치의 식염수를 주입받을 예정이었다. 루시가 왜 집보다 병원에서 더 행복한지 알 수 있었다. 거대한 병원 건물에는 타일로 된 복도가 이리저리 뻗어 있었고 조명은 부드러운 오렌지빛이었다. 그 규모에도 불구하고 고풍스러우며 묘하게 편안했다. 병원의 모든 사람이 루시를 반겼다. 루시가 나를 소개했을 때 간호사들이 나까지도 반가워하는 듯 보였다. "앤!" 간호사들은 말했다. "당신 편지 너무 좋았어요!" 루시가 편지 전부를, 입원해 있지 않을 때 받은 편지까지도 가져가서 함께 읽었던 것이다.

왕립병원에서 볼일을 마치고 〈이웃들〉 방송 시간에 겨우 맞춰 집에 돌아왔다. 카일리 미노그가 나오는 호주 드라마로 모든 이가 그 드라마에 푹 빠져 있었다. 〈이웃들〉이 방송될 땐 거리가 텅 비었다. 정말 매혹적인 드라마였는데, 다중인격에 기억상실증인 인물들이 나오는 미국 드라마와 달리 아무 일도 일어나지 않는 세상을 보여주기 때문이었다. 애버딘과 그리 다르지 않은 세상이었다. 내가 그곳에 있었던 이 주 동안 전개된 이야기는 이랬다. 한 인물이 자기 하숙집에 손님을 데려온다. 그 손님이 거실 카펫에 매니큐어를 조금 쏟는다. 손님을 데려온 그 인물은 애초에 매니큐어 따윈 전혀 칠하지 않는 사람이다. 바로 그 매니큐어 한 방울이 나중에 그리스비극에 맞먹는 결말을 가져온다. 남자들은 술집에서 그 이야기를 했다. 루시와 나는 몇 년 동안이나 그 이야기를 했다.

네시 즈음이면 어두워지고 빗방울이 점점 엉겨 축축한 폭설로 변했다. 루시와 나는 헬스클럽 에어로빅 수업에 들어가서 뛰어다녔다. 에어로빅실을 빽빽이 채운 사람들이 한꺼번에 뛰자 나무 바닥이 어마어마하게 튀어올랐고, 수업이 끝날 즈음엔 언제나 뱃멀미가 났다. 루시는 몸매를 유지하기 위해 부지런히 운동했다. 몸집을 키우고 살을 붙이고 싶어했지만 수술 일정 때문에 계속 하다 말다 해야 했다. 다른 여자들만큼 강해졌다는 느낌이 들자마자 곧 육 주 동안 운동을 할 수 없게 되곤 했다.

우리의 하루는 언제나 카페 드러먼드에서 끝났다. 실크 컷 담배 한 갑을 사서 밤까지 죽치고 있었다. 때로 루시는 몸을 앞으로 숙이고 내 손목을 잡았다. "완전히 솔직하게 진실을 말해줘." 루시는 최대한 고개를 뒤로 젖혔는데, 그래도 조금밖에 젖혀지지 않았다. "어때 보여?"

"지금은 어때 보여?"

"지금은?"

얼굴 아래쪽에 굽지 않은 빵 반죽 두 덩이가 매달려 있는 듯 보였다. 윤기가 돌지 않는 빵 반죽. 루시에게 상당히 안 좋아 보인다고 말했다. "하지만 이 상태가 오래가지는 않을 거야."

"얼굴에 풍선이 달린 것처럼 보여?"

다른 답을 기대하는 루시를 조심스레 살핀 후 유감스러워하며 그렇다고 말했다.

루시는 고개를 끄덕이며 한숨을 쉬었다. "알아." 루시가 말했다. "나도 알아."

중학교와 고등학교 때 어린 루시는 학교 층계에서 가혹하게 놀림받고 갖가지 잔인한 말을 들으면서 공포에 떨어야 했다. 하지만 대학에 진학하자 그런 일은 거의 없어졌다. 사람들이 빤히 쳐다보곤 했지만 적대적이진 않았다. 베를린에선 아무도 루시에게 신경쓰지 않았다. 반면 런던에선 자잘한 사건이 계속 있었는데, 남학생들이 루시 이름을 부르며 따라다니고 스쳐지나가는 남자들이 얼굴을 찡그렸다. 애버딘에서는 중학교 때 겪은 일이 전부 되풀이되는 것 같았다. 아이들이 버스정류장부터 루시를 쫓아왔다. 어떤 잘생긴 남자가 대낮에 루시에게 다가와서는 저쪽에 있는 자기 친구가 데이트하길 원한다고 말하는 사이 그 친구라는 남자는 "아냐, 하지 마!"라고 소리를 질렀다. 밤에 집으로 걸어갈 때는 술 취한 무리가 늑대처럼 길

진실과 아름다움

게 울부짖고 짖어댔다. 예전에 루시가 혼자 아파트에 살게 되었을 때 내게 전화해서 먹을 게 떨어졌는데 식료품점에 가기가 무섭다고 말한 적이 있다. 끊임없이 괴롭힘을 당했기 때문이다. 루시는 배가 고팠다. 그런데도 먹기를 포기하고 대신 프랑스 영화사 책을 오십 페이지 읽겠다고 결심했다. 소설 네 페이지를 쓰겠다고, 또는 뽑히지 못할 게 거의 확실한 시 공모전에 작품과 함께 보낼 편지를 타이핑하겠다고 결심했다. 어떻게 그럴 수 있었을까? 어떻게 몇 번이고 거듭 그런 힘을 낼 수 있었을까?

늦은 밤 드러먼드에서 나와 루시와 팔짱을 끼고 집에 돌아가는 길이었는데, 낄낄대며 비틀거리는 남자 한 무리가 어둠 속에서 우리 쪽으로 걸어왔다. 각자 언성을 높여 떠드는 대여섯 명의 취한 목소리가 들렸다. 다리 위에 있던 우리는 자동적으로 난간에 몸을 바싹 붙였지만, 남자들은 마치 중앙선을 넘어 헤드라이트를 들이대며 돌진하는 자동차처럼 우리 쪽으로 곧장 다가왔다. 잠시 희롱하지 않고는 여자 둘을 그냥 보내지 않을 것이었다. 하지만 잠깐씩 비추는 빛 속에서 우리를 똑똑히 보았을 때 짙은 안개가 사라지듯 문득 취기가 걷힌 그들은 흥분했다. 컹컹 짖어댔다. 도와달라고, 구해달라고, 살려달라고 비명을 질렀다. "개 소녀에게서 날 구해줘!" 그들이 소리쳤다. 그곳에서 지내는 동안 처음 겪는 일은 아니었지만 이번에는 정말 참을 수가 없었다. 루시의 팔을 떼어놓고 남자들에게 달려가 소리지르고 때리고 거기 있는 증오스러운 인간 전부를 마구 밀쳤다. 이런 내 행동이 그들에겐 가장 큰 웃음거리가 되었다. 그중 한 명이 내 어깨를 잡고는 자기 코를 내 코에 가져다댔다. "왁!" 하고 놀랬다. 이제 숨이 넘어갈 듯 껙껙 웃으면서 남자들은 멀어져갔고, 나는 그들의 등에 대고 소리쳤다. "개새끼들아! 씨발 개새끼들아!"

루시가 다가와 내 팔을 잡았다. 우리는 집으로 걸어갔다. 둘 다 앞만 바라보며 한마디도 하지 않았다.

그날 밤 잠을 이룰 수가 없었다. 세상의 모든 것이 잔인해 보이고 술 취한 남자들의 그 조롱하는 목소리가 형편없는 노래처럼 머릿속에서 계속 울렸다. 기침이 나서 새벽 두시에 루시를 깨우지 않기 위해 자그마한 거실로 나가 앉았다. 보통 땐 하우스메이트 중 한 명이 거기서 담배를 피우거나 남자친구와 키스를 했는데, 그 밤에는 운좋게도 사방이 어두웠다. 작은 전기온열기와 텔레비전을 켜고 소파에 웅크려 기침을 했다. 담배를 너무 많이 피우고 보슬비를 너무 많이 맞은 탓이었다. 재미있는 걸 보면서 아무 생각도 하고 싶지 않았다. 한밤중의 스코틀랜드 TV에 앨런 거개너스가 나와서 자신의 첫번째 소설 『생존하는 최고령 남부군의 미망인이 모든 것을 말하다』의 출간에 관해 말하고 있었다. 앨런은 대학 때 나에게 가장 중요한 선생님이었다. 글쓰기를 가르쳐준 사람이었다. 지금 그가 여기 애버딘의 거실에서, 보타이를 맨 멋진 모습으로 작가로서 자신의 삶에 관해 차분히 논하고 있었다. 나는 기진맥진하고 열이 났다. 주황빛으로 달아오른 전기온열기의 코일 옆에 앉은 내게 소설의 천사가 방문한 것 같다고 느꼈다. 그때 거기서 결심했다. 루시처럼 되겠다고. 앨런처럼 되겠다고. 글쓰기를 통해 다른 인생으로 건너가겠다고 맹세했다. 나도 모든 것을 얻기 위해 노력하겠다고.

비행기표에 적힌 귀국 날짜 이틀 전, 우리가 가진 1파운드짜리 동전을 싹 다 모아 공중전화로 어머니에게 전화했다. 루시는 최근에 지원한 펠로십과 관련해 무슨 소식이 없는지 알고 싶어했다. 내가 떠나와 있었기 때문에 어머니—루시는 내 어머니를 아주 좋아했다—가 루시의 우편물을 전부 받아보았다. 어머니는 전날 밤 알래스카에서 돌아왔다고 했다. 내게 아무런 언질도 주지 않고 이틀간 다녀온 것인데, 언니의 결혼식 때문이었다고 했다.

"헤더가 결혼했다고요?"

함께 전화 부스에 몸을 욱여넣은 루시도 나만큼이나 놀란 표정이었다. 언니는 최근에 새 직장을 얻어서 테네시를 떠나 알래스카로 갔다. 만나는 사람이 있다는 건 알았지만 결혼이라니. "언니가 나 몰래 결혼하지는 않았을 거예요." 내가 말했다.

"헤더 결혼했다." 어머니가 다시 말했다.

나는 이혼하고 이제 언니는 결혼했으며, 나는 언니 결혼식을 완전히 놓쳤다. 남편 이름이 무엇이고 언니 성이 이제 어떻게 바뀌는지 등 몇 가지 세부적인 이야기를 듣고 나서 루시가 수화기를 붙잡고 남은 몇 분간 어머니와 대화했다. 루시가 전화를 끊었을 때 나는 망연자실한 표정으로 루시를 쳐다봤다. "갔어야 했어." 내가 말했다.

"넌 가진 돈도 없잖아." 루시가 내게 상기시켰다. "제시간에 절대 도착할 수 없었을 거야."

그 일 전부가 엄청나게 슬펐다. 마치 언니가 오랫동안 세계 여행을 떠나는데 작별 인사를 하러 부두에 나가지 못한 기분이었다. 나도 가서 언니의 앞날에 행운을 빌어줬어야 하지 않나? 그렇지만 내가 무슨 자격으로 다른 사람의 결혼에 행운을 빌어준단 말인가.

루시와 나는 술을 한잔하러 다시 드러먼드로 갔다. 루시는 우리가 평소에 이야기하던 주제를 전부 꺼내놓았다. 글쓰기, 수술이 얼마나 더 걸릴지, 조직확장기를 매단 채로 괜찮은 남자를 찾기가 얼마나 어려운지. 나는 대화를 하면서도 정신은 딴 데 가 있었다. 내가 사진으로조차 본 적이 없는 사람과 언니가 결혼한 일에 대해 생각했다. 카페에서 나와 시리도록 차갑고 축축한 바람을 맞으며 언덕을 걸어올라가는데 내 인생이 엉망진창이라는 생각이 들었다. 어둠 속에서 루시에게 한탄했다. 나는 이혼했고, 남편을 떠나기 위해 강사직을 그만뒀고, 빈털터리고, 글쓰기에서 너무도 멀어졌다고. 다른 사람도 아닌 언니의 결혼식에 가지 못했다고.

"오, 넌 괜찮을 거야." 루시가 다른 주제로 넘어가고 싶어하면서 가볍게 말했다.

나는 걸음을 멈췄다. 루시가 대여섯 걸음쯤 걷다 내가 어디 갔는지 찾으려 멈췄다. "내가 괜찮을 거라고?" 나는 말했다. "그게 다야? 인생을 망치고 스코틀랜드에 온 나한테 할말이 괜찮을 거란 말밖에 없어?" 그간 루시의 슬픔에 많은 시간을 썼기에 이제는 내 슬픔에 약간의 시간을 주고 싶었다.

루시가 내 쪽으로 돌아와서 미소 지었다. 내 팔에 자기 팔을 감고 차가운 밤바람 속으로 나를 이끌었다. "사실이야." 내 어깨에 고개를 기대며 루시가 말했다. "그건 네 축복이자 저주야. 넌 언제나 괜찮을 거야."

6장

내가 애버딘을 떠난 날은 맑고 환했다. 마치 애버딘에 그런 날씨도 있다는 걸 보여주려는 것 같았다. 루시와 나는 공항으로 가는 버스에 올라, 버스가 완만하게 경사진 널따란 초록 들판 사이로 달리는 내내 울었다. 공항으로 향하는 길 위에서 그곳의 가장 아름다운 경관을 보았다. 도시의 흉한 건물을 이루는 바로 그 회색 암석이 이제는 자생지에 놓여 있었다. 이끼가 단단히 들러붙은 암석은 풍경 여기저기 삐죽삐죽 튀어나와 있었다. 그림 같았다. 그렇게 오 분쯤 달리자 이곳이 겉보기처럼 정말 그렇게 나쁜가 하는 생각이 들었지만, 사실 겉보기보다 더 나쁘다는 걸 알고 있었다. 나는 지루함과 외로움을 보았다. 내가 루시를 이곳에 남겨두고 떠나다니. 집에 돌아가 웨이트리스 일이나 하려고? 우리 우정은 어떤 면에서 우리의 글쓰기와도 같았다. 우리의 무료한 삶에서 유일하게 흥미로운 것이었다. 함께 있을 때 우리는 더 잘 지냈다. 함께 있을 때 우리는 야망과 높은 이상을 품은 작은 공동체였다. 우리는 다정하고 인내심 있고 친절했다. 바깥세상과는 전혀 달랐다.

공항 기념품 가게에 들러 남은 돈으로 빨간색 타탄무늬* 목도리를 샀다. "계속 편지 써줘." 게이트 쪽으로 걸어갈 때 내 어깨에 머리를 기대고 있던 루시가 말했다.

"늘 쓰잖아."

"이제 더 자주 써야 해. 네가 더욱 그리울 거야."

그렇게 거기 루시를 남겨두고 떠났다. 루시 혼자 타운으로 가는 버스를 타고 그 작은 방으로 돌아가 침대에 공처럼 몸을 말고 누울 것임을 알면서. 내 어머니 집으로 돌아가 TGI프라이데이에서 일할 수 있다면 루시는 뭐든 기꺼이 하겠지, 나는 생각했다. 돌아가는 비행에 멋진 구석이라고는 없었다. 그저 피곤하고, 외롭고, 지루했다.

앙고라 고양이 같은 내 친구야,

오후에 닥터 펜턴을 만나러 왔다가 지금 병원 침대에 누워 있다. 얼

---

* 스코틀랜드의 전통 격자무늬.

굴이 얼마나 부었는지 의사가 보더니 입원하자고 했어. 약을 좀 먹고, 엑스레이도 좀 찍자면서. 나도 그러자고 했지. 상태가 나아질지도 모르니까. 적어도 무언가 치료를 받는다는 느낌은 들겠지. 불행히도 오늘이 금요일이야. 아주 지루한 주말이 기다리고 있다는 뜻이지. 주중에는 적어도 구경할 만한 이런저런 소란이 있지만 주말은 죽음과도 같아. 병원hospital(이 경우엔 병원infirmary이지만)이라는 단어 가까이에서 죽음이라는 단어를 사용해도 괜찮다면 그렇게 말하고 싶구나. 내 컴퓨터를 가져올까 했는데 밖에 비가 진짜 마구 쏟아져서 위험을 무릅쓰고 싶지가 않았다.

잠시 편지 쓰는 걸 중단해야 했어. 내 이야기가 끔찍하게 지루해지고 있다는 느낌이 들었거든. 뭔가 심오한 얘길 해야 하지 않을까? 그러니까 내 말은, 나는 시인다워야 하잖아. 그렇지 않니? 언젠가 '상주 시인'이라는 직업을 갖고 싶은데, 그 직함이 너무도 웃겨서야. 내가 떠올릴 수 있는 그보다 더 좋은 직함은 '상주 인간 투혼의 승리'밖에 없다. '잔인하면서도 자비로운 글쓰기 석좌교수' 직함은 네가 가지렴. 대우를 받는다는 건 좋은 일이잖니. 제대로 대우받는다면 말이야.

루시와 내가 지원하는 곳은 거의 겹쳤다. 펠로십과 상금을 제공하는 곳 중에는 소설을 지원하는 곳도 있고 시를 지원하는 곳도 있었다. 당시 소설을 쓰고 있긴 했지만 루시는 자신을 시인으로만 여겼기에 우리는 실제로 경쟁하는 일 없이 같은 곳에 지원할 수 있었다. 프로빈스타운의 순수예술창작센터에 둘 다 자리를 얻어서 함께 지내는 게 우리의 가장 큰 꿈이었다. 창작센터는 매년 열 명의 작가와 열 명의 시각예술가를 선정해 칠 개월간 자리를 줬다. 작가들은 센터가 제공하는 거주지에서 지내며 생활비도 받았다. 나는 그와 비슷하지만 훨씬 더 큰 규모로 지원해주는 래드클리프대학의 번팅 펠로십에도 지원했고, 루시는 그다음해에 거기 지원했다. 나는 번팅에서 소설 부문 최종 후보 세 명에 들었다. 짐을 꾸려 떠날 만반의 준비가 되어 있었다. 강의 시작 며칠 전에 강사직을 그만둔 탓에 새 강사직을 얻기 위한 추천서를 부탁하기가 어려웠다. 학계에서 오명을 씻으려면 완전히 다른 방식으로 나 자신을 증명해야 했다.

래드클리프로 갈지도 모른다는 생각에 치즈버거 접시 위에 파슬리를 전보다 좀더 솜씨를 부려 올려놓았다. 두어 편의 단편을 쓰고 있었지만 대부분의 시간은 장편을 구상하며 보냈다. 켄터키 시골에 있는 미혼모 보호소로 피신한 어느 여성에 관한 소설이었다. 매일 아침 레스토랑이 문을 열기 전에 웨이트리스와 웨이터는 각자 번호를 뽑아 그날의 청소 작업을 할당받았다. 특정 번호를 뽑으면 높은 사다리에 올라가서 천장 가까이 걸린 아슬아슬한 선반에 줄지어 놓인 골동품과 장식품을 닦아야 했다. 거기에 더해 작은 휴대용 진공청소기로 그 레스토랑에 독특한 개성을 부여하는 방대한 박제 컬렉션의 먼지도 빨아들여야 했다. 높은 곳과 죽은 동물을 두려워하지 않는 사람이 나뿐인 것 같았기 때문에 누구든지 그 번호를 뽑으면 늘 나에게 할일을 바꾸자고 했다. 매일 천장 쪽 몰딩을 따라 민첩하게 움직이며 박제된 여우와 울버린을 청소기로 빨아들이는 내 내 소설의 등장인물을, 성엘리자베스 시설에 머물며 출산을 기다리는 길 잃은 소녀들을 생각했다. 여우의 반짝이는 유리 눈을 내 부드러운 셔츠 자락으로 반들반들하게 닦으며 루시를 생각했다. 우리 둘 다 머릿속의 세계에 살 때 더 잘 지냈다.

바쁜 점심시간에 다른 웨이트리스가 내게 파히타 팬 두 개를 자기 담당의 테이블로 서빙해달라고 부탁했다. 파히타는 성가신 음식이다. 지글거리고 탁탁 튀어서 어김없이 팔에 점 같은 화상을 남기고, 목적지에 도착할 무렵엔 피어오르는 연기에 눈이 거의 멀어버린다. 나는 토르티야가 담긴 플라스틱 바구니 두 개를 앞치마에 쑤셔넣고 손잡이에 천을 두른 무쇠 프라이팬 두 개를 집어든 다음, 파히타 연기가 내 뒤로 흘러갈 만큼 빠르게 움직이려 애쓰면서 23번 테이블을 향해 나아갔다. "치킨 파히타 시키신 분?" 나는 밝은 목소리로 말했다.

연기만 아니었다면 제때 그 여자를 발견하고 방향을 바꿔 주방으로 돌아가 다른 사람이 음식을 내가게 했을 것이다. 리사 트룰리였다. 고등학교 동창이었는데, 내 기억 속에 가장 아름답고 재능 넘치며 제일 성공할 것 같은 사람으로 남아 있는 여자애였다. 설상가상으로 우리는 친구 사이였다. 다시는 돌아오지 않을 거라고 맹세하며 고향을 떠나 뉴욕으로 갔다가 다시 돌아와서 멋지다고는 할 수 없는 처지에 있을 때 마주할 법한 곤란한 상황이었다. 나는 그 무거운 무쇠 프라이팬 두 개를 들고 서 있었다. 피어오르던 연기가 옅어졌다.

"앤?" 리사가 말했다.

나는 인사했다. 리사는 날 만나서 몹시 기쁜 것 같았다. 고맙게도 내가 줄무늬 셔츠를 입은 채 자기 음식을 서빙하고 있다는 사실은 생각하지 않는 듯했다. "대학에서 학생들을 가르치고 있다고 들었어." 리사가 말했다.

"그랬지."

리사는 고개를 끄덕였다. 마치 내 진로 변경에 딱히 이상한 점이 없다는 투였다. "이쪽은 내 약혼자 제이슨이야." 리사가 말하자 그 훤칠하고 잘생긴 남자는 미소 지었다. "제이슨, 이쪽은 앤이야. 내가 말한 적 있지."

"응." 남자가 친절하게 말했다. "그 똑똑한 친구분이시군요."

몇 년 전엔 내가 똑똑했나? "치킨 파히타 시키신 분?" 나는 다시 물었다. 팔이 떨어져나갈 것 같았다.

나는 번팅 펠로십을 받지 못했다. 루시와 나 둘 다 위스콘신 펠로십을 받지 못했다. 루시는 야도 작가 공동체에 여름 동안 머물 수 있게 되었지만 수술이 길어지면서 결국 포기해야 했다.

사랑스러운 내 친구야,

……조금 전에 일어나는 바람에 늦어버렸어. 한 시간 안에 병원에 도착해야 해서 또 그걸 핑계삼아 작업을 안 하고 있다. 너무 우울해서 몸을 움직일 수가 없어. 오늘 아침 침대에서 빠져나온 것도 결국 오줌이 마려워서였어. 모든 일을 어떻게 해나가야 할지 모르겠고 너무 벅찰 뿐이다. 우편물 온 것도 없네. 내가 못 간다는 말에 야도측에서 답장을 주길 바랐거든. 하지만 답장은 없었고, 내가 얼굴에 풍선을 매단 채 어딘가로 가서 멋진 여름을 보낼 수 있는 기회를 날려버린 게 아닌지 걱정된다. 예상대로 『뉴요커』는 내 시를 반송했고, 이번엔 『파리 리뷰』에 작품을 보내봤어. 적어도 난 포기하지 않았다. 그리고 오늘 최소한 소설 한 페이지는 써내리라는 걸 나는 알고 있지. 내가 정해둔 여섯 페이지는 아니지만, 그래도 여전히 의미 있는 일이야. 실패자처럼 느끼지 않으려고 끊임없이 노력하고 있어. TEFL* 자격증 취득을 위한 통신 강좌를 다시 듣기 시작했어. 가까운 시일 내에 자격증을 사용할 일이 있을지 의심스럽지만 그래도 준비하고 있다. 영주권을 날려버리지 않으려면 미국으로 진짜 돌아가야 하는데, 이 수술 전체가 언제 끝날지 도무지 알 수가 없다. 연조직 이식을 또 받아야 할까봐

---

* 외국어로서의 영어 교육.

겁이 나. 제기랄, 생각하기도 무섭다. 그 수술을 받으면 언제까지일지 알 수 없는 채로 여기 계속 있어야 해. 이식이 얼마나 끔찍한지는 말할 것도 없고.

너무 많이 한탄했나? 분명 지루해졌겠지. 고양이 세 마리를 데려왔는데, 못 말리는 말썽쟁이들이야. 낮엔 착하고 사랑스럽지만 밤엔 늑대인간이 된다. 커튼에 기어오르고, 찬장에, 쓰레기통에, 온갖 곳에 다 들어가. 아침에 보면 집에 폭탄이 터진 것 같아. 그래서 밤에는 현관에 가둬두기 시작했어. 함께 있기 좋은 친구들이지만……

시나리오를 보낸 영화사에서 답신을 받았어. 내 작품을 원하지는 않지만 각본이 잘 쓰였고 뛰어난 재능이 엿보인대. 다른 시나리오를 보내면 최우선으로 읽어보겠대. 써둔 다른 작품은 없고 아마 당분간 쓰지도 않을 테지만, 그래도 좀 힘이 나더라. 살면서 처음으로 실제적인 것을 달라고 기도하고 있어. 예전에는 지혜와 사랑과 평안한 마음 상태 같은 것만을 위해 기도했거든. 하지만 요 몇 달 동안 나는 훨씬 더 물질주의적인 사람이 됐다. 신이 무언가 확실한 조처를 취해주었으면 해. 이게 잘못된 걸까? 벌을 받을까봐 걱정된다. 이 엉망진창인 상황에서 벗어나야 하는데 어떻게 해야 하는지 알 수가 없고, 그래서 신의 도움을 청하고 있어.

그럼 이만 가봐야겠다. 잘 지내고, 편지 쓰고, 내가 안아주는 것처럼 너 자신을 꽉 안아주렴.

어머니 집 손님방의 침대에 걸터앉아 루시의 편지를 읽었다. 감자튀김과 맥주 냄새가 풍기는 유니폼을 입은 채였다. 발부터 허벅지까지 다 쑤셨다. 내가 작가가 될 준비가 됐는지 의문이 들기 시작했다. 상을 타고 글을 출판하고 작업을 위한 시간과 공간이 주어진 그런 사람이 아니라 글쓰기가 삶의 일부인 사람이 말이다. 어쩌면 글쓰기에는 아무 보상이 없을지도 모른다. 작업을 통해 얻는 구원은 오로지 감정과 지성 측면에서의 구원일지도 모른다. 매일 한두 시간씩 글을 쓰는 웨이트리스가 되는 것으로 충분하지 않을까? 루시가 수술이라는 짐을 짊어진 채로 자신의 길을 찾기 위해 분투하고 있다면, 어머니 집 손님방에서 안락하게 지내는 나도 당연히 내 길을 찾을 수 있을 것이다. 글쓰기를 사랑하기에 글을 쓰겠다고, 나 자신을 위해 글을 쓰겠다고 결심했다. 그러나 이 결심을 오래 품고 있을 이유가 없어졌다. 커다란 행운이 찾아왔기 때문이다. 나는 프로빈스타운 순수예술창작센터에서 칠 개월간의 펠로십을 받았다. 한마디로, 구원받았다.

루시에게 나 혼자 케이프코드로 가게 되었다고 말해야 했다. 둘이 함께 그곳에서 지내려던 멋진 꿈은 이제 내 행운의 여파로 사라졌다.

루시는 꺅 하고 소리질렀다. 환호했다. "정말 잘됐다!"

"진짜? 화 안 났어?"

"내가 어떻게 화가 나." 루시가 말했다. "완벽해. 이제 네가 시 부문 심사위원들과 친하게 지내다가 유혹해서 내년에 내 지원서를 뽑게 할 수 있잖아."

누군가를 유혹해서 무언가를 시킬 수 있는 능력이 내게 있다고 생각해주다니, 우쭐한 기분이 들었다.

그해 여름에 나는 가능한 모든 시간에 근무를 했다. 이직률 높은 외식업계에서 당시 나는 고참 축에 들었고, 그래서 금요일과 토요일 밤, 일요일 브런치 타임에 근무할 수 있었다. 기름기 묻은 두툼한 지폐 뭉치를 세어 황색 리걸 패드 종이에 금액을 기록한 다음 돈 상자 바닥에 넣어두었다. 다시 개미가 되어 다가오는 길고 추운 겨울에 대비해 동전을 그러모았다. 주문서에 주문 내역을 적어넣는 동안에도 내가 쓸 소설을 계속 구상했다. 그 시점까지는 단편만 썼지만 이제 다 그만두었다. 프로빈스타운에서 보낼 칠 개월은 중대한 기회였기에 무언가 규모 있는 작업을 해야 한다고 느꼈다. 내 운명을 바꿔야 하는데, 짧은 이야기로는 어려울 것 같았다. 운명을 바꾸려면 장편소설을 써야 했다. 다행히도 마음에 둔 이야기가 있었다.

소지품을 전부 꾸려서 차 트렁크에 실은 후 잔소리 한마디 없이 일 년 넘게 나를 데리고 있어준 어머니에게 감사의 작별 인사를 했다. 프로빈스타운으로 향하는 길에 자주 곁길로 빠지고 이곳저곳 들르느라 10월 3일에야 도착했다. 다른 사람들은 모두 1일에 이미 도착한 터였다. 서로 안면을 틀 기회인 여러 소개 행사와 해변 파티가 있었지만 나는 그 전부를 놓쳤다. 창작센터 소유의 주택단지에 있는 조그마한 숙소로 들어갔다. 침대를 주방 겸 거실로 옮긴 다음, 멋진 창이 나 있는 벽장만 한 크기의 침실에 책상을 두었다. 컴퓨터를 꺼내서 연결하고 '1장'이라는 단어를 쳤다. 모든 것은 어딘가에서 시작되어야 하는 법이니까. 지난 한 해 레스토랑에서 일하는 동안 나와 함께했던 이야기를 쓰기 시작했다. 이야기는 전부 머릿속에 들어 있었고, 이제 할 일은 그걸 종이 위에 꺼내놓을 방법을 찾는 것이었다.

사흘 동안은 작업이 나를 지탱해주었지만 곧 아는 사람이 하나도, 진짜 하나도 없다는 사실이 감당하기 힘들어졌다. 날이 어두워진 후 꽤 시간이 지난 어느 밤 뉴욕에 있는 친구와 통화하다가 외롭다고 한탄했다. 친구는 전화를 끊고 밖에 나가서 다른 사람의 문을 두드리라고, 누군가가 나오면 같이 술 한잔할 생각이 있냐고 물어보라고 했다.

"농담이지?"

"숙제를 한다고 생각해."

창밖을 쳐다보았다. 어두워진 지 이미 한참이었다. "너무 늦었어." 내가 말했다. "아침에 해볼래."

"지금 아홉시야. 예술가들은 아홉시에 잠자리에 들지 않아." 친구는 말하고는 전화를 끊었다.

 혼자 조용히 있을 시간을 얻으려 애쓰며 인생의 많은 시간을 보냈지만, 외로움에는 그다지 익숙하지 않았다. 이제 별이 빛나는 케이프코드의 어둠 속에서 나는 외로웠기에 친구의 말을 따랐다. 창작센터 입주자는 주차장을 가운데 두고 원 모양으로 배치된 건물에 살았다. 아래층 이웃은 집에 없다는 걸 알았는데, 우리를 분리해주는 바닥이 너무나 얇아서 보통 때는 그 사람이 숨쉬는 소리까지 들을 수 있었기 때문이다. 용기를 끌어모아 첫번째 문을 두드렸지만 아무도 대답하지 않았다. 두번째 문도 마찬가지였다. 루시라면 모든 문을 두드렸을 텐데. 스무 명의 작가와 시각예술가를 전부 이끌고 줄지어 콩가춤을 추며 커머셜 스트리트를 따라 내려가 거버너 브래드퍼드 레스토랑에 가서 바텐더를 설득해 그 모두에게 술 한 잔을 돌리게 했을 텐데. 다시 힘을 내서 시도해봤다. 이번에는 현관 조명이 켜지면서 문이 열렸다. 빨간색 립스틱을 완벽하게 바른, 창백한 피부의 검은 머리 여자가 나왔다. 내 소개를 하고 어떤 상황인지 설명한 후 드라이브를 하러 나가지 않겠느냐고 물었다. 엘리자베스 매크래컨과 나는 웰플리트에 있는 벤앤드제리스 아이스크림 가게에 가서 이야기를 나누었다. 내 인생에서 또다른 돈독한 우정의 시작이 된 대화였다. 몇 년 만에 온 최고의 행운이었다.

12월에 루시가 놀러왔을 때 나는 읽고 쓰고 엘리자베스와 함께 퇴고하는 루틴대로 생활하고 있었고, 그곳의 일라이 고틀리프라는 동료 소설가와 데이트를 시작했으며, 소설 백 페이지를 써낸 참이었다. 내 세계는 길이 3킬로미터에 너비 1.5킬로미터 크기였으며, 돈은 없고 완전히 행복했다. 루시는 영주권을 유지하고자, 또한 잠시 애버딘의 단조로움에서 벗어나고자 미국에 돌아왔다. 수술이 아직 끝난 것은 아니지만 당분간 휴지기를 가져도 되겠다는 허락이 있었다. 루시는 뉴욕에서 친구들과 어울려 정신없이 파티를 즐기다가 왔고, 나와 두 주 동안 함께 지낸 뒤 자기 어머니와 크리스마스를 보낼 계획이었다.

전에 스코틀랜드에 갔을 때 루시가 보여준 그 감동적인 환영 인사를 내가 재연해냈다고 말하고 싶지만, 뉴욕에서 버스를 타고 올 예정이었던 루시는 어느 버스를 타는지, 시간이 얼마나 걸리는지, 어디서 내리는지 확실히 몰랐다. 루시에게 찾아오는 길을 자세히 알려준 후 어떤 이유로든 우리가 만나지 못할 경우를 대비해 문을 잠그지 않은 채로 두겠다고 말했다.

하지만 결국 루시를 마중할 수 있었다. 나는 루시의 짐이 바닥에 떨어지는 소리를 들었다. 루시가 외쳤다. "친구야!" 내 숙소로 껑충껑충 뛰어올라온 루시는 새 얼굴과 그에 걸맞은 새 인생관을 갖춘 완전히 다른 버전의 루시였다. 조직확장기와 거대하게 부푼 얼굴은 사라졌고, 최근의 수술로 얼굴이 여전히 부어 있긴 했지만 나는 이 모든 과정이 어디로 향하는지 처음으로 상상할 수 있었다. 턱처럼 보이는 무언가가 모양을 갖추어가는 중이었다. 루시는 순수한 기쁨에 벅찬 소리를 지르며 내 품으로 뛰어들었다. 루시의 충만하고 열정적인 미국 자아가 다시 돌아왔다. 어쨌거나 루시는 프로빈스타운에 있었다. 이곳은 겨울에도 키가 190센티미터에 이르는 일단의 드래그 퀸이 망치로 못을 때리듯 스틸레토힐로 노면을 찍으며 거리를 지배하는 곳이었다. 화려한 깃털 목도리와 개 목걸이를 두른 남자들이 장미로 장식한 탈것에 올라 표표히 지나가는 퍼레이드를 볼 수 있는 곳이었다. 이런 곳에서 얼굴에 혹이 약간 있는 여자애를 두 번 쳐다보는 사람은 없었다. 루시는 시선을 끌지 않았고, 활기가 넘쳤다. 거칠 것 없이 가볍고 자유로이 움직이는 모습이 정말 한 마리 새 같았다.

"너 진짜 좋아 보인다." 루시가 말했다. "내가 말했던가?" 루시는 재킷과 스웨터를 벗어던졌다.

"내가? 진짜 좋아 보이는 건 너야. 루시, 얼굴에 정말 모양이 잡히고 있어."

"그런 것 같아?" 루시는 말하며 턱을 살짝 만졌다.

"고생한 보람이 있네."

"그렇다면 이 얼굴로 파티에 가야지. 우리 파티에 초대받았어."

"파티라고?"

"여기 오는 버스에서 만난 남자가 초대했어. 재미있을 거야, 춤도 추고. 너 마지막으로 춤추러 간 게 언제니?" 루시는 부츠를 휙 차서 벗고는 청바지에서 빠져나오려 낑낑댔다. "네 스웨터 입어봐도 돼? 색깔이 맘에 들어."

스웨터를 벗어서 루시에게 건넸다. "언제든 널 마지막으로 만났을 때가 내가 마지막으로 춤추러 갔던 때야." 나는 루시의 스웨터를 바닥에서 집어 입었다. 내 것보다 좀더 꽉 끼고, 짙은 녹색에 아주 섹시하고, 살짝 더러웠다.

루시는 스웨터를 벗어서 돌려줬다. 단장할 것을 찾아 속옷만 입은 채 내 옷장 안으로 사라졌다. 루시는 목도리를 꽁꽁 둘러매는 데 넌더리가 났다. 가리려고 애쓰는 데, 몸을 움츠리고 작아 보이려 애쓰는 데 신물이 났다. 이제는 최대한 눈에 띄고 싶었다. 루시는 내 신축성 있는 검은 칵테일드레스를 머리 위로 뒤집어썼다. 갈 곳 없이 그저 함께 있기만 했던 애버딘에서의 고립된 날들은 안녕이었다. 루시는 다시 가죽 재킷을 걸치고 부츠를 신었다. 정말 근사해 보였다. "나 잠깐 나갔다 와도 될까? 여기 오는 길에 마리를 만났어. 같이 점심 먹을 수 있냐고 묻더라고."

"완전 괜찮아." 루시가 그렇게나 행복해하는 걸 보니 나도 행복했고, 어쨌거나 내겐 써야 할 분량이 남아 있었다.

루시는 내게 키스로 인사를 대신하고 찾을 수 있는 모든 문을 찾아 두드리러 나갔다. 애버딘에서 우리의 모습이었던 그 음울한 이인조의 흔적은 없었다. 우리는 자유로웠다.

겨울의 프로빈스타운은 거의 유령 마을 같아서, 왁자지껄했던 여름은 어렴풋한 흔적으로만 남아 있다. 머무는 사람이 많지 않았지만 루시는 그 모두를 알고 싶어했다. 시인들과 작업물을 서로 바꿔 읽고 시각예술가들의 스튜디오에 방문하고 모두를 만나 술을 마시고 당구를 칠 계획을 세웠다. 밤 열시 이후에 나는 거의 쓸모가 없었으므로 루시는 처음 만난 사람들과 밤늦게까지 어울렸다. 루시는 그간 계속 프로빈스타운에 들어오고 싶어했고, 그 바람이 이제 이런 식으로 이루어졌다.

루시가 엘리자베스와 일라이를 어떻게 대할지 약간 걱정했지만, 내 선택을 전적으로 지지해주며 둘 모두와, 특히 일라이와 멋진 우정을 쌓기 시작했다. 루시와 일라이는 비슷한 점이 많았는데, 두 사람이 함께 있는 걸 보고 나서야 깨달은 사실이었다. 둘은 엄청나게 똑똑하고 진지한 독자였으며, 대화에 능하고 책상 앞에서 벗어나 파티에 가는 데 열광했다. 인생의 매 시기마다 사귄 수없이 많은 친구가 있고 그런 인맥을 즐겨 자랑했다. 루시가 머무는 동안 루시를 찾으러 내가 처음으로 들르는 곳은 일라이의 숙소였다. 두 사람은 대개 거기에 있었다. 일라이의 거대한 소파에 편하게 기대앉아 이야기를 나누며 서로를 미친듯이 웃게 하면서 말이다.

루시가 내 친구들을 좋아하긴 했지만, 그래도 내가 가장 좋아하는 친구는 자신임을 매 순간 확인하고 싶어했다. 그 사실을 확인하는 루시의 방법에 미묘한 구석이라곤 전혀 없었다. 엘리자베스와 같이 점심을 먹을 때면, 루시는 어김없이 식사 도중에 의자에서 일어나 내 무릎에 와서 앉곤 했다.

"내 무릎 위에서 뭘 하는 거니, 친구야?" 나는 루시에게 물었다.

루시는 내 가슴에 머리를 기대고 나를 올려다봤다. "나 사랑해?" 루시가 말했다.

"당연히 사랑하지."

"제일?"

"그래, 제일. 그렇지만 내 허벅지가 으스러지겠어."

루시는 이제 만족해서 한숨을 쉬고는 내 무릎이라는 편안하고 높은 자리에 앉은 채로 엘리자베스와 대화를 계속하며 내 접시에서 자신이 삼킬 수 있는 걸 집어먹었다.

약간 난처했으나 그건 오로지 엘리자베스가 루시를 이해하지 못할까봐, 또는 그렇게 행동하는 루시를 내버려두는 나를 이해하지 못할까봐 그랬을 뿐이다. 나는 루시의 행동에 익숙

진실과 아름다움

했다. 하지만 타인의 눈으로 볼 기회가 왔을 때 다시 보니 꽤 이상해 보이기도 했다.

내 숙소엔 펼치면 좁은 침대가 되는 작고 웃기게 생긴 스펀지 의자가 있었고, 루시는 내 작업실에 있던 그 의자에서 잤다. 아니면 내가 거기서 자고 루시가 주방에 있는 트윈 베드에서 자기도 했다. 어디에서 자든 아침이 되면 우리는 언제나 둘 중 하나가 잔 곳 위에서 함께 커피를 마시며 이야기를 나눴다. 이곳에 있는 지금 루시는 자신의 운명을 확신했다. 애버딘으로 돌아가 잠시만 머물면서 그즈음 상당히 친해진 닥터 펜턴과 담판을 지을 것이다. 의사는 루시의 얼굴 수술을 최종적으로 마무리할 것이고 그러면 인생이, 진짜 인생이 시작될 것이다. 전에도 루시는 진짜 인생의 문턱에 서 있다고 느낀 적이 몇 번 있었다. 얼굴 수술이 완료된 인생, 이제 그 얼굴로 살아가는 법을 배워야 하는 인생. 그러나 그런 인생은 쉽게 시작되지 않았다. 루시를 앞으로 나아가지 못하게 붙잡는 수술이 언제나 하나 더 남아 있었다. 이번엔 다를 것이었다. 이번엔 진짜일 것이었다. 루시는 프로빈스타운 펠로십을 따고 눈부신 작가의 삶을 살 것이었다. 친구를 사귀고 사랑에 빠지고 매일 밤 춤추러 갈 것이었다.

그 몇 주간 루시와 숙소에서 함께 지내는 일은 스코틀랜드 고양이보호협회에서 활기 넘치는 고양이 두어 마리를 입양한 것과 크게 다르지 않았다. 루시는 사방으로 뛰어다니고, 전등갓 위에 내 옷을 던져두고, 젖은 수건을 베개 아래 쌓아두고, 인스턴트 죽을 담아 세 숟가락쯤 먹은 그릇을 내가 밟을 가능성이 가장 높은 자리에 두었다. 한밤중에 돌아와 자신이 다녀온 클럽에서 어느 근사한 게이 남성이 얼마나 말도 안 될 정도로 섹시하게 춤을 췄는지 내게 이야기하거나 보여주고 싶어했다. 내가 샤워할 때마다 겁날 정도로 자주 장거리전화를 걸고, 내가 다른 사람들과 이야기하려 할 때마다 내 무릎에 앉겠다고 고집했다. 반면 나는 공장 일을 하듯 소설을 쓰고 있었다. 벌써 12월 말이고 5월 1일이면 펠로십은 끝이었다. 제시간에 끝내려면 매주 무엇을 해야 하는지 나는 정확히 계산하고 있었다. 5월 1일 후에는 내가 어떻게 될지 전혀 알 수 없었기 때문이다. 오로지 작업만 하고 싶었다. 우리 둘 모두에게 다행히도 루시는 같이 놀 수 있는 사람을 여럿 찾아냈다.

  우리 계획은 같은 날 창작센터를 떠나는 것이었다. 크리스마스에 나는 내슈빌 집에 가고 루시는 매사추세츠 서부에 있는 자기 어머니 집에 갈 계획이었다. 그러나 막상 때가 되자 루시는 초대받은 멋진 크리스마스 파티가 너무도 많아서 어머니에게 가는 날을 며칠 더 미루고 나 없이 프로빈스타운에 남았다. 루시는 내 음식을 먹고 내 옷을 입고 내 침대에서 잤다. 자상하고 느긋한 곰이 휴일을 보내러 남쪽으로 떠난 동안 집에 남은 골디락스*처럼.

크리스마스 연휴 후엔 오직 작업뿐이었다. 아래층에 마이클 클라인이라는 시인이 살았는데(그 역시 루시와 좋은 친구가 되었다), 마이클은 자기 숙소 문을 열고 계단 위쪽을 향해 소리치는 사람으로 창작센터 안에서 유명했다. "타이핑 좀 그만해!" 내 컴퓨터가 마이클의 침대 바로 위쪽에 있어서 딸깍거리는 키보드 소리를 한참 듣다보면 미칠 지경이 되었기 때문이다. 오전에 나는 차디찬 바람과 비 속에서 해변을 걸으며 일종의 광기를 키워갔다. 실재하지 않는 사람들이 내게 말을 걸기 시작했다. 인생에서 처음으로 죽음에 관해 생각하면서, 내가 어쩌다가 보도에서 벗어나 빠르게 달려오는 차에 치인다면 끔찍한 일이 될 거라고 생각했다. 내가 죽는다면 내 소설 속 인물도 전부 함께 죽을 것이기 때문이었다. 어느 작가가 첫번째 소설을 반절만 쓴 채로 죽는다면 그 원고는 버려질 수밖에 없다. 원고가 사라진다는 생각이 나 자신의 죽음에 관한 생각보다 더 공포스러웠다. 나는 이 인물들의 존재를 믿게 되었으며, 이들에겐 마땅히 결말을 누릴 자격이 있었다. 매 챕터를 끝낼 때마다 나는 원고를 엘리자베스에게 가져갔고, 그러면

---

* 동화 『골디락스와 곰 세 마리』의 주인공 소녀.

엘리자베스는 원고를 교정해주고 자신의 단편소설을 내게 건넸으며, 나는 다시 그걸 교정해서 돌려줬다.

그리고 어느 날 마침내 TGI프라이데이에서 일하며 그 인물들을 두고 상상했던 모든 것이 종이에 담겼다. 4월 초에 나는 『거짓말쟁이들의 수호성인』의 마지막 문장을 쓴 후 비틀거리며 숙소에서 나와 두려움과 놀라움을 느끼며 아름다운 봄날 속으로 들어갔다. 내 작가 인생에서 그 순간에 필적할 만한 경험은 없다. 하늘은 푸르고 만(灣)에서 산들바람이 불어왔다. 언제나 하고 싶었던 일을 해냈다. 책 한 권을 쓴 것이다. 끝까지. 형편없는 책으로 판명이 난다고 해도 그건 내 책이었다. 나는 엘리자베스에게 갔고, 우리 둘은 각자의 원고를 프린트한 다음 그 위에 올라서서 우리 키가 얼마나 커졌는지 보았다. 그러곤 거버너 브래드퍼드 레스토랑에 가서 그날을 축하했다.

루시는 새해 연휴를 보내고 애버딘의 일상으로 돌아갔다. 하지만 이번엔 결말이 있었다. 빛이 보였다. 거의 영원히 계속될 것만 같던 수술이 6월이면 끝날 예정이었다. 루시는 그해에 다시 야도 작가 공동체의 초청을 받아 8월에 그곳에 머물 수 있게 되었고, 이번엔 받아들일 생각이었다. 순수예술창작센터 펠로십에는 또 떨어졌지만, 아쉬워할 시간을 갖기도 전에 루시의 행운이 마치 경주마처럼 빠르게 코너를 돌아 래드클리프대학의 번팅 펠로십을 받게 되었다. 루시는 야도 거주가 끝난 후 바로 래드클리프로 갈 것이었다. 작업실, 동료들의 공동체, 2만 3천 달러의 보조금이 주어지고, 하버드대학에서의 모든 권한을 누리고, 낭독회 한 번 외에 다른 의무는 없을 것이었다. 만일 인생에 어떤 순서가 있다면 이제 루시는 어둠에서 벗어날 차례였다. 수년간의 용맹한 노력에 보상을 받을 때였다.

4월 말에 소설의 최종 퇴고를 끝내고 5월 첫날 소중한 엘리자베스와 일라이에게 작별을 고한 다음 책과 함께 뉴욕으로 향했다. 새거모어 다리*에 이를 때까지 내내 울었다. 늘 해오던 대로 지원할 수 있는 곳—위스콘신, 번팅, 엑서터—에 다시 전부 지원했지만 그다음해에 있을 곳을 구하지 못했다. 내슈빌로 되돌아가 웨이트리스로서의 인생을 재개할 계획이었다. 돈이 완전히 바닥났다. 뉴욕에 도착해서 전에 단편과 기사를 몇 편 기고한 적이 있는 잡지 『세븐틴』 사무실에 먼저 들렀다. 나와 친해진 그곳 편집자 에이드리언 르블랑이 사무실에 있는 거대한 복사기로 원고 사본을 만들어도 된다고 했기 때문이다. 에이드리언과 나는 둘 다 스물일곱이었다. 에이드리언은 낮에는 『세븐틴』에서 일하고 밤에는 사우스브롱크스의 자기 집에서 〈빌리지 보이스〉에 연재하는 십대 매춘부와 마약상에 관한

---

* 매사추세츠주 본토와 케이프코드를 연결하는 다리.

기사를 썼다. 립스매커*가 잔뜩 쌓인 그 사무실에서, 그런 일이 어떻게 일어날 수 있었는지는 알 수 없지만, 내 책의 마지막 열다섯 페이지가 이동중에 사라졌다는 것을 알았다. 사무실에 앉아 기억을 더듬어가며 에이드리언의 IBM 셀렉트릭 타자기로 마지막 부분을 입력했다. 내게는 수년 전 스무 살 때 『파리 리뷰』에 단편을 실은 후 계약한 에이전트가 있었고, 『세븐틴』 사무실에서 볼일을 마치고는 전체 원고를 들고 에이전트의 사무실로 가서 내려놓은 다음 다시 차를 돌려 테네시로 향했다.

셰넌도어밸리 부근을 이리저리 돌아서 가려고 하루 더 걸리는 길을 택했다. 내가 떠난 곳과 가려는 곳의 중간 지점인 그곳은 아름다웠다. 평온한 소떼와 길게 자란 풀 위로 산 그림자가 드리웠다. 그곳에 있는 동안 여행은 시작도 끝도 아니었다. 프로빈스타운을 완전히 떠난 것도, 집에 다시 돌아간 것도 아니었다.

마침내 우회를 그만두고 내슈빌로 향했고, 금세 도착했다. 어머니는 집 앞에 나와 내가 마치 전쟁에서 돌아온 군인인 양 팔을 활짝 벌려 내 목을 감싸안았다. 어머니는 내가 어디에 있었는지, 왜 이리 오래 걸렸는지 알고 싶어했다. 그리고 내 에

---

* 십대가 많이 쓰는 립밤 브랜드.

이전트인 리사 뱅코프에게 전화해보라고 했다. 집에 돌아오는 동안 기적처럼 출간 제안이 들어온 것이다. 먼저 엘리자베스와 루시에게 전화해 소식을 전했다. 좋은 소식은 여자 친구와 나누어야 제맛인 법이니까. 두 친구는 열광했다.

앙고라 고양이 같은 내 친구야,

그간 너한테 손 편지를 많이 받았지(이건 지난번 네 편지 첫 줄에 대한 응답이야).

어제 퇴원했는데 턱과 입술을 주먹으로 한 대 얻어맞은 사람처럼 보여. 엉덩이의 지방을 아랫입술에 이식했거든. 희망컨대 브리지트 바르도의 입술처럼 되길. 몇 달이나 갈지 의심스럽기는 해. 그러면 같은 수술을 언제 또 받을지 결정해야 하겠지. 이 수술로 확실히 달라졌어. 이젠 입을 다물 수 있고 키스도 할 수 있어. 정말 신나는 일이야. 오래된 39번 병동에서 마지막 수술을 받는데 약간 감상적이 되더라(닥터 펜턴이 올해 9월에 남쪽으로 내려간다고 내가 말했던가?). 내 모습이 맘에 든다고 이제는 솔직하게 말할 수 있을 것 같다. 앞으로 아마 간단한 수술 몇 번만 받으면 될 거야. 물론 무언가 끔찍한 일이 일어나지 않는 한 그렇다는 말이다. 아직 아랫니가 더 필요하지만 그건 몇 달 안에 생길 거야. 눈은 여전히 신경쓰인다. 그래서 새로운 위장용 헤어스타일을 해서 앞머리 뒤에 눈을 숨겼어. 머리를 전부 잘라버리고 싶은 충동과 매일 싸운다. 그렇지만 이건 다른 맥락의 이야기지.

자전적 이야기를 매일 한 페이지씩 쓰고 있어. 그 외엔 아무것도 안 한다.

　루시는 7월 말에 미국으로 돌아와 야도에서 레지던시 프로그램을 시작했다. 소설 쓰기를 포기하고 다시 시 작업만 했다. 나는 출판계약을 하고 가을에 켄터키로 갔다. 거기서 막판에 소설 창작 강사 자리를 얻었는데, 예기치 못한 사정으로 휴직하는 강사의 자리를 대신하는 것이었다. 루시와 나 둘 다 갈 곳이 있었다. 우리 각자가 해온 작업을 통해 얻은 자리였다. 이렇게나 큰 행운은 어디에도 없을 거라고 나는 믿었다.

7장

 루시는 인류의 역사적 잔학 행위를 떠올림으로써 자신의 절망을 균형감 있게 바라보고 아주 조금이나마 견딜 만하게 만들 수 있었다. 평생 동안 루시가 수없이 한 일이었다. 루시는 고통의 가르침을 받는 학생이 되기로 결심했는데, 단 그 고통은 루시의 상상력을 사로잡는 종류의 고통이어야 했다. 루시는 자연의 위력엔 흥미를 느끼지 못했다. 허리케인과 지진에 쓸려나간 마을은 루시의 목적에는 쓸모가 없었다. 사람들이 잔해 속에 파묻히는 건 슬픈 일이지만 루시에게 강인함을 제공하지는 못했다. 루시는 굶주림에 예민했다. 먹는 데 어려움을 겪고 배고플 때도 잦았기 때문이다. 하지만 루시를 사로잡는 기근은 그저 가뭄 때문이 아니라 전쟁이 가져온 것이어야 했다. 루시는 질병에도 딱히 큰 관심이 없었다. 사실 질병이라는 주제가 나오면 루시는 약간 경쟁적이 되곤 했다. "사람들이 화학요법치료에 대해 이야기하곤 하는데 말야," 루시는 말했다. "그 사람들은 그 치료에 관해 아무것도 몰라." 루시의 말은 과거에 자신이 치료받을 땐 사람을 산 채로 태웠다는 뜻이었다. 이제는 화학요법치료 전체가 상대적으로 대단히 문명화되어 자기 생각엔 다른 이름을 붙여야 공평할 정도라고 했다. 루시는 육체적 고통을 자신의 경험에 비추어 평가하면서 대체로 전부 다 자신의 고통에 못 미친다고 여겼으며, 특히 질병이 일으킨 참화가 눈에 보이지 않는 경우에 더욱 그랬다. 언젠가 루시는 난소암에 걸린 어느 아름다운 여성을 몹시 질투했다. 자신이 보기엔 병이 그 여자를 더 매력적으로 만들었을 따름이었다. "나도 난소암에 걸렸으면 좋겠다." 루시는 시무룩하게 말했다.

　루시는 박해 속에서 용기와 동지애를 찾았는데, 그 박해는 우연과는 전혀 상관없는 체계적인 잔혹함이어야 했다. 루시의 열정에 불을 붙이는 건 누군가가 의도적으로 다른 사람을 파멸시키고자 하는 이야기였다. 루시는 어린 시절 잠자리에서 올번 버틀러의 『성인들의 생애』를 읽었다. 마음속에서 자신의 영웅들과 함께 '카타리나의 바퀴'*에 오르고 십자가에 매달렸다. 루시는 그리스도가 고통을 겪었기에 사랑하고 자신과 공통점이 있기에 사랑했다. 그 모든 권능을 지닌 그리스도조차 루시와 마찬가지로 고난이라는 짐이 힘겨워 그것을 거두어줄 수 없는지 물었다. 고통이 무작위적인 것이 아니라 악이 선에, 강자가 약자에게 가하는 벌이라는 생각은 루시에게 분노할 이유를 주었다. 자연은 무심하기에 분노해봤자 아무 소용이 없다. 반면 야만에 맞서 목소리를 높이는 것은 적어도 이론상으로는 변화될 수 있는 무언가에 대항하는 일이었다.

자신에게 일어났던 일보다 끔찍한 일이 실제로 세상에 존재한다고 믿을 때 루시는 동아줄을 붙잡은 양 그 사실에 매달릴 수 있었다. 그 믿음을 잃을 때 루시는 가라앉았다.

프리모 레비의 아우슈비츠 책을 거의 다 읽었어. 전화로 이 얘길 했는지 모르겠는데, 그 책을 지금 다시 읽는 건 강렬한 경험이다. 어릴 때 이 책과 맺었던 특별한 관계 때문이지. 그때 난 너무나 비참했는데, 내 주위에 자기 인생을 두고 불평하는 사람이 잔뜩이었어. 그들을 보며 어떻게 그처럼 감사할 줄 모르는지 의아했지. 저들이 가진 걸 내가 가졌더라면 등등의 생각을 했다. 이런 사고의 방향을 어떻게 나에게로 돌릴 수 있었는지는 잘 기억나지 않지만, 어느 날 감사할 줄 모

---

* 알렉산드리아의 성카타리나는 로마의 기독교 박해로 고문용 바퀴에 묶여 처형될 뻔했으나 그녀가 손을 대자 바퀴가 부서져버렸다. 이후 참수형을 당하지만 바퀴는 성카타리나의 상징으로 남았다.

른다는 비난이 나 자신에게 향할 수도 있음을 깨달았어. 그때부터 홀로코스트와 베트남전쟁과 당시 일어나고 있던 여러 기근에 집착하게 됐다. 내가 강제수용소에 있다고 생각하며, 아니면 곧 어느 때라도 지뢰를 밟을 수 있다는 상상을 하며 며칠씩 지내곤 했어. 병적으로 들린다는 건 알지만 그게 굉장히 도움이 됐다. 모든 것이, 정말 모든 것이 갑자기 나에게 중요해 보였어. 그 시기가 나라는 사람을 진정으로 형성했다고 생각해. 어쩌면 시조차도 그때가 시작이었는지 몰라. 지금 레비의 책을 다시 읽으며 돌아보게 되네. 레비가 나이들어서 다른 사람이 된 것처럼 나도 이제 다른 사람이 되었지. 이런 생각에 약간 겁이 나기도 해. 레비는 결국 자살했잖아. 하지만 이 책이 굉장히 흥미로운 건, 내가 어떤 면에서 달라졌으며 당시 알던 것과 지금 아는 것이 어떻게 다른지를 내가 전혀 설명하지 못하기 때문이야. 이건 언어의 문제다. 두 자아 간의 차이, 두 진실 간의 차이는 나에게 너무도 실제적이고 명확하지만, 이 지식을 어떤 종류의 서사나 언어적 방식으로 전달하는 내 능력은 계속 빗나가고 말아. 나 혼자만 다른 언어로 말하고 있다는 걸 문득 깨닫는 꿈처럼, 아니면 멋진 자동차의 운전석에 앉아 있지만 어디로 가는지 전혀 알 수 없는 그런 꿈처럼 말이지. 자신에게 집착하는 것인지도 모르지만 나는 앞서 말한 생각에 꽤 매혹되어 있어. 이 전부에 관해 논픽션 같은 걸 쓸 때가 된 게 아닐까 싶기도 해. 반#자전적인 단편 하나를 지금 거의 다 썼어. 완성했을 때 그 작품이 나에게 어떤 느낌으로 다가올지 궁금하다.

프리모 레비의 『이것이 인간인가』를 읽으며 나는 방사선치료와 화학요법치료를 받는 아픈 소녀를, 강제수용소 죄수처럼 머리가 벗어지고 그들만큼이나 여위었을 소녀를 상상해보려 애썼다. 자기 고통을 억누르기 위해 그처럼 거대한 고통을 어깨에 지고 균형을 잡는 루시를 상상했다. 자신은 운이 좋다고 느끼기 위해 육백만 명의 죽음을 이용하는 일은 불가능하다. 시간이 좀 지나면 그 고통의 거대함이 자신의 고통을 대체할 뿐이기 때문이다. 고통은 달라질 뿐 나아지지 않는다. "오늘은 운좋게도 바람이 없다." 레비는 썼다. "이상하다. 언제나 어떤 식으로든 운이 좋다는 느낌을 받는다는 것이, 극히 사소할 수도 있는 어떤 우연이 우리를 절망의 문턱에서 멈춰 세워 계속 살게 한다는 것이. 비가 온다. 하지만 바람은 없다."

앤에게,

며칠 전 프라하에서 중요한 일이 있었어. 그게 과연 어떤 식으로 중요했는지는 아직 이해하지 못했지만 말이야. 그 사건의 배경이 되는 일은 몇 달 전에 시작됐어. 미국과 독일의 현대 회화를 다룬 책을 샀을 때지. 아는 이름(화가의 이름)이 많이 나왔다. 피슐, 클레멘테, 슈나벨, 바스키아. 지난 몇 년 동안 어렴풋이 이름은 들어봤지만 실제로 작품은 알지 못하는 그런 화가들이었어. 현대 회화 작가는 언제나 이해하기 어려워서 그들의 작품에서는 진정으로 감동받을 수가 없었어. 왠지 늘 배타적이고 심지어 고상한 척하는 것처럼 보이기도 했어. 하지만 이 책은 맘에 들었다. 여기 실린 그림을 보며 처음으로 이 모든 새로운 측면에 무언가 중요한 것이 있을지도 모르겠다고 느꼈어. 전에는 바스키아Basquiat(지금 이 이름 철자를 기억만으로 적는 거라 완전히 틀렸을 수도 있어)의 작품을 좋아하지 않았고 강한 반감을 느끼기까지 했어. 그의 그림은 대개 색이 칠해진 배경 위에 작은 사물 몇 개를 가는 선으로 휘갈긴 거야. 사물은 낙서된 탁자부터 턱뼈까지 다양하고 해독할 수 없는 글자가 함께 적혀 있을 때가 많은데, 이 글자들은 때로 일종의 도표 그리고/또는 해석할 수 없는 지시 사항 같은 효과를 내기도 해. 전반적으로 그의 그림엔 아주 혼란스럽고 조증처럼 느껴지는 특색이 있지. 하지만 내가 말했듯 전에는 마음에 와닿은 적이 없어. 이제야 드는 생각일 수 있지만 일부러 꾸민 듯 보였다고나 할까. 하던 얘길 계속하자면, 몇 주 전 여기 베를린에 있는 어느 서점에서 드로잉 책을 한 권 집어들었다. 아마 제목이 영어로 되어 있다는 이유 때문이었을 거야. 색을 칠하지 않았다는 점만 빼고 회화와 똑같은 바스키아의 드로잉이 실려 있었어. 광적으로 휘갈긴 선, 괴상하게 배치된 사물. 정말 놀랍게도 그 작품들이 좋았다. 정말로 좋았어. 대부분 나중에 다시 떠올려보니 좋았던 것이긴 하지만. 그 드로잉은 기억 속에서 변해가는 그런 종류의 것이라 머릿속에 담아두고 생각할수록 더 귀중해져. 지금 그 그림들은 내 앞에 있지 않지. 하지만 실물로 보고 또 보고 싶은 욕망이 별로 들지 않는데, 이게 핵심인 것 같아. 그것이 신체적 행위라기보다는 강렬한 정신적 행위라는 것. 그리고 여기에 바스키아의 인생사가 더해진다(전에 난 이것―예술가의 인생사는 중요하지 않다고 여겼지만 이제 앞에서 말한 일을 겪었기에 다시 생각해봐야겠어). 몇 년 전 스물몇 살인가에 헤로인 과다 복용으로 죽었잖아. 그의 드로잉에 대단히 깊은 인상을 받았고, 거기에 더해 내가 그처럼 흥분했다는 사실 자체에 굉장히 흥분돼. 난 대체로 아주 냉소적인 사람인데 이곳에서 처음으로 전에는 무감했던 작품에 진정으로 충격과 감동을 받았다. 무언가 돌파구를 찾은 기분이야. 그러고 나서 지난주에는 프라하에 있었어. 엄청나게 아름다운 도시지만 관광객이 바글바글해서 걸어다니는 동안 너무 디즈니랜드 같다고 생각했어. 옛 유대인 거주지역에서 박물관을 하나 발견했는데, 거기에 테레진수용소에서 가지고 온 그림들이 있었어. 테레진은 아동 강제수용소였고, 그 그림들은 테레진에 있던 아이들이 그린 거야. 1층(아주 좁다)에는 아이들이 자신의 기억과 미래를 향한 희망을 그린 그림이 있어. 여섯 살 아이의 눈으로 본 개, 거대한 꽃, 학교, 풍경이 그려져 있고, 그 풍경에서 하늘은 화폭 맨 위의 두꺼운 파란색 선이지. 코트나 완장에 그려진 유대인의 별이 가끔씩 등장한다는 점만 빼면 그냥 아이들이 흔히 그리는 그림이지만, 그 아이들이 어떻게 되었는지 알고 나서 보면 거의 견딜 수 없을 정도로 가슴이 아파. 굉장히 감동받고 또 마음 아팠지만, 그래도 평정을 유지하면서 2층으로 갔어. 거기엔 좀더 아이들의 현실이 반영

된 그림이 있었어. 나치 문양을 단 남자가 몽둥이를 들고 때리는 모습을 아홉 살짜리 아이가 그린 그림. 어렸을 때 우리가 '행맨'이라는 단어 게임을 하면서 그린 것과 똑같은 모습의 교수형 장면. 사람들—머리는 원으로, 여자 몸은 삼각형으로 그렸어—이 길게 줄을 서서 기다리는데, 그 끝에 네모 모양의 인물이 동그라미 모양의 개를 데리고 있고 그 너머에는 길고 가느다란 두 개의 직사각형에서 연기가 피어오르는 그림. 나는 울기 시작했고, 지금 이렇게 적으면서도 그 그림들을 떠올리며 운다. 그만 울고 마음을 가라앉히려 애쓰고 있어. 지금 밖에서 편지를 쓰고 있거든. 그중에서도 가장 끔찍한 건 아직 말 안 했어. 아주아주 단순한 그림으로, 그걸 그린 아이는 많아봐야 일곱 살이나 여덟 살 정도일 거야. 먼저 왼쪽엔 둥둥 떠다니는 것 같은 머리가 있어. 약간 코믹하고 서투르게 그렸지. 네모 모양이고 코를 나타내는 웃긴 동그라미가 달렸어. 그 옆에는 다른 머리가 있고 머리 아래에 만화 그림체로 그린 생선뼈가 있어. 그 사람의 갈비뼈를 나타낸 거야. 그리고 그 위로 또다른 인물이 서 있는데 머리가 이렇게 생겼고, 이 인물 역시 끔찍하게 생긴 갈비뼈를 가지고 있지. 거기 팔이 달려 있는데 한 팔의 뼈를 그림 나머지 부분과는 굉장히 다르게 그렸어. 아주 세심하게, 그리고 더 묵직하게. 그림을 그린 아이가 이 부분을 세세하게 그리는 데 분명 대부분의 시간을 쓰고 그걸 그린 다음에 자랑스러워했을 거라는 상상까지 할 수 있을 정도였어. 그 뼈를 이렇게 만화책 스타일로 그렸어. 팔의 나머지 부분은 대충 그려서 낫 같은 것을 ⋀ 들고 있음을 간신히 분간할 수 있을 정도야. 바로 이 인물이 아이가 생각하는 죽음이었어. 이 그림을 절대 절대 절대 머릿속에서 지울 수 없을 거야. 그런데 이 그림엔 무언가 다른 점도 있었다. 그 기묘함, 신중하게 그린 세부가 생뚱맞고 아무렇지도 않게 튀어나와 있는 것. 바로 바스키아가 그렸을 법한 그림이었지. 이 그림에 너무도 충격을 받은 나머지 바스키아를 향한 극도의 분노마저 느꼈다. 엄청나게 사기꾼이라는 생각이 들었거든. 거기에 더해 예전에 현대미술 작품 대다수를 향해 느꼈던 불쾌감과 반감을 다시 느꼈어. 아니, 더욱 심하게 느꼈는데, 예전의 불쾌하다는 느낌엔 냉소가 실려 있었고 냉소는 나와 늘 함께하는, 비대한 자아의 증후일 뿐이었거든. 하지만 이제 느끼는 건 반감조차도 아냐. 반감이라면 차라리 낫겠는데, 그건 논박의 여지가 있다는 뜻이고, 반감이 있다는 것 자체가 다른 식의 수용과 '호감'이 존재할 수 있다는 뜻이잖아. 지금은 그런 반감조차 없어서 그저 예술이 너무나 공허하게 느껴질 뿐이고, 진정한 위기가 닥친 것 같은 기분이다. 하지만 희망을 잃지는 않았어. 일단 이 상태를 어떻게든 통과하고 나면 전에는 몰랐던 무언가를 알게 될 것 같아. 그런데 무엇을? 왜 이 일이 나한테 모종의 가치가 있을 거라고 생각하는 걸까? 이 경험을 오랫동안 곱씹어봐야겠어.

이제 오후이고 오늘은 내 생일이기도 해. 스물여덟. 으. 어쩌다 이렇게 됐지? 시간의 흐름을 의식하려고 아무리 노력해도 시간은 그냥 흘러가버리는 것 같다. 시인이라는 사람들이 흥미로울지도 모른다는 생각을 처음으로 한 때를 기억해. 고등학교 시절 국어 시간에 「우리 읍내」*를 읽는데, 오로지 시인만이 시간의 흐름을 진정으로 감지할 수 있다는 구절이 있었어.

    이 편지에 적은 내용을 좀더 생각해봤다. 전에 가졌던 예술 개념 전체가 심각하게 흔들렸고, 이 일로부터 무엇을 얻게 될지 보이기 시작하는데, 그건 좀더 깊은 이해와 연관이 있어. 무얼 좀더 깊이 이해한다는 거냐면…… 아이고, 모르겠다. 잠깐 동안은 정말로 알았는데, 그러다가 기침이 마구 나서 지금은 까먹었다. 이것도 내가 알게 된 것 중 하나지. 무언가를 어느 시점에는 정말로 이해했다가 그걸 유지하지 못하고 잠시 뒤엔 완전한 혼란 속에 있을 수 있다는 것. 예전에는 무언가를 진정으로 안다면 그 진실이 영원히 빛날 거라고 생각했어. 그러나 이제는 꽤 명확해졌다. 대부분의 경우 배터리는 점점 약해진다는 것, 알던 것을 불러내려고 할 때 그게 때로는 갑자기 사라져버린다는 것, 마치 스위치를 켰을 때 전구가 탁 하고 나가는 것처럼.

    아름다운 날이다. 나이든 걸 축하하기 위해 나에게 과일 토르테와 초콜릿 트러플 세 개를 사줬다. 편지를 다 쓰고 나면 햇볕 아래 앉아 신문을 읽고 트러플을 먹을 거야. 인생이 꽤 괜찮다고 느껴질 때가 많아. 계속 그런 식으로 인생을 바라보려 노력하는 한 말이야. 셀리아에게 내가 마음에 품고 있던 로맨틱한 전망을 약간 좌절시키는 편지

---

* 미국의 극작가 손턴 와일더의 희곡.

를 받았어. 지금 다른 누군가와 함께 살고 있대. 그리고 소문으로 듣기로는 미리엄 쿠즈네츠도 8월에 야도에 있을 거라고 하니까(시그먼이 만나던 사람이 미리엄이야) 부디 시그먼이 어떻게 됐는지 알 수 있게 되길. 곧 미국으로 돌아간다. 조금 겁이 나. 짐 가방이랑 이런저런 것을 벌써 다 사놓기까지 했다. 도착하면 제일 먼저 너한테 전화할 거야. 내 쌍둥이 언니의 생일을 축하해주려고 전화했는데, '밥'과 함께 날 데리러 공항에 나올 거라고 했어. 이제껏 '밥'을 만난 적이 한 번도 없지만 언제나 그 사람 이름을 인용부호 안에 넣고 싶다는 이상한 충동을 느낀다.

       사랑과 그 밖의 온갖 멋지고 현란한 것을 보내며,

       루시

8장

 어려서 작가가 되기로 마음먹었을 때, 그 직업에 대한 나의 이해는 전부 〈라 보엠〉에서 온 것이었다. 작가의 인생엔 찬바람이 들어오는 다락방, 추운 밤, 바닥난 음식, 촛불 하나가 있을 것이었다. 긍정적인 측면을 보자면, 푸치니의 오페라에서와 마찬가지로 내 상상 속에서 그 다락방은 파리에 있었다. 그렇게 상상하면 가난에 매력이 생겼다. 1991년에 애버딘을 떠날 때 루시는 정말로 다락방을 떠난 것이었다. 외롭고 우울한 다락방, 노래하는 보헤미안이라고는 하나도 없는 그런 다락방을. 그곳에서 나와 그와는 굉장히 다른 모습의 작가 인생에 발을 들여놓았다. 우리가 그렇게나 숱하게 소문을 들었던, 바로 '놀고 먹는 자리'에서 보내는 인생이었다. 보살핌, 창작 지원,

진실과 아름다움 151

동료를 구하는 작가에게는 무수히 많은 선택지가 있는데, 수도 없이 지원서를 보낸 끝에 루시와 나는 마침내 그 암호를 풀었다. 우리는 주어진 모든 특전에 기대 앞으로 몇 년간 자신의 길을 체계적으로 개척해나갈 것이었다. 루시는 늦여름을 야도에서 보내고 있었다. 두 해 전 나 역시 8월 한 달 동안 지냈던 곳이다. 야도는 뉴욕 새러토가스프링스에 있는 대저택으로, 스테인드글라스 창문, 정교하게 조각된 난간, 흰 기둥이 도열한 기하학적 형태의 정원, 분수, 수영장을 갖추고 있다. 숲속에는 산책길이 있는데 거기에는 규칙이 있다. 낮에 누군가를 마주쳤을 때 그 사람이 시선을 내리깐 채 길만 보고 있으면, 그건 작품에 대해 고심하는 중이며 대화를 나누고 싶지 않다는 신호라는 것이다. 또한 청소나 식사 준비 같은 잡일에서 해방되어 방해받지 않고 창작에 집중할 수 있다. 침대 시트도 알아서 교체해주고 수건도 폭신폭신하게 높이 쌓인 채로 배달된다. 아침과 저녁은 품격 있는 거대한 식당에서 먹지만 점심은 도시락통에 담겨 배달되기 때문에 날씨에 따라 작업실에서 먹을 수도 있고 수영장 옆에서 먹을 수도 있다. 조직확장기와 병원으로부터 너무도 아득히 떨어진 세계라, 비행기를 타면 그곳에서 이곳으로 올 수 있다는 것을 상상하기 어려울 정도였다. 잠수병이 나지 않도록 천천히 상승하게 해주는 감압 탱크 같은 것이, 다시 말해 한 달 정도 머물 수 있는 적당히 괜찮은 사회복귀 훈련시설 같은 것이 그곳과 이곳 사이에 있어야 할 것 같았다. 그리고 여기서 잠수병이란, 야도에서 누가 제일 좋은 침실을 받았는지 보려고 한밤에 붉은 카펫이 깔린 계단을 오르내리며 모든 층의 모든 문을 두드리게 만드는, 여덟 살짜리 아이처럼 들뜬 마음을 말한다.

사랑스러운 내 친구야,

오늘은 여기에 비가 온다. 도착한 후 처음이야. 어제 마침내 새로운 시 한 편을 쓰기 시작했는데, 오늘은 계속 쓰기가 어렵네. 하지만 이곳이 얼마나 작업에 자극이 되는지 감탄하고 있어. 갇혀 있게 된다는 생각에 굉장히 두렵기도 했지만, 그 생각과는 완전히 반대야. 내게 한 달밖에 없다는 사실도 동기부여가 된다. 하루하루가 일주일처럼 느껴져서 딱 한 달뿐이라는 사실도 겁나지 않아.

어젯밤 미리엄 쿠즈네츠(시그먼의 전 여자친구)와 같이 산책을 나가서 호수 옆을 지나는 흙길을 따라 이곳 부지를 걸었어. 여기가 얼마나 멋진지 되풀이해서 말할 필요는 없겠지. 너도 이미 알고 있을 테니까. 이곳에 없는 단 하나는 바로 너야. 하지만 우리가 언젠가 여기 같이 머물게 될 거라고 확신해. 내년이 아니라면 그다음해에라도 말이야. 아마 똑같은 사람을 연달아 받아주지는 않을 것 같지만, 무언가 큰일이 일어나지 않는 한 이곳에 다시 돌아올 수 있을 거라는 생각에 커다란 위안을 받는다. '오 세상에 지금 당장 그 모든 일을 전부 해야 해'라는, 그 끔찍한 기분에서 벗어나게 해줘.

어젯밤에 포커를 치다가 1달러를 잃었어. 여섯 명 정도가 같이 쳤고, 남자는 톰뿐이었어. 나는 남자들이 자기가 청일점임을 의식하는 게 싫은데 톰은 그 사실을 전혀 인식하지 못하는 것 같았어. 아주 느긋한 사람인 듯해. 반면에 여기 있는 마이클 라이언이라는 사람은 남자로서의 위치를 완전히 의식하고 있지. 정말 좋은 사람인데 무언가 좀…… 어쩌면 내가 그냥 질투하는 것일 수도 있겠다. 그 사람이 나만 빼고 모든 이에게 관심을 보이며 시시덕대거든. 나의 그 오래된 에고 문제와 자존감 문제는 여전하지만, 그 문제가 작업을 방해하지는 않으니 잘하고 있다고 생각해. 보스턴에 가면 상담 같은 걸 받아보겠다고 결심했어. 지난밤, 아니 그 전날 밤, 사람들이 전부 모여 앉아 '상담이 내 인생을 구했다'는 이야기를 하고 있더라. 좀 진부하긴 했지만, 뭐 그렇다더라고. 매일 밤 열시 사십오분에 아델피 바에 가는 게 일상이 됐다. 저녁식사를 마친 후부터 그 시간까지 일한 보상이야. 여기에 술꾼은 없어. 적어도 옛날 스타일의 술꾼은 말이야. 사실 내가 제일 많이 마시는 것 같아.

핸드폰이 없던 시절에 야도에서 전화를 받는 건 큰 이벤트였다. 식당으로 통하는 복도에 공중전화가 두 대 있었는데, 아무때나 전화를 걸 수는 있지만 걸려오는 전화는 저녁식사 동안에만 받을 수 있었다. 야도에 전화를 거는 일은 라디오 경연에 참여하려고 전화를 거는 것과 비슷했다. 어떤 날 밤에는 한 시간을 꼬박 눌러도 통화중이라는 신호밖에 안 들렸다(같은 전화로 계속 거는 게 나았을까? 양쪽 전화기로 번갈아 걸면 통화에 성공할 확률이 높아졌을까?). 정확한 시점에, 그러니까 다른 사람이 수화기를 내려놓는 바로 그 순간에 번호를 눌러야 했는데, 내가 그러하듯 다른 많은 이들도 식당에 있는 누군가와 통화하기 위해 광적으로 번호를 눌렀기 때문이다. 아, 그러다가 마침내 벨이 울리면 나는 머릿속으로 모든 상황을 똑똑히 볼 수 있었다. 블랙진을 입은 어느 호리호리한 시인이 저녁을 먹다가 일어나 복도로 전화를 받으러 간다. 그는 서두르지 않는다. 불과 십 초 전에는 통화중이었던 그 전화가 이제 열 번 울린다(전화를 막 끊은 사람은 절대 다시 수화기를 들지 않았다). "야도." 시인은 짤막하게 말한다. 혹은 그가 재치 있는 사람이라면 이렇게 말할 것이다. "공중전화입니다." 나는 공손하게 부탁한다. "루시 그릴리와 통화할 수 있을까요?" 그 말을 들은 시인이 자기에게 온 전화가 아니라는 데 잔뜩 실망해 수화기를 내려놓는다. 나는 수화기가 벽에 부딪히는 소리를 듣는다. 시인이 식당으로 돌아가자 잠깐 동안 모든 사람이 자신에게 온 전화가 아닐까 희망에 차서 고개를 든다. "루시," 시인이 말한다. "당신 전화예요." 루시는 의자를 뒤로 빼고 격자무늬 유리창으로 들어오는 저녁 빛을 받으며 일어난다. 식당 어딘가에서, 루시 뒤쪽의 누군가가 중얼거린다. "언제나 루시 전화지."

매일 밤 전화했다. 나는 루시와 이야기하고 싶고 루시는 전화를 제일 많이 받는 사람이 되고 싶었다. 전화 부스는 똑바로 세워둔 관처럼 좁고 더워서 안에 있기가 힘들었기에 아주 길게 통화한 적은 없다. 하지만 그 통화로 루시가 자리로 돌아갈 때 모두가 다시 고개를 들고, 누군가가 누구였냐고 묻고, 그러면 루시는 살짝 미소를 짓고 어깨를 으쓱하며 이렇게 말할 수 있었다. "그냥 친구." 루시는 모호하게 말하곤 했다.

루시는 우울하다고 했는데, 톰에게 관심을 보이자 그가 퇴짜를 놓더니 십오 분 후 루시 바로 앞에서 그 밤에 이미 세 명의 남자에게 관심을 받은 예쁜 여자에게 접근했기 때문이다. 야도는 영화에서 그려지는 여름 캠프 같았다. 은밀한 관계와 첫눈에 불붙는 사랑과 섹스가 있었다. 며칠 후 루시는 어느 연상의 화가와 맺은 우정이 흥미로운 방향으로 흘러가게 됐다고 말했다. 화가는 루시를 굉장히 좋아했으며, 모두가 뒤뜰에 앉아 담배를 피우며 박쥐가 모기를 잡으려고 급강하하는 모습을 바라보는 저녁이면 온전히 집중해서 루시의 이야기를 들어주었다. 루시를 팔로 감싸안고 러시아문학에 관해 이야기했다. 박쥐 사이에 앉은 참새를 가리켰다. 그러다가 루시를 침대로 데려가기 시작했다. 포옹은 발전해서 여러 수위의 키스와 깨물기와 만지기가 되었다. 하지만 실제 섹스는 없었다.

나는 도대체 왜 섹스는 하지 않는지 알고 싶었다.

"그 사람 여자친구가 있어." 루시는 한숨지었다. "그리고 그는 좋은 사람이라 여자친구에게 충실하려고 해. 그 여자에게도 진실하고 자신에게도 진실하려고 하는 거야."

"오 세상에, 맙소사."

"어쩌면 마음을 바꿀지도 모르지. 나와 사랑에 빠질지도 모르고."

"삼 주 안에 말이야? 왜 마음 아플 짓을 해? 그 사람은 좋은 사람이 아냐, 루시. 좋은 사람은 이런 짓 안 해."

"그 사람 착해." 루시가 말했다. "내일 다시 전화 줘. 무슨 일이 있었는지 말해줄게."

"너 가끔씩이라도 저녁을 먹어야 하지 않니?"

"이곳에서 나오는 식사는 거의 못 먹겠어. 먹을 수 있는 음식이 나와도 턱과 무릎에 흘리지 않으려고 너무 신경을 곤두세우다보니 목으로 넘어가는 게 거의 없어. 여기 여자 중 한둘은 내가 거식증 같은 게 아닌가 의심하는 것 같아."

"그러니까 먹으려고 해봐. 아무도 너한테 신경 안 쓸 거야."

"시내에 나가서 요구르트 아이스크림 사먹을게." 루시는 약속했다.

그렇게 나는 매일 밤 전화해 연애 아닌 연애 사건이 어떻게

진실과 아름다움

진행되는지 들었다. 두 사람은 서로의 품에서 알몸으로 순결하게 잠만 자는 데까지 이르렀다. 그러다 9월의 첫날, 화가는 여름 캠프를 떠났다. 여자친구를 두고 바람을 피우지 않았다는 데 행복해하며. 그리고 남겨진 루시는 여섯 달 동안 그 사람 때문에 울었다.

루시와 나의 계획은 같은 시기에 같은 펠로십을 받는 것이었지만 그렇게 된 적은 한 번도 없었다. 같은 펠로십에 뽑혔을 때라도 우리의 행운에는 항상 시간차가 있었다. 내가 래드클리프대학 번팅 펠로십의 최종 후보였을 때 루시는 프로빈스타운 순수예술창작센터 펠로십의 후보였다. 루시가 번팅 펠로십을 받고 이 년 후에 나도 받았다. 내가 프로빈스타운 펠로십을 받고 이 년 후에 루시도 받았다.

번팅 연구소에서 루시는 생활비와 작업실을 제공받았다. 교류할 수 있는 엄청나게 똑똑한 여자들도 주변에 있었다. 비록 낮 시간에 같이 영화를 보러 가기엔 그들이 언제나 작업하느라 너무 바쁘다고 루시가 불평하긴 했지만 말이다. 홀로 글쓰는 일이라면 애버딘에서 충분히 했다. 이제 루시는 사람들과 같이 나가 점심을 먹고 싶었다. 친구들이 주변에 가득하길 바라는 욕구가 엄청나게 커서, 아는 이들 중 보스턴에 발을 디딘 한 사람 한 사람을 부지런히 추적했다. 루시의 편지는 그날 누구에게 전화했는지, 누가 아직도 전화에 응답하지 않았는지, 누구와 즐거운 대화를 나눴는지에 관한 이야기로 채워졌다. 스코틀랜드에 있을 때 외로움은 그곳의 비만큼이나 넘쳐흘렀고, 루시는 그런 외로움 속에서 자신을 다잡아야 했다. 딱히 다른 방도가 없었기 때문이다. 하지만 케임브리지에서는 한순간도 혼자 있으려 하지 않았다. 루시는 아파트에서 나와 하우스메이트를 구하기로 했다. 또한 야도에서 했던 결정을 실행하기로 하고 상담사를 찾아갔다.

어제 그 심리상담사와 보낸 시간은 굉장히 흥미로웠어. 이 상담사가 나를 오래 봐주지는 못할 거래. 시스템이 그렇게 되어 있다나. 그렇지만 내가 정기적으로 상담할 수 있는 사람을 찾아보겠다고 했어. 사람들이 상담에서 경험한다고 하지만 내겐 언제나 약간 의심스러웠던 그런 일을 어제 겪었다. 압도적인 통찰을 얻었다기보다는, 알고 있었지만 그 중요성에 주목한 적은 없었던 사실을 확인했지. 내가 같이 잔 남자 90퍼센트와 자고 난 다음 거의 바로 친구가 된다는 거야. 관계를 다른 쪽으로 발전시키려 하지 않고 말이지. 이 사실을 언급하며 상담사와 나는 부정적인 자존감 문제를 짚어봤는데, 상담사가 놀라운 말을 해주었어. 내가 그런 부정적인 사고를 멈출 수 있다고. 자신에 대해 항상 그처럼 안 좋게 느낄 필요가 없다고. 야도에서 마이클 라이언이 해준 이야기가 떠올라서 상담사의 그 말이 더욱 인상 깊었어. 마이클은 평생 거울을 들여다보며 자신을 미워했지만 이제 더는 그러지 않는대. 마이클이 그랬듯 어제 상담사가 간단하게 "네, 우린 이 문제를 해결할 수 있어요"라고 단언하는데 어리벙벙해지더라. 마치 그게 감염이라든지 썩은 치아 같은 문제인 양 말하더라고. 문제를 객관화했다는 것이 놀랍고, 그 문제를 내가 고칠 수 있는 무언가로 여긴다는 점이 마음에 들어. 물론 내가 해낼 수 있을 거라고는 믿지 않지만. 그리고 마이클과 그 상담사에 따르면, 내가 안 믿는다는 게 문제의 일부이자 진정한 증상이래. 흥미롭다. 정말 흥미로워.

케임브리지에서 전화 통화를 하고 점심 약속을 잡으며 시간을 보내던 루시에게 대학원 친구였던 퍼트리샤 포스터가 에세이 한 편을 써달라고 청했다. 퍼트리샤가 편집하는 『몸을 생각하다: 몸과 영혼에 관한 여성 작가들의 에세이』라는 책에 실릴 글이었다. 루시가 기다려온 바로 그 기회였다. 루시는 그간 작업한 반자전적인 단편을 자전적인 에세이로 고쳐썼다. 자신에 관한 논픽션이었다. 암, 고통, 화학요법치료, 괴롭힘, 갈망, 수치에 관한 글이었다. 일 년에 하룻밤은 세상의 다른 아이들처럼 평범하게 돌아다닐 수 있는 자유, 핼러윈 가면이 주는 멋진 자유에 관한 글이었다. 얼굴을 비추는 표면이 가득한 세상에서 느끼는 끔찍한 억압에 관한 글이었다. 나는 켄터키주 머리에 있는 집 식탁에 앉아 원고를 읽었다. 루시가 땅에 칼을 꽂아넣자 땅이 갈라지며 다이아몬드 광산이 드러난 것 같았다. 놀라운 글이었다. 루시의 가장 잘 쓴 시보다도 더 좋았다. 루시는 자기 이야기를 찾아냈을 뿐 아니라 산문이 허용하는 표현의 모든 가능성까지도 찾아냈다. 루시의 인생은 더이상 무언가의 은유가 아니라, 루시라는 사람이 그렇듯 그 자체로 강렬하며 자석처럼 끌어당기는 힘이 있는 서사였다. 어린 시절부터 그토록 많은 시간을 자기 얼굴에서 사람들의 관심을 돌리고자 애쓰며 보냈지만, 이제 루시는 자신의 턱, 유년, 굴욕에 곧장 빛을 비추었다. 루시를 완전히 다른 방향으로 인도할 결단이었다.

선집에 싣기 위해 쓴 에세이였기 때문에 루시는 먼저 잡지에 그 글을 실을 기회가 있었다.『하퍼스』에서 에세이를 실어주었다.『하퍼스』는 루시가 첫번째로 선택한—당시엔 누구라도 그 지면을 첫번째로 선택했을 것이다—게재 지면이었다. 그 에세이로 루시는 전미잡지상을 수상한다. 복잡하고도 강렬한 인생의 전체상을 너무도 명료하게 그려낸 그 글로 루시에게는 에이전트가 생겼고, 에이전트는 호턴 미플린 출판사와 출판계약을 성사시켰다. 그런 다음 루시는 마침내 그토록 오랫동안 원했던 프로빈스타운 순수예술창작센터 펠로십을 따냈다. 이듬해에 루시에겐 갈 곳이 있고 쓸 책이 있었다. 루시 그릴리가 드디어 영광의 순간을 맞이한 것이다.

그리고 루시는 내게 엄청 화가 나 있었다. 나는 1991년 11월에 켄터키주 머리로 이사했고, 거기서 1월부터 시작해 한 학기 동안 가르칠 예정이었다. 도착한 첫날 밤에 마크 레빈이라는 사람이 내 사무실에 들러 내가 짐을 푸는 동안 자기소개를 했다. 마크는 시를 가르치고 나와 같은 층에 있는 사무실을 쓸 것이었다. 머리는 별다른 일이 일어나지 않는 곳이었다. 주류 판매 규제가 있는 카운티로, 월마트, 데어리 퀸, 그리고 정말 맛있는 도넛 가게가 하나 있었다. 그래서 영문학과에 새로 온 여자 선생은 학과의 다른 구성원들에게 꽤나 큰 흥밋거리였다. 마크는 내가 아이오와를 떠난 후에 거기서 공부했고, 그래서 우리 둘은 정작 한 번도 만난 적이 없음에도 공통의 지인이 많았다. 내가 책을 꺼내 책장에 꽂는 동안 마크는 바닥에 앉은 채로 이야기하며 몇 시간을 있다가 갔다. 얼마 지나지 않아 나는 시인과 데이트하는 사이가 되었다.

"안 돼." 루시가 말했다.

"허락을 구하는 게 아닌데."

"시인이랑 데이트하면 안 돼."

루시는 마크를 만난 적이 없지만 마크라는 사람의 존재 자체를 싫어했다. 마크는 아이오와에서 루시가 원했지만 받지 못한 이런저런 상을 탔다. 영향력 있는 뛰어난 시인인 조리 그레이엄이 가장 아끼던 학생이었다. 반면 루시는 아이오와에 있는 동안 조리에게 사랑받고자 굉장히 애썼지만 관심을 받은 적은 드물었다. 아이오와에 있던 기간이 서로 겹치지 않고, 어쨌거나 이미 수년 전의 일임에도 루시는 마크를 직접적인 경쟁자로 여겼다. 마크가 『뉴요커』에 시를 실은 적이 있는데, 루시의 마음속에서 그건 자기 몫이 될 운명이었던 지면을 차지한 것이었다.

"그 사람 시가 내 시보다 더 좋아?"

"루시, 그건 미친 소리야! 이제 막 데이트하기 시작했다고."

"그 사람이 나보다 더 훌륭한 시인 같아?"

나는 이사온 아파트의 계단 꼭대기에 불도 켜지 않은 채 앉아 있었다. 벽에 기대어 수화기를 이마에 두드렸다. "그 사람 시는 몇 편밖에 안 읽어봤어."

"그러니까 그 사람이 더 낫다는 거구나." 루시는 모든 걸 시합으로 만들었고, 그게 아니라고 해도 소용이 없었다.

"물론 그가 낫다고 생각하지 않아. 네가 더 낫다고 생각해."

"날 더 사랑해?"

"물론 널 더 사랑하지. 여러 사람을 동시에, 그리고 각기 다른 방식으로 사랑하는 게 분명 가능하다고 믿지만 말이야. 그래도 이런저런 상황을 고려하지 않고 곧바로 사랑만을 비교한다면, 그래, 네가 명백하게 이기지. 널 더 사랑해. 사실 난 마크를 사랑하지도 않아. 겨우 이 주 동안 데이트했을 뿐이라고."

"나도 너 사랑해." 루시가 말했다. 그러나 처량한 목소리였다.

루시는 하루에 서너 번씩 전화했다. 전화를 거는 목적은 오직 하나, 내가 켄터키주 어딘가에서 수업 네 개를 진행하고 학생들이 제출한 과제에 산 채로 파묻히는 와중에 루시의 인생을 망치고 있다는 사실을 일깨워주기 위해서였다.

"난 완전히 혼자야." 루시는 이렇게 시작하곤 했다.

주방 싱크대 앞에 서 있던 나는 감자와 감자칼을 내려놓고 다시 한번 입씨름할 준비를 하며 말했다. "넌 혼자가 아냐. 케임브리지에 친구가 잔뜩 있잖아. 매일 밤 외출하잖아."

"난 남자친구가 없어. 아무도 날 사랑하지 않아."

"세상에, 루시, 내가 널 사랑해. 모두가 널 사랑해."

"그건 같은 게 아냐. 넌 이해 못해."

나는 이해하지 못할 터였다. 시인을 만나고 있고, 따라서 궁극적인 배신행위를 저지르고 있으니까.

"내 말 들어봐, 친구야. 넌 지금 모든 게 잘되고 있어. 네 글이 『하퍼스』에 곧 실릴 거고, 세상에서 제일 좋은 펠로십도 받아서 케임브리지에 살고 있지. 나는 켄터키 한구석에서 뼈빠지게 강의를 하고 있다고. 그런데 왜 내가 네 기운을 북돋아주는 쪽이어야 해?"

"너는 남자친구가 있잖아. 책도 나올 거고."

"너도 출판계약을 했잖아! 내 책이 나온다고 네가 기분 상해하면 안 되지. 너도 곧 책을 낼 거니까."

"한 단어도 안 썼는걸. 그냥 머릿속에 맴돌고만 있어. 실제로는 한 글자도 쓰지 않는다는 사실에 죄책감을 느끼며 평생을 살아왔어. 네 책은 전부 완성됐지. 넌 걱정할 게 없잖아."

"그럼 쓰기 시작해." 나는 말했다. "하루에 한 페이지. 애버딘에 있을 때는 매일 썼잖아. 전에 한 번도 글을 쓴 적이 없는데 출판계약을 한 게 아니잖아."

그러자 전화기 너머로 루시가 울먹이는 소리가 들렸다. 루시는 훌쩍이고 목이 메었는데, 그 슬픔은 진짜였다. "내가 다시 섹스할 수 있을까?" 루시가 말했다.

"아마 오늘밤," 내가 말했다. "아마 나보다 먼저."

두세 시간 후에 루시가 다시 전화를 걸면 우리는 똑같은 대화를 전부 반복했다.

당시 내게 행복한 일이 많았던 건 사실이지만, 루시도 마찬가지였다. 꿈꿔온 그 많은 일이 이루어졌는데도 왜 나에게 그렇게나 불행과 비참을 내보이는지 이해할 수 없었다. 루시는 스코틀랜드를 떠났고, 얼굴도 아주 좋아졌고, 래드클리프에서 중요한 펠로십을 받았고, 출판계약도 했고, 주변에 헌신적인 친구도 많았다. 남자친구가 없는 건 사실이었지만, 그것이 다른 모든 걸 무의미하게 만들 정도의 일은 아니었다. 루시가 사실은 꽤 잘 지내고 있을지도 모른다는 생각이 당연히 들었다. 하지만 그런 생각을 하는 건 내가 우리 우정을 배신하며 저지른 극악무도한 잘못—시인을 만나는 것—에 면죄부를 주는 꼴이 될 것이었다.

2월에 세라로런스대학에서 낭독회를 하기 위해 뉴욕에 갈 예정이어서 루시에게 만나자고 했다. 루시는 마지못해 그러겠다고 했다. 루시가 막상 와서도 나와 말을 안 할 수도 있다고 생각했다. 하지만 시도는 해봐야 했다.

루시가 매년 겪는 듯 보이는 엄청난 변화를 보통 사람이 감당하려면 거의 평생이 걸릴 것이다. 변화를 견디는 그 능력은 수술을 받지 않을 때에도 계속 뒤바뀌는 루시의 신체적 자아에서 나오는지도 모른다. 그러나 계속 바뀌는 건 루시의 얼굴만이 아니었다. 나는 대학 시절 루시의 수줍음 많고 침착한 모습을 알았고, 아이오와에서의 당돌하고 제임스 딘처럼 터프한 모습을 알았고, 그후엔 하이힐을 신고 몸에 딱 맞는 검은 칵테일드레스를 입은 모습을 알았다. 세상에서 최고로 착한 아이처럼 다정하고 사랑스러울 때도 있고 최악의 십대 청소년처럼 마구잡이로 거칠게 구는 때도 있었다. 루시는 자신이 어떤 사람이 될지를, 삶에 대한 철학과 태도를 끊임없이 고민했다. 이번에 만났을 때 루시는 완전히 새로운 단계의 초입에 있었다.

루시는 막 유명해지기 시작한 참이었다. 어깨 위로 자신감이 은은하게 빛났다. 많은 이들이 어울리고 싶어하는 사람에게서 나오는 광휘였다. 루시는 선인세로 구입한 빨간색 사브 자동차를 몰고 왔으며 예술적으로 빈티지 느낌이 나는 가죽 재킷을 입고 있었다. 마치 내가 대단히 중요한 회의 중간에 자신을 불러냈다는 양 약간 분주하고 산만한 모습이었다. 루시는 다정하면서도 거리감을 보이며 감정이 여전히 상해 있다는 걸 분명히 했다. 여기 오는 것이 자기 시간을 들일 가치가 있는 일인지 그다지 확신하지 못하는 것 같았다.

"차가 막혀서." 루시는 시선을 돌리며 늦게 도착한 이유를 설명했다. 그날 나는 세라로런스에서 강의 두 개를 하고, 낭독회를 하고, 내게 변함없이 친절한 예전 선생님들을 만났다. 돌아와서 정말 좋았다. 그리고 이제 루시와 나는 우리 두 사람의 시작이었던 이 장소에 함께 있었다. 하지만 캠퍼스를 걸을 때 우리는 어색했다. 바람은 차디찼으며, 추억을 떠올리는 것만으로는 저녁 시간을 보내기에 충분치 않았다.

영화를 본 다음 대학 시절엔 갈 수 없었던 멋진 레스토랑에 가자고 루시가 제안했다. 함께 있을 수 있는 시간이 하룻밤뿐인데 컴컴한 영화관 안에 가만히 앉아 있는 건 아깝다고 생각했지만, 그게 아니라면 마음속에 할말을 담아둔 채 이리저리 돌아다니는 수밖에 없었다. 루시가 하자는 대로 하는 게 나았다. 우리는 차를 타고 그리 멀지 않은 브롱크스빌 시내로 나가서 데이비드 마멧의 희곡을 영화화한 〈글렌개리 글렌 로스〉를 보았다.

그 영화는 공포영화로 분류됐어야 했다. 세일즈맨들이 형편없는 일자리를 지키기 위해 갖은 애를 쓰고 애걸하고 거짓말을 하는 동안 루시와 나는 서로에게 몸을 붙였다. 그들 삶의 절망이 우리 목까지 차올랐다. 우리는 손을 잡았다. 상사가 세일즈맨들을 질책할 때 눈을 감았다. 영화관 불이 다시 켜졌을 때 우리는 땀을 흘리며 기진했고, 어찌된 일인지는 모르겠으나 다시 예전의 우리가 되었다. 서로 얘기를 나눌 수 있었다. 레스토랑에 가서 와인 두 잔을 주문한 후에도 우리는 여전히 몸서리를 쳤다.

"세상에," 루시가 말했다. "만일 우리가 작가가 아니었다면? 저렇게 일해야 했다면?"

"나는 살아남지 못했을 거야." 내가 세일즈 일을 하게 될 확률은 격투기 선수가 될 확률과 비슷했다.

"하지만 만일 자식이 있다면? 부양해야 하는 남편이 있다면? 그 사람들과 같은 상황에 있는데 벗어날 수 없다면?" 루시는 손바닥 아래쪽으로 눈을 눌렀다. "만일 내가 해내지 못한다면?"

"나는 네가 이미 해냈다고 생각해."

"이 책을 써낸다면 말이지. 쓰고 난 다음 그걸 읽고 싶어하는 사람들이 있다면 말이지."

"당연히 읽고 싶어할 거야. 책을 쓰는 일에 관해서라면, 네가 지금 당장 써야 한다고 생각해. 그렇지 않으면 호턴 미플린 출판사에 큰돈을 빚지게 될 테니까." 나는 빨간색 사브를 생각했다. 그 차를 되파는 일은 없을 거라는 강한 예감이 들었다.

그날 밤 우리는 세라로런스 방문객에게 방을 빌려주는 여자의 집에 가서 잤다. 십 년도 더 전에 내가 처음으로 대학 방문을 위해 올라왔을 때 머물렀던 바로 그 방이었다. 루시와 나는 각자 작은 트윈 베드로 들어갔고, 나는 우리 사이에 놓인 전등을 껐다.

"이제 그만 화내." 어둠 속에서 내가 말했다.

루시는 한참 동안 말이 없었다. "그 사람 싫어." 루시가 말했다.

"만나본 적도 없잖아. 만나보고 정말로 싫어하게 되더라도, 아니 그런 일은 없을 테지만, 그냥 내가 행복하니까 같이 행복할 순 없어?"

"내가 시인이었으면 좋겠어."

"넌 시인이야. 다만 지금은 다른 글을 쓰고 있을 뿐이지. 지금 너는 '곧 유명해질 회고록 작가'야."

"끔찍한 단어다."

우리는 한참을 조용히 있었다. 루시가 잠들었다고 생각했다. 낡고 얇은 커튼이 달린 창 너머로 가로등 불빛이 들어와 침대에 누운 루시의 자그마한 윤곽을 비추었다. "좋아." 마침내 루시가 말했다.

"뭐가 좋아?"

"이제 더는 화내지 않을게."

9장

 살면서 루시만큼 글쓰기 자체를 즐기지 못하는 작가를 본 적이 없다. 이 말은 꽤나 의미심장한데, 내가 아는 거의 모든 작가가 기본적으로 어느 정도 두려움을 안고 괴로워하며 책상에 앉기 때문이다. 1992년 가을, 루시는 진지하고 성실한 마음가짐으로 프로빈스타운 순수예술창작센터 펠로십을 시작했다. 매일 글을 쓸 것이었다. 헬스클럽에 다닐 것이었다. 조용한 성찰의 삶을 살 것이었다. 『하퍼스』에 실린 에세이를 썼음에도 루시는 자신이 일 년을 허비한 채 번팅 연구소를 떠난다고 느꼈다(루시를 변호하자면, 나 자신을 포함해 번팅에서 한 해를 보낸 적 있는 내가 아는 모든 사람이 끝에 가서는 어느 정도 시간을 허비했다고 느꼈다). 프로빈스타운에서는 모든 징후가 성공을 가리켰다. 출판계약을 했고, 지켜야 하는 마감일이 있었으며, 루시는 뭔가를 완성하기 위해 마감일의 압박이 있어야만 하는 사람이었다. 또한 세라로런스에서 루시가 가장 좋아했던 시 교수인 존 스코일스가 이제 순수예술창작센터의 디렉터였고, 내 친구 엘리자베스가 이 년 차 펠로십을 위해 돌아와 있었다. 그러니 루시는 거기 가기도 전에 이미 두 명의 친구를 둔 셈이었다. 창작센터에 도착해서 루시는 소설로 펠로십을 받은 조이 놀런도 만나는데, 조이는 루시 인생에서 가장 소중한 친구이자 지원군이 된다.

겨울의 프로빈스타운은 휑하다. 거의 모든 상점과 식당이 문을 닫고 거리에는 최소한의 사람만 남는다. 갑자기 텅 비어버린 커머셜 스트리트에 찬바람이 휘몰아치는 동안 남은 사람 대부분은 틀어박혀 그림을 그리고 글을 쓴다. 뒷주머니에 선인세를 꽂은 루시는 주변 사람들의 기준으로는 부자였다. 루시는 입주자의 출입이 쉽게 파악되는 창작센터 소유의 거주지에서 나가기로 했다. 그 대신 펠로십에서 나오는 돈보다 50달러를 더 내고 만이 바로 내려다보이는 아파트를 빌렸다. 높고 좁은 목재 건물로, 폭풍이 지나갈 때마다 건물 전체가 떨리고 흔들렸다. 사브 자동차, 멋진 바다 전망, 친구, 출판계약을 거머쥔 루시는 갑자기 화려한 삶을 살게 되었다.

하지만 집에 머물며 글을 쓰려고 아무리 노력해도 루시에게는 혼자 있기라는 단순한 행위가 거의 불가능했다. 루시는 일년 내내 문을 여는 몇 안 되는 바 중 하나인 거버너 브래드퍼드에 자주 갔다. 거기서 오후에 당구도 치고, 써야 하는 책이 있다는 압박하에 산다는 것이 얼마나 힘든지 한탄도 했다. 친구들에게 맥주를 사고 주크박스에서 노래를 틀었다. 밤에는 조이와 함께 춤을 췄는데, 잘생긴 게이 남성이 주 고객인 클럽을 선호했다. 루시는 게이 바에서 춤추는 걸 정말 좋아했다. 거기서는 무시당한다고 해도 쉬운 변명거리가 있었다. 게다가 루시는 춤을 너무 잘 춰서 무시당하는 때가 거의 없기도 했다. 사람들과 친해지기가 굉장히 어려웠던 애버딘이나 다른 번팅 펠로들이 대부분 바빴던 케임브리지에서와는 달리 프로빈스타운의 겨울 동안엔 어울려 놀 사람이 언제나 있었다.

그러나 모든 관광객이 떠나고 해변이 텅 빈 프로빈스타운에서 루시는 새로 찾아낸 심심풀이 몇 가지 외에는 할일이 없었다. 모든 골목, 모든 바와 클럽, 모든 바텐더를 빠삭하게 알게 되었다. 케이프코드 끝자락에서 보내는 겨울날은 숨막히도록 길었다. 매시간에 오십 분이 더 추가된 듯했다. 책임질 일도 없고 가야 할 곳도 없었다. 계속 내리는 잿빛 부슬비뿐. 루시와 조이는 차에 올라 끊임없이 모험을 찾아 떠났다. 이 순간을 이전 순간, 그리고 다가올 순간과 다르게 만들어줄 수만 있다면 그 무엇이라도 좋았다. 한번은 두 사람이 웰플리트에서 돌아오는 길에 노스트루로센터 한가운데에서 돌아다니는 말 한 마리를 발견했다. 꽤 애를 쓴 끝에 루시가 말을 붙잡았고, 그런 다음엔 주인을 찾을 때까지 말의 고삐를 붙잡고 집집마다 돌아다녔다. 루시는 이 이야기를 좋아해서 몇 번이고 되풀이했다. "루시는 진짜 신이 났었지." 조이가 말했다. "자신이 영웅이 되어야 하는데 마침 거기 말이 있었거든."

그곳에서의 날들이 전부 바와 말로만 채워졌다는 뜻은 아니다. 루시는 글을 썼다. 그러나 글은 짤막하게만 솟을 뿐 루시가 원하는 페이지 수에 도달할 만큼 충분하게 나오지 않았다. 2월에 루시는 '축하합니다, 펠로십 기간 절반을 낭비하셨습니다' 파티를 열었다. 모두가 루시의 아파트에 와서 춤추며 즐거운 시간을 보냈다.

하지만 글쓰기나 매일 똑같은 일상보다도 루시의 시간을 더 많이 차지한 건 사랑이었다. 루시는 자신에게 마음이 있으면서도 주저하는 어느 화가에게 빠졌다. 그 남자는 루시에게 관심이 있었고, 두 사람은 몇 번 같이 잤지만, 그는 자신이 무엇을 원하는지 확신하지 못해 이제는 그냥 친구로 지내는 게 좋을지도 모른다고 생각했다. 루시가 남자 때문에 마음 아파하는 걸 전에도 본 적이 있지만, 이번에는 완전히 달랐다. 그저 누군가가 자신을 사랑하지 않아서 마음이 아픈 게 아니라 루시가 처음으로 누군가를 정말로 사랑하는 것 같았다. 프로빈스타운에 전화할 때마다 루시는 울었다.

"난 못생겼어." 루시가 말했다.

"넌 못생기지 않았어."

"난 못생겼고 평생 혼자일 거야."

"내 말 들어봐, 친구야. 넌 지금 힘든 일을 겪고 있어. 정말 힘들겠지. 하지만 그게 네 미래를 단정하진 않아. 이 남자랑 잘 안 됐다는 게 네가 못생겼고 영원히 혼자일 거라는 뜻은 아냐."

전화기 너머에서 루시는 울고 또 울었다. 나는 수화기를 쥔 채 루시가 나와의 대화로 돌아오길 기다렸다. "지쳤어." 루시가 마침내 말했다. "더는 혼자이고 싶지 않아."

멀리 떨어진 곳에 있는 나는 들어주는 것 외에 할 수 있는 일이 없었다. 마크와 함께 몬태나로 이사한 참이었다. 마크가 거기서 강사직을 얻었고 나도 곧 강사 일을 시작할 것이었다.

지난밤 네가 전화해서 몬태나로 가지 않고 프로빈스타운으로 오겠다고 말하는 꿈을 꿨어. 너무 행복했어. 꿈이 너무도 현실 같아서 진짜 현실이 아닐까 생각하며 오전의 반을 보냈어.

애버딘과 똑같은 상황은 아니라고 나는 혼잣속으로 말했다. 루시는 혼자가 아니었다. 조이와 엘리자베스가 있고 수십 명

진실과 아름다움

의 친구가 있었다. 시내의 아무 커피숍이나 들어가도 아는 사람을 만날 수 있었다. 함께 이야기를 나누고, 루시가 우는 동안 머리를 쓰다듬어주고, 루시가 전부 다 털어낸 다음 A-하우스로 춤추러 가게 해줄 사람들이 있었다. 하지만 나도 프로빈스타운에서 지내봤다. 그곳 겨울이 얼마나 길게 느껴질 수 있는지 알았다.

봄에도 루시는 여전히 상심한 채였다. 펠로십이 거의 끝나가고 책 마감일이 지났지만 완성 근처에도 가지 못한 상태였다. 여름 시즌의 과도한 기준에 맞춰 임대료가 치솟았음에도 루시는 시끌벅적한 프로빈스타운의 여름까지 머물기 위해 아파트 임대 기간을 연장했다. 여름이면 프로빈스타운은 완전히 달라졌다. 날이 따뜻해지자마자 십만 명의 사람들이 메뚜기떼처럼 쏟아져들어왔다. 드래그 퀸, 롤러블레이더, 레즈비언 바이커가 유아차를 미는 햇볕에 탄 관광객과 함께 좁은 길을 메웠다. 모든 상점과 식당과 미술 갤러리가 개장해서 한밤중까지 문을 열었다. 마치 마르디 그라 축제* 같은 분위기가 가득한 가운데, 루시는 드디어 본격적으로 작업에 뛰어들어 회고

---

* 기독교의 사순절 직전에 열리는 축제. 퍼레이드와 길거리 공연 등 화려하고 시끌벅적한 이벤트가 열린다.

록의 남은 백여 페이지를 폭발하듯 써냈다. 그뒤로 루시는 늘 그게 자신이 일을 가장 잘할 수 있는 방식이라고 생각했다. 주어진 대부분의 시간 동안 거의 못 쓰다가 마지막 순간에 영웅적으로 해내는 것. "그렇게 내 책을 썼지." 자기 방식이 통한다는 증거라면서 루시는 말하곤 했다.

루시 말은 물론 옳았다. 그 방식은 통했다. 하지만 개미 같은 사람인 나는 철망 아래로 무언가를 간신히 밀어넣었을 때 느끼는 기쁨 같은 건 절대 이해하지 못했다. 나는 내 두번째 소설을 조금씩 조각하며 서부에서 겨울을 보냈다. 늘 해왔듯 일정한 속도로 페이지를 쌓아갔다. 우리 둘의 책은 거의 동시에 나왔다. 그러나 루시의 책에는 언제나 이야기가 따라붙어서 그 책을 숨막히도록 멋지고 운좋고 마법처럼 보이게 한 반면, 내 책은 그냥 책이었다.

루시는 자신에게 할 이야기가 있다는 사실을 정말 좋아했다. 암과 뒤이은 모든 잔혹한 상황에서 생존한 경험을 주제로 훌륭한 책 한 권을 쓴 것으로는 충분치 않았다. 루시는 자신이 마법과도 같은 인생을 살았다는 아이디어를 철저히 고수했다. 아마 자기 이야기에서 마법이라는 것이 굉장히 부족했던 시기를 상쇄해 균형을 맞추는 방편이었는지도 모른다. 루시는 자신이 그냥 모든 일이 잘되는 사람, 운좋은 사람, 늘 딱 맞는 시간과 장소를 찾아내는 소수의 축복받은 이들 중 하나라고 언제나 믿고 싶어했다. 그리고 이 생각을 고수했기에 정말로 그런 일이 꽤 자주—루시가 원한 만큼 자주는 아니지만—일어났다. 서른번째 생일을 맞아(루시는 나이드는 것을 못 견뎌해서 이날이 오는 걸 두려워했다) 혼자 그리스로 가서 한 어부를 만났는데, 루시의 생일날 두 사람은 말 한마디 통하지 않으면서도 하루종일 어부의 보트에서 사랑을 나눴다. 분명, 루시의 인생이 마법 같다는 증거였다.

루시가 가장 좋아한 이야기 중 하나는 뉴욕에서 아파트를 구할 때 있었던 일이었다. 루시는 다른 모든 사람처럼 신문의 부동산란을 체크하고 부동산 중개인 몇 명과 통화하면서 온종일 집을 구하려고 애썼지만, 그 일에 진저리가 났다. 지나치게 비싼데다가 멋지지도 않은 집을 보고 그다음엔 패배자와 촌뜨기나 살 법한 집을 보며 도시 이쪽저쪽을 오가야 했다. 지치고 의기소침해진 루시는 한잔하면서 힘을 내기 위해 소호에 있는 스프링 스트리트 바에 들어갔다. 옆자리에 앉아 있던 나이가 좀 있는 남자는 잘생긴 편이었으나 약간 무너지고 헝클어진 유의 잘생김이었다. 손에 페인트가 묻은 것으로 봐서 예술가일 수도 있고 일용직 노동자일 수도 있었다. 무엇을 하는 사람이든지 간에 그 남자 역시 대낮에 힘이 나게 해줄 것이 필요했다. 남자는 스카치를 한 모금 삼키고 루시에게 어떤 하루를 보내고 있냐며 말을 걸었다. 루시는 대단히 자세하게 답했다.

남자는 고개를 끄덕였다. "아가씨가 들어올 만한 집이 있어요." 그가 말했다. "임대하려던 참이에요. 내일 광고를 내려고 했죠. 내 아파트 바로 옆이니까 우리 이웃이 될 수도 있겠네요."

루시는 이 남자가 정말로 아파트를 가지고 있는 것인지 아니면 그냥 자신을 꾀보려고 하는 말인지 알 수 없었지만, 만일 이것이 남자의 구애 방식이라면 남은 오후 시간을 같이 보내는 것도 그리 나쁘지 않을 것 같았다. 그 남자 스튜어트를 따라 모퉁이를 돌아서 머서 스트리트로 간 루시는 층계참을 두 번 지나 엄청 길게 이어지는 층계를 올라가서 스튜어트의 아파트 옆에 있는 아파트로 들어갔고, 거기서 오 년을 살았다. 아파트는 완벽했다. 그리고 아파트를 구한 이야기는 아파트보다 더 멋졌다.

나도 아파트를 구했다. 루시 아파트의 3분의 1 크기로 화려함 같은 건 비교가 어려울 정도로 없다시피 한 곳이었다. 털이 짧은 카펫으로 덮인 바닥에는 사람을 무는 자그만 개미가 왕국을 짓고 숨어 있었는데, 아무리 방제를 해도 없어지지 않았다. 나는 몬태나를 떠나 케임브리지로 왔다. 웨이트리스 시절에 거의 받을 뻔했지만 받지 못한 번팅 펠로십을 마침내 받았기 때문이다. 마크와 나는 대륙의 양편에 떨어져 살게 되자 꽤 빠르게 멀어졌고, 그렇게 내가 시인과 헤어져 동부 해안지대에 머물게 된 사실에 루시는 엄청나게 행복해했다. 루시와 나는 기차를 타고 보스턴과 뉴욕을 오가며 일이 주에 한 번씩 주말마다 만났다. 별일 아닌 일에도 세 시간을 들여 뉴욕에 가서 루시와 함께 있곤 했다. 펠로십 기간 동안 작업하겠다고 계획서에 적어 냈던 소설을 펠로십이 시작되기 일주일 전에 완성했다. 나는 앞으로 무엇을 할지 완전히 막막했다. 번팅 연구소에서 제공하는 무수한 특전 중에는 어떤 수업이든 청강할 수 있는 권한과 교수식당을 이용할 수 있는 혜택이 있었고, 나는 건축사 수업을 듣고 내 계좌로 청구되는 값비싼 점심을 느긋하게 즐겼다. 펠로 중 한 명인 음악사 연구자와 함께 매일 블로젯 수영장*에 갔다. 내 일상에서 가장 규칙적으로 한 일이다. 수영장 양단을 헤엄쳐 오가며 내가 수영 부문에서 명망 높은 펠로십을 받았다고 공상했다.

당연히 나는 모든 걸 내던지고 뉴욕에 가곤 했다. 사실 내던질 것도 없었다.

때로는 매주 루시를 보러 갔다. 그러나 뉴욕에 가는 게 루시 때문만은 아니었다. 마크 레빈이 그 전해에 와이팅상을 받았을 때 나는 시상식에서 어떤 남자를 만났다. 기억에 남지도 않

---

* 하버드대학에 있는 실내 수영장.

은 일이었는데, 그 남자가 몇 달 후 편지를 보내왔다. 내가 대단히 인상적이어서 소설을 찾아 읽어봤으며, 정말 특별한 소설이라고 생각했다는 것이다. 그는 보스턴에 있던 나에게 맨해튼으로 와달라고 했다. 로토스 클럽에서 점심을 같이하며 내 미래를 의논하자면서. 당시 나는 내 미래라는 주제에 엄청난 관심을 쏟고 있었고, 그래서 갔다. 게다가 그 사람은 내 생각에 대단히 흥미로운 일을 하고 있었다. 바로 자선사업 고문이었다. 그는 누구에게 기부해야 하는지 부자들에게 말해주는 일로 돈을 벌었다.

일단 그 남자를 만나면 시상식에서 봤던 기억이 돌아올 거라고 생각했지만 그렇지 않았다. 처음 보는 사람이었다. 같이 있기에 굉장히 즐거운 사람이기는 했다. 그가 크래브 케이크*를 주문하면서 말하길, 내가 알레르기나 종교적인 이유로 갑각류를 피하지 않는다면—나는 피하지 않았다—꼭 먹어봐야 하는 음식이라고 했다. 우리는 클럽 지하에 있는 좀더 편안한 분위기의 레스토랑에 있었다. 나무 패널이 둘러져 있고 나체 여성의 유화로만 장식된 굉장히 사적인 공간이었다. 꽤 괜찮은 그림들이었지만, 바다 풍경 그림이 한두 점쯤 있다면 분위기가 좀더 산뜻해질 거라고 생각했다.

---

* 게살에 빵가루, 우유, 계란 등을 더해 반죽한 뒤 동그랗게 굽거나 튀긴 요리.

그 자선사업 고문은 육십대 중반의 남성으로, 친근하고 소탈한 느낌에 에르메스 넥타이를 매고 있었다. 크래브 케이크가 테이블에 나오기도 전에 그는 본론을 꺼냈다. "작가님이 다시는 돈 걱정 할 일이 없어야 한다고 생각합니다." 남자가 말했다.

"좋은 생각이네요." 내가 말했다.

"작가님 같은 재능이라면—" 그는 눈을 감고 고개를 저었다. "보호받고 보살핌을 받아야 해요. 청구서 때문에 마음이 어지러워져서는 안 됩니다. 자유롭게 작업할 수 있어야 해요."

"저는 지금 꽤 자유로워요." 나는 말했다. 번팅 펠로십으로 받는 돈이 이제껏 벌어본 것 중 가장 큰 돈이어서 평생 처음으로 값이 싼 낮 공연만 찾아 다닐 필요가 없어졌다.

"작가님은 내년에 와이팅상을 탈 겁니다." 그가 말했다. "정해진 일이죠. 심사위원단을 알아요. 크게 잘못되는 일이 없는 한 그 상을 탈 거라고 생각합니다."

속에서 새어나오는 작은 흥분의 소리를 억누르고자 와인을 한 모금 마셨다. 와이팅상의 상금은 3만 달러였다. 그건 대단한 일이었다.

"하지만 재량 기금도 있답니다." 손끝을 맞대고 손을 모으며 그가 말했다. "제 재량이죠. 바로 오늘 오후에 만 달러 수표를 써드릴 수 있어요. 그러면 와이팅상 수상 자격을 상실하겠지만, 만 달러면 작가님이 당분간 아무 걱정도 할 필요가 없다는 뜻이죠."

"저 걱정 없는데요." 나는 말했다. "돈은 충분해요."

"내 사무실로 갑시다." 그가 말했다. "수표를 써줄게요."

어릴 적에 아파서 학교에 가지 않고 어머니 침대에 누워 게임쇼를 봤던 일이 생각났다. 〈우리 거래합시다〉*에서 핵심 딜레마는 큰 것을 얻으려면 이미 갖고 있는 작은 것을 걸어야 한다는 것이었다. 모든 것이 따져봐야 하는 위험 요소였다. 물론 쇼 진행자의 관심을 끌기 위해 다람쥐나 변기 코스튬을 입는 수모를 겪어야 한다는 문제도 있었다.

"내가 와이팅상을 받게 되는지 기다려볼래요." 나는 말했다.

남자는 마치 내가 첫번째 테스트를 통과했다는 양 나를 향해 미소 지었다. "똑똑하시군요." 그가 말했고, 나는 그가 날 자랑스러워하는 것 같아 기분이 좋았다.

그 자선사업 고문은 내가 천재이며 미국의 독창적인 인재라고 했다. 나 같은 사람은 만나본 적이 없다고 했다. 그는 내 천재성을 위해 평생 제공될 기금을 마련할 계획을 세우고 싶어 했을 뿐 아니라 내가 그의 인재발굴단이 되길 원했다. 누가 펠

---

* 1963년부터 2003년까지 방송된 TV 게임쇼. 참가자들은 제안된 상품을 그냥 받거나 미지의 상품과 교환할 수 있다.

진실과 아름다움

로십을 받을 만한지, 어떤 기관과 연구소로 돈이 잔뜩 들어갔으면 하는지, 다음주에 점심을 같이하러 뉴욕에 다시 올 수 있는지 내 의견을 구하고자 했다.

오로지 내 일만 관련되었다면 그 게임을 좀더 일찍 눈치챘을 거라고 생각하고 싶다. 하지만 내가 결단력 넘치는 스파이가 될 수 있다는 생각에 너무도 들떴다. 그다음주에 루시 집에 가방을 놓고 시내로 달려갔다. 주소록을 들고 로토스 클럽에 갔을 때 프런트 데스크의 매력적인 여성이 나를 기억하고는 말했다. "안녕하세요, 패칫 씨." 내겐 돈이 필요한 친구가 많았다. 집세를 내는 데 약간의 지원만 따른다면 중요한 작업을 해낼 수도 있을 그런 친구들이었다. 맛있는 니수아즈 샐러드*를 먹으며 친구들의 이름, 주소, 전화번호, 샘플 원고를 넘겼다. 루시, 에이드리언, 엘리자베스 이야기를 했다. 번팅 연구소에도 추가로 기금이 들어오면 좋지 않을까 싶어 연구소장과의 회의를 주선했다. 자선사업 고문은 퇴근 후 저녁에 전화를 걸어 자신의 메모를 나와 함께 검토했다. 내게 편지를 써서 아들과의 관계에서 겪는 문제를 털어놓았다. 나를 친구로 생각한다면서, 뜻밖에 친구가 생겨 기쁘다고 했다. 그는 외로웠고 나는 그를 이해했다. 그를 이해할 수 있어서 영광이라고 느꼈다.

---

* 프랑스 니스 지역의 전통적인 샐러드.

보스턴에 있던 어느 밤, 루시가 전화를 했다. "여기로 와줘." 루시가 말했다. "나 임신했어."

"오, 젠장." 나는 침대에 걸터앉으며 말했다.

"내가 임신할 수 있는지도 몰랐다."

"가임 여부를 알아내는 최악의 방법이구나. 피임이 잘 안 된 거야?"

"아냐, 그냥 사고였어." 당시 루시에겐 진지하게 사귀는 남자친구가 있었다. 자기 여자친구가 임신중지수술을 받으러 갈 때 기꺼이 동행할 다정한 남자였다.

"그 사람이 같이 안 간대?"

"너랑 같이 가고 싶어." 루시가 말했다. "무슨 일이 생겼을 때 네가 곁에 있으면 더 좋을 거야."

다음날 아침 일찍 기차를 타러 나가려는데 전화벨이 울렸다. "뉴욕에 와주었으면 좋겠어요." 자선사업 고문은 꽤 시급한 일이라는 투로 말했다. "오늘 와주었으면 해요."

사실 오늘 뉴욕에 간다고 그에게 말했다.

"나에게 말하지 않을 생각이었나요?"

"네. 친구를 만나러 가는 거니까요."

"당신 원고를 다 읽었어요." 그가 말했다. "우리는 이 책 이야기를 해야 해요." 내 두번째 소설이었다. 자선사업 고문은 원고를 몹시 읽고 싶어했는데, 너무도 안달을 해서 그의 평가에 내 운명이 상당 부분 달려 있는 것처럼 느껴질 정도였다. 출판사에서 출간 전 견본을 얻어 그에게 주었다. 나는 뉴욕에 도착하면 전화하겠다고 말했다.

내가 도착하자 루시는 다음날 아침에 수술 예약을 해두었다고 했다. 루시는 저녁 여섯시에 열리는 데니스 맥팔런드*의 출간 기념 파티에 가고 싶어했다. "거기서 만나자." 루시가 말했다. "멋진 사람이고 그 사람 아이들도 정말 멋져."

"나는 그 자선사업 고문을 만나야 해."

"아," 루시가 꿈꾸듯 말했다. "그 자선사업 고문 말이지. 네 재능 넘치는 친구 모두에 관해 이야기하기로 너 약속했다."

"전부 이야기했어."

"그 사람 만나서 한잔하렴. 그런 다음 우리 시내에서 만나자."

"나 데니스 맥팔런드 몰라." 나는 말했다. "내가 그 사람 출간 기념 파티에 불쑥 나타날 순 없지."

"불쑥 나타나는 게 아냐. 나랑 같이 가는 거지." 루시가 종이에 주소를 적어주었고, 우리는 여섯시에 만나기로 약속했다. 나는 자선사업 고문과 약속을 잡기 위해 전화했다.

---

* 미국의 소설가.

"센트럴파크의 북극곰 우리 앞에서 만나요." 그가 말했다. "보온병에 마티니를 담아 갈게요."

"뭐라고요?"

"북극곰 우리 앞이라고요."

"아니요." 가슴속에서 무언가 울적한 기운이 올라오는 걸 느끼며 내가 말했다. "나는 어퍼이스트사이드에 있어야 해요. 그냥 로토스 클럽에서 만나죠." 우리는 언제나 로토스 클럽에서 만났다.

"아뇨." 그가 재빨리 말했다. "거기는 바를 다시 칠하고 있어요. 폴로 클럽에 갑시다. 전에 가본 적 있나요?"

가본 적 없었다.

"좋아요." 그는 말했다. "마티니를 주문해둘게요."

내게 있었던 일은 드문 이야기도 아니고 심지어 흥미로운 이야기도 아니다. 그럼에도 이야기의 결말에 다다랐을 때 나는 큰 충격을 받았다. 오후 네시의 폴로 클럽에는 바텐더와 나를 기다리는 그 남자 말고는 아무도 없었다. 내가 다가가자 자선사업 고문이 내 입술에 키스했고, 나는 모든 게 끝났다는 걸 알았다. 그는 내 손을 잡고서 자신이 먹지도 자지도 못한다고, 내가 그의 평정과 행복을 깨뜨렸다고 했다. 우리가 영혼의 단짝임을 내 소설이 완벽하게 보여준다고 했다. 탄자니아에 가본 적이 있냐고 묻더니 나를 거기 데려가겠다고 했다. 바로 출발할 거라고, 아침에 떠날 거라고. 벽에 붙은 긴 의자에 앉아 있던 내가 옆 테이블 쪽으로 몸을 움직이자 그도 나를 따라 움직이며 내 팔을 잡았다. 내가 그에게 무슨 짓을 했는지 보이지 않느냐고, 그게 완전히 내 책임인 걸 모르겠냐고 했다.

"모르겠는데요." 나는 말했다.

그는 자신의 마티니를 마셨다. 내 마티니도 마시더니 두 잔을 더 주문했다. 마티니는 우리가 처음에 앉았던 테이블에서 두 자리 떨어진 테이블로 나왔는데, 내가 그 사람과 조금씩 거리를 벌릴 때마다 그도 조금씩 움직여 나를 따라왔기 때문이다. "탄자니아가 문제인가요? 아프리카에 가는 게 싫어요? 아프리카는 거기 계속 있을 테니 나중에 가도 돼요. 그럼 빈에 데려갈게요. 빈을 사랑한다고 했잖아요."

내가 일어서자 그는 나를 다시 앉혔다. "날 떠날 수 없어요. 그렇게 두지 않을 겁니다. 평생 당신을 따라다닐 거예요."

나는 미국의 독창적인 인재도 아니고 천재도 아니며 작가조차 아니었다. 그저 이야기를 잘 들어주는 적당히 예쁜 서른 살 여자였고, 그래서 다른 종류의 자선 활동을 했던 것이다. "화장실 갈래요." 나는 말했다. "당신이 나갈 때까지 거기 있을 거예요."

내가 일어났을 때 그는 얼굴이 붉어진 채 울었고, 우는 모습이 훨씬 더 나이들어 보였다. 나는 폴로 클럽 화장실 한 칸에 들어가 문을 잠그고 울었다. 그렇게나 지독하게 바보였다니, 바람이 잔뜩 들어서 내가 원하는 대로 일이 돌아갈 거라고 믿었다니. 한 시간이 넘도록 거기 있다가 나왔을 때 그는 가고 없었다.

공중전화에서 루시에게 전화를 걸었지만 받지 않았다. 만나기로 한 시간이 이십 분쯤 남은 참이었다. 출간 기념 파티에 나타나지 않으면 루시가 걱정할 터라 지갑에 넣어둔 쪽지의 주소를 확인하고 시내로 더 걸어들어갔다. 여전히 분노와 수치로 멍했다. 파티에 가서 이 일을 루시에게 귓속말로 전하고 조용히 빠져나올 생각이었다. 매디슨 애비뉴를 향해 서둘러 가며 그 자선사업 고문이라는 인간에게 들었던 후한 칭찬을 전부 떠올렸고, 사람이 얼마나 멍청하면 그런 말을 믿었을까 자책했다. 와이팅상 수상식에서 그 남자를 만났던 밤에 내가 입었던 드레스를, 이제 지원금을 받지 못하게 된 내 친구들을 떠올렸다. 루시! 내가 아는 바로는 루시에게도 불이익이 생길 수 있었다. 하지만 루시라면 폴로 클럽의 화장실에 틀어박히지 않았을 것이다. 자기 마티니를 싹 비웠을 것이다. 그 모든 일을 우스꽝스러운 모험이자 덤벼볼 만한 기회로 봤을 것이다. 자선사업 고문을 케네디공항에서 따돌리고 지금쯤 탄자니아로 향하고 있을 것이다. 반면 나는 화장실 안에 서서 싸구려가 된 기분을 느끼며 소심하게 손을 쥐어짰다.

진실과 아름다움

정확히 여섯시에 파티 장소에 도착했다. 거대하고 우아한 벽돌 건물로, 몇 년 동안이나 그 앞을 지나다녔지만 실제로 들어가본 적은 없는 곳이었다. 도어맨이 나를 엘리베이터에 태워 12층으로 올려보냈다. 나무 패널로 마감한 엘리베이터는 조용히 웅웅댔다. 나는 벨을 눌렀다.

루시는 파티장에 없었다. 그 사실을 알아채기까지 오래 걸리지 않았는데 열 명 남짓한 사람만 모여 있었기 때문이다. 나는 루시 그릴리가 여기 같이 오자고 나를 초대했으며, 여기서 만나기로 했으니 곧 도착할 것이라고 내 상황을 설명했다.

파티를 주최한 여성이 나를 데리고 가서 데니스 맥팔런드에게 소개하고 그의 가족과 친한 친구 몇몇도 소개해주었다. 맥팔런드의 두번째 소설 출간을 축하하기 위해 모인 사람들이었는데, 나는 읽지 않은 책이었다. 그들은 의아해하면서도 정중하게 나를 대하며 술을 권했다. 정말로 술이 필요했으므로 받아들였다. "루시는 곧 올 거예요." 내가 말했다. "전화했거든요. 이미 출발했을 거예요. 이 시간의 지하철이란—" 하지만 문장을 마무리하는 건 쓸데없는 짓이었다.

이십 분이 지나고 다시 루시에게 연락하기 위해 전화기를 사용해도 되는지 예의바르게 물었고, 이십 분 후에 또다시 물었다. 루시도, 자동응답기도 묵묵부답이었다. 내 머릿속은 자선사업 고문 일로 어지러웠다. 그 사람이 나를 망칠 수도 있을까. 전에 이미 누군가를 망친 적이 있을까. 로토스 클럽에서 점심을 같이했던 날이 떠올랐다. 거리를 걷다가 그 사람이 매력적인 젊은 여성을 택시에 태우는 걸 봤다. 그는 그 여자와 나를 서로에게 소개하지 않았고, 그 여자는 행복해 보이지 않았다. 평생 닦아온 '정중한 대화 나누기 능력'은 내게서 완전히 사라졌고, 나는 루시의 아파트에 도착하는 즉시 루시를 죽일 생각에 골몰했다. 한 시간이 지나고 세 잔의 와인을 마시고 나자 용서를 구한 후 슬그머니 문 쪽으로 걸어가는 것 외에는 할 수 있는 일이 없었다. "제가 엄청난 실수를 저질렀네요." 나는 파티를 주최한 그 여성에게 말했다.

"괜찮습니다." 여자는 내 팔을 다독이며 진심으로 친절하게 말했다. 내가 거기 사이드테이블에 놓여 있는 값비싼 은 장식품을 주머니에 슬쩍하지 않았다는 사실이 분명했으므로, 나는 그곳을 떠날 수 있었다.

루시는 거의 자정이 되어서야 집으로 돌아왔다. 문을 쾅 닫더니 문에 몸을 턱 기댔다. "엄청난 날이었어!" 루시가 외쳤다.

"너 납치됐던 거라고 말해." 나는 잠자리로 쓰는 소파에 앉아 말했다. "그것 말고는 변명이 되지 않을 거야."

"납치되었던 거라면 좋겠네. 그보다 더 나빴어."

"너 파티에 안 왔잖아."

"파티?" 루시는 머리를 움켜잡았다. "그건 내 문제 중에서도 가장 사소한 문제야."

그게 내 문제 중에서도 가장 사소한 문제임을 나 역시 깨달았지만 여전히 화가 가라앉지 않았다. 루시는 설명했다. 나를 만나러 나가려는 참에 한 친구가 전화를 걸어 자살하겠다고 말했다는 것이다. 루시가 뭘 할 수 있었겠는가. 저녁 내내 통화를 하다가 상황이 좀 진정되자 친구 아파트로 가서 달래주었다. 결국 나는 더이상 화를 낼 수 없었다. 자살하겠다는 위협은 모든 일에 앞선다. 출간 기념 파티, 자선사업 고문의 성적 접근, 심지어 임신까지도. 우리는 새벽까지 이야기를 나눴다.

"개새끼." 루시는 말하고 또 말했다. "그 개새끼."

아침 일곱시에 전화벨이 울렸을 때 소스라쳤다. 잠든 지 십오 분쯤 되었던 것 같다. 루시의 친구들은 새벽 서너시에 전화를 걸었는데, 나는 말도 안 되는 시간에 전화를 한다고 생각하곤 했다. 하지만 그들이 일곱시에 전화하는 경우는 없었다.

"네 전화야." 루시가 졸린 목소리로 외쳤다.

"우리 탄자니아에 갑시다." 자선사업 고문이 말했다. "차가 아래에서 기다리고 있어요."

"이 번호 어떻게 알았어요?"

"짐 싸는 건 걱정하지 말아요. 아무것도 걱정하지 말아요. 밖으로 나오기만 해요. 당신 옷은 내가 사뒀으니까요. 여권도 준비해두었고요."

"내가 어디에 묵는지 당신에게 말한 적 없는데요. 내가 있는 곳을 어떻게 알았죠?"

"그냥 내려오기만 해요. 나는 차 안에, 바로 밖에 있어요. 갈 준비가 다 됐어요."

"허풍 떨지 마요." 나는 말했다. "당신은 내가 어디 있는지 몰라요."

"당신이 어디 있는지 나는 언제나 알 겁니다." 그가 진지하게 말했다. 나는 전화를 끊었다.

"진짜 소름 끼친다." 루시가 말했다. 자기 침대맡의 다른 전화 수화기를 여전히 든 채였다.

곧 전화기가 다시 알람시계처럼 울리기 시작했고, 나는 루시에게 받지 말라고 했다. 이후 몇 달 동안 내 전화기는 계속 울렸고, 때로는 매시간 정각마다 울려서 결국 나는 코드를 뽑아 전화기를 벽장 속에 집어넣었다.

"친구야, 시간 좀 봐."

"너 먼저 샤워해." 루시가 말했다. "난 더 자야겠어."

나는 소파에서 기어나와 샤워한 다음 사다리 위쪽의 침실에 있는 루시를 향해 소리쳤다. "일어나! 우리 가야 해."

"너무 졸려." 루시가 말했다. "못 가겠어."

"일어나!"

"내버려둬." 루시는 말했다. "피곤해. 못 가겠어. 그냥 아기 낳을래."

"지금 안 일어나면 남은 인생이 힘들어질걸."

루시는 끄응 소리를 내며 침대 밖으로 기어나와 사다리를 내려왔다. "그 말에 정신이 좀 드는구나."

로 대 웨이드 판결* 이전 시절에 임신중지에 대한 죄책감에 시달린 미국 여성이 많았을 것 같지는 않다. 그보다 그들은 자신이 도살당하지 않을까 걱정하느라 바빴을 것이다. 따라서 여성에게 유리한 판결이 나오고 안전한 수술을 받을 수 있게 되었을 때 임신중지는 후회할 일이 아니라 축하할 일이었다. 그러나 임신중지가 합법화되어 안전한 처치를 받게 되자 이제 이 나라의 여성들은 수치를 느껴야 했다. 결국엔 무엇을 할지 정확히 알면서도 과연 옳은 일을 하는 것인지 자신을 의심해야 했다. 임신중지를 할 수는 있지만 자신의 결정을 끔찍하게 느껴야 했다. 사실 그건 결정이라고 할 수 없는데도 그랬다. 그리하여 사회적으로 예의를 차리자면 나는 이렇게 말해야 할 것이다. 시내로 향하는 기차 안에서 루시와 나는 울었고, 운명을 저주했으며, 아기가 있다면 어떤 인생이 될지 궁금해했다

---

*여성의 임신중지 권리가 헌법으로 보장된다고 본 1973년 미 대법원의 기념비적 판결.

고. 사실 그러지 않았다. 나는 루시가 평생은커녕 오후 동안만이라도 아기를 돌보는 모습을 상상할 수 없었다. 루시는 그런 상황을 아예 상상하지 않았다. 수술이 아플까봐 약간 걱정하고 언제 다시 섹스를 할 수 있을지 궁금해했다. 마침 그날이 자기 책의 표지를 보기로 한 날이어서 루시는 신이 나 있었다.

우리는 파크 애비뉴에 있는 멋스러운 건물의 4층에서 끝이 없어 보이는 서류를 작성한 다음 현금으로 병원비를 냈다. 병원에서 루시는 언제나 주목의 대상이었지만, 이번에는 차례를 기다리면 부를 거라는 말만 들었다. 널찍한 대기실은 별 특징이 없었다. 죄책감어린 표정의 십대 소년이 잔뜩 있었는데, 하나같이 야구 모자를 이마까지 푹 눌러쓰고 텔레비전에 시선을 고정하고 있었다. 나는 그 아이들이 여기 왔다는 것 자체에 감동받았다.

이름이 불리자 루시는 진료실 문 앞으로 갔다가 뒤돌아서 내 쪽으로 돌아왔다. 루시가 마음을 바꿀 거라는 생각은 해본 적도 없었다. "호턴 미플린에 가서 책표지를 받아와줘." 루시가 말했다. "내가 나왔을 때 여기서 볼 수 있게."

"그래." 내가 말했다.

"하지만 열어보지는 마. 나보다 먼저 보는 건 싫어."

"안 볼게."

루시는 내게 키스한 다음 진료실 문 앞에 다시 멈춰 서서 손을 흔들었다. 그건 즐겁지 않은 수술을 한번 더 받는 일, 루시의 푸른 정맥 안으로 한번 더 바늘을 꽂아넣는 일일 뿐이었다.

이 모든 일을 한 후에도 여전히 말도 안 되게 이른 시간이었다. 파크 애비뉴 아래쪽에 있는 출판사까지 걸어가기로 했다. 루시 담당 편집자가 봉투에 담긴 책표지를 건넸다. 열어보지 않았다. 그걸 가지고 병원으로 돌아와 루시가 괜찮으며 조금 있으면 나올 거라는 말을 들었다. 대기실의 사람들이 바뀌었다. 창백한 얼굴의 여자아이들이 비틀거리며 나갔고, 새로운 남자아이들이 새로운 여자아이들과 바닥에 시선을 고정한 채 줄지어 들어왔다. 밖으로 나온 루시는 거의 투명해 보여서 보랏빛이 도는 해파리 같았다. 나는 루시를 팔로 감싸안았다.

"여긴 공장이야." 루시가 말했다. "우리한테 영화를 보여줬어. 우린 이동식 침대에 줄지어 누워 있었어. 그리고 아팠어."

나는 봉투를 들어 보였다. "책표지 가져왔어."

"여기서 열지 마." 내 손을 잡아 내리며 루시가 말했다. "이곳과 연관되는 게 싫어."

병원을 나와 센트럴파크 쪽으로 걸어갔다. 하늘에 구름이 끼며 회색으로 변했다. 건물 두 개를 지나친 다음 우리는 낮은 담장에 걸터앉았고, 루시가 봉투를 열었다. 멋졌다. 거기 루시의 인생 이야기인 『어느 얼굴의 자서전』이 있었다. 책표지에는 셀로판지로 얼굴을 가린, 루시일 수도 있는 작은 소녀의 사진이 있었다.

우리는 순수한 기쁨에 차올라 환호했다. 곧 책이 나올 테고, 손에 들고 있는 표지는 아름다웠다. 루시는 아직 약기운이 남아 어지러워했다. 루시는 내 목에 팔을 두르고 나는 루시의 허리를 팔로 감싼 채 우리는 아침부터 술에 취한 한 쌍인 양 비틀거리며 거리를 걸어내려갔다. 택시가 오지 않나 흘깃거리며, 루시의 책표지를 쳐다보며 걸었다.

"내가 책을 썼어." 루시가 노래하듯 말했다. "내가 책을 썼다고!"

이듬해 나는 와이팅상을 받지 못하지만, 루시가 받는다.

10장

"여기로 와줘." 루시가 말했다. 마치 내가 길 건너에 살고 있다는 투였다. "〈투데이 쇼〉에 나가는데 입을 게 없어."

유명해진다는 게 어떤 것인지 전에는 가까이서 본 적이 없었다. 유명한 사람을 몇 번 만난 적은 있지만, 그들은 이미 명성이라는 옷을 편하고 멋지게 입는 법을 알았다. 유명해지기 직전의 모습을 본 적도, 명성을 자아내는 기계장치가 웅웅거리는 소리를 들은 적도 없었다. 또한 루시가 명성이라는 것에 얼마나 잘 준비되어 있는지도 생각해본 적이 없었다. 마치 루시에게 딱 어울리는 일이, 당연히 일어날 일이 벌어지고 있는 것 같았다. 이제 모두가 루시를 안다고 생각만 하는 대신 어느 정도는 정말로 알게 될 것이다. 루시는 얼굴뿐 아니라 글로도 알려질 것이다. 끝없이 초대받을 것이다. 흥미로운 일을 하고 열띤 대화를 나누고 샴페인을 마시고 텔레비전에 나올 것이며, 다시는, 다시는 혼자가 아닐 것이다. 모든 게 너무도 잘 맞아떨어져서 루시가 그토록 오랫동안 유명하지 않았다는 사실을 믿을 수 없을 정도였다.

하지만 젠장, 난 유명해지고 싶어. 그렇게 되고야 말 거야. 이게 바로 글쓰기의 멋진 점이다. 삶의 방식으로서 글쓰기 말이야. 정말 바닥을 쳐도 계속 쓴다면 어느 정도의 존엄을 유지할 수 있어. 좋아, 여기까지만 쓸게. 편지는 이제 그만 쓰고 글을 좀 써야겠어. 사랑해.

"텔레비전에 나오는 사람은 뭘 입지?" 벽장을 뒤지며 루시가 말했다.

나는 바닥에 돌돌 말려 있는 옷들을 주워서 털기 시작했다. "어떤 옷이 깨끗하고 어떤 옷이 더러운지만이라도 말해줄래? 내가 냄새를 맡아볼 필요가 없게 말이야."

루시는 내가 들고 있는 카디건을 의혹에 찬 눈빛으로 쳐다봤다. "더러워." 루시가 말했다.

나는 벽장 안으로 비집고 들어가 바닥에 쌓인 것을 발로 차서 주방으로 내보냈다.

"전부 꺼내면 안 돼!" 루시가 말했다.

진실과 아름다움

"안 그러면 너한테 무슨 옷이 있는지 어떻게 알아?" 구겨진 채 잔뜩 쌓인 천더미 위에 앉아 드레스를 뒤지기 시작했다. 이미 오래전에 분명해진 대로 루시와 나는 집안일 문제에 관해서라면 아주 달랐다. 우리는 판단하지도 비난하지도 않는다는 입장을 가지고 임무에 착수했다. 나는 루시의 옷장을 정리하길 원하고 루시는 내가 자신의 옷장을 정리하길 원했다. 서로 같은 마음이었다.

벽장 안에는 중고 의류 가게에서 집어온, 세탁하지 않은 갖가지 드레스가 가득했다. 가느다란 허리선에 가슴이 파인 드레스, 격자무늬 드레스, 체크무늬 드레스, 감성적인 꽃무늬 드레스. 그러나 전부 얼룩이 묻거나 찢어진 데가 있거나 밑단이 늘어져 있었다. 내가 바느질을 할 줄 알긴 했지만 텔레비전에 입고 나갈 만하게 만들기는 도저히 힘들어 보였다. 어쨌거나 루시는 평소에 드레스를 거의 입지도 않았다. 그저 자기 말고는 그 옷이 몸에 맞는 사람이 없을 거라는 사실에 순전한 기쁨을 느껴서 구입한 것이었다. 루시는 청바지가 잘 어울렸지만 청바지로는 안 될 터였다. 루시에게 바니스*에 가야겠다고 했다.

"바니스 안 가."

"바니스에 가지 않으면 하루종일 쇼핑을 해야 할 거야. 이쪽

---

* 미국의 고급 백화점 체인.

이 더 쉬워."

그리하여 우리는 북쪽으로 가는 지하철에 올랐다. 맑고 더운 오후였으며 루시는 더운 날씨를 사랑했다. 맨해튼 미드타운의 나무에 반쯤 마른 나뭇잎이 대롱대롱 매달려 있었다. 완벽한 순간이었다. 우리 앞에는 좋은 일이 가득 펼쳐져 있었다. 우리는 팔짱을 끼고 백화점 안으로 걸어들어가 위층으로 올라간 다음 진열대에 다가갔다. 바로 그곳에서 루시는 명성이라는 옷을 입게 된다. 내겐 그랬다. 이후 루시는 성공과 관련된 모든 일에서 긴장한 모습을 보인 적이 없다. 곧 한 여성이 다가와 무얼 찾느냐고 물었다. 나이가 좀 있는, 센스 있어 보이는 여성으로 센스 있는 차림새였다.

"텔레비전에 입고 나갈 옷이 필요해요." 루시가 머뭇거리며 말했다.

그 여성은 고개를 끄덕였다. "어떤 쇼에 나가세요?"

여자는 단 한순간도 우리를 의심하지 않았고, 손님 말을 전부 믿어주는 자신의 능력을 발휘해 모든 것을 실현시켜주었다. 청바지와 티셔츠를 입은 루시는 정말로 TV쇼 초대 손님으로 나갈 만한 사람처럼 보였다. 록스타로 보일 수도 있을 것 같았다.

"〈투데이 쇼〉요." 루시가 말했다.

여자는 루시의 몸을 훑어보고 사이즈를 가늠하더니 우리를 드레싱룸으로 데려갔다. "옷을 좀 가져와볼게요." 여자가 말했다.

여러 벌의 옷을 입어보고 여러 잔의 커피를 마신 후 루시는 남색의 실크 민소매 튜닉블라우스와 몸에 딱 맞는 황갈색 바지, 우아한 발목을 드러내는 갈색 청키슈즈를 착용했다. 루시가 엄청나게 아름다워 보인다고 생각했다. 쇼에 출연한 뒤로 루시가 그 옷을 다시 입은 적은 없다. 이후 루시는 텔레비전 출연이 어떤 것인지 이해했고, 자기다우면서도 멋지게 보이는 법을 배웠다. 하지만 그 의상은 계속 간직했다. 내가 루시의 벽장을 정리할 때마다 거기 있었고, 루시는 애정을 담아 옷을 만지작거리며 방송에 익숙지 못했던, 이제는 지나간 그 시절을 회상하곤 했다.

루시는 기분이 좋을 때면—대체로 기분이 좋았다—자연스럽고 사교적이었다. 인터뷰를 할 때도, 커낼 스트리트를 걸어갈 때도 루시에게는 자기 본연의 모습을 유지할 수 있는 능력이 있었고, 바로 그런 능력 때문에 사람들이 모여들었다. 새벽녘 소호의 자갈길 위에서 비틀거리며 집으로 돌아가는 모델과 슈퍼모델이 루시에게 소리쳤다. "어이, 루시! 잘 자!" 아이오와 시절과 똑같기도 하고 전혀 다르기도 했다. 루시는 『어느 얼굴의 자서전』이 출간되기 몇 달 전부터 홍보를 시작해서 책이 하드커버로 나온 후 일 년 이상, 그리고 페이퍼백으로 나온 후에도 일 년을 더 계속했다. 루시는 모든 홍보 행사를 좋아했다. 공항과 호텔을 좋아했다. 시애틀에서 가장 좋아하는 호텔이 알렉시스이며 애틀랜타 포시즌스호텔의 티라미수가 최고라고 말할 수 있다는 사실을 좋아했다. 서점을 좋아했고, 루시의 책을 가슴에 안은 채 줄을 서서 기다리다가 루시를 너무나 좋아한다고 말하는 사람들을 좋아했다. 특히 인터뷰하는 걸 좋아했고, 인터뷰가 끝났을 때 인터뷰어가 자신에게 멋지다고, 최고라고 말해주는 걸 좋아했다. 스타일리스트가 머리를 빗겨주고 조명을 잘 받도록 이마에 파우더를 발라주는 걸 좋아했다. 프로듀서와 스타일리스트와 카메라를 두고 불평하면서도 그 모두를 좋아했다. 여행 가방을 집안으로 던지며 "세상에, 차가 어찌나 막히던지!"라든지 "일정이 너무 빡빡해 죽을 지경이야!"라든지 "비행기에서 너무 힘들었어!"라고 말하는 걸 좋아했다. 그렇게 불평하고는 소파에 털썩 주저앉아 눈을 굴리고 미소를 지으며 말하곤 했다. "너무 좋아."

루시는 패션잡지에도 등장했다. 『피플』에 루시에 관한 단독 기사가 났다. 특히 시골에서 진행한 사진 촬영이 기억에 남는다. 루시는 먼저 백마의 등을 몸으로 감싼 채 사진을 찍었다. 그다음에는 풀메이크업을 하고 옷을 전부 벗고서 높은 나뭇가지에 올라갔다. 루시는 가지에 몸을 걸치고 눈을 감은 채 팔다리를 늘어뜨렸고, 나무 아래에서 사진작가가 찰칵거리며 사진을 찍었다. 루시는 그 사진 중 하나를 몇 년 동안 냉장고에 붙여두었다. 몹시 아름다운 흑백사진으로 어딘가 빅토리아시대 느낌이 났다. 벌거벗은 빅토리아시대의 여성이 나무 위에서 빛난 적이 있다면 그런 모습이었을 것이다. 사진 속 루시는 숲의 요정이 되어 구부러진 나뭇가지에서 잠든 척하고 있다. 하지만 어느 밤 루시가 집에 데려온 어떤 남자가 루시가 보고 있지 않을 때 사진을 자석 아래에서 빼내어 가져가버렸다.

텔레비전 인터뷰를 할 때 루시는 찰리 로즈*를 선호하고 라디오에 출연할 때는 레너드 로페이트**를 선호했다. 자신의 책 이야기를 너무도 훌륭하게 풀어낸 덕분에 루시는 다른 주제에 관해서도 이야기해달라는 요청을 받았다. 루시는 〈오프라 윈프리 쇼〉에 출연해 비극이 살아남을 수 있을지 논했고, 그다음엔 CNN에 출연해 미국 사회의 아름다움을 향한 집착을 논했다. CNN 인터뷰는 생방송이었는데, 루시가 스튜디오에서 나와 지하철을 타고 집으로 돌아갈 때 한 소녀가 루시의 팔을 톡톡 쳤다. 루시는 신문을 읽다가 고개를 들었다. "십 분 전에 텔

---

* TV 토크쇼 〈찰리 로즈〉의 진행자.
** 라디오 토크쇼 〈레너드 로페이트의 대담〉의 진행자.

레비전에 나왔던 분 아니세요?" 소녀가 말했다. 루시는 어깨를 으쓱하며 말했다. "아마도요."

루시는 자신의 텔레비전 방송분을 확인하거나 인터뷰를 다시 들어보지 않았다. 녹화중엔 완전히 편하게 있을 수 있었지만 재생해서 보거나 들으면 자신을 혹독하게 비판하게 되었기 때문이다. 한두 번 그런 일을 겪자 루시는 아예 다시 확인하지 않는 게 낫다는 걸 알았다. 이후 사람들이 인터뷰가 훌륭했다고 하면 루시는 이렇게 말할 뿐이었다. "정말요?"

NPR* 프로그램 〈프레시 에어〉에서 사회자 테리 그로스가 루시를 인터뷰한 방송을 들었을 때, 나는 왜 루시가 그 인터뷰를 다시 듣고 싶어하지 않는지 너무도 분명하게 알 수 있었다.

"우리 중 많은 이들이 거울을 보며 불만족스러워합니다." 테리 그로스는 루시를 소개하는 말을 이렇게 시작했다. "하지만 그건 루시 그릴리가 자신의 모습을 보며 느꼈던 극심한 괴로움과는 다릅니다. 일반적인 기준에서 볼 때 그릴리의 얼굴은 흉하고 혐오스럽기까지 했습니다."

이 소개말은 분명 인터뷰 후에 녹음해서 편집해 넣은 것일 테고, 라디오 방송국에 앉아 있던 루시가 자기 얼굴에 혐오스럽다는 말이 쓰이는 걸 듣지는 않았을 것이다. 그래도 나는 그

---

* 미국의 공영 라디오 방송국.

순간에 루시를 찾아서 꼭 안아주고 싶었다. 상태가 최악이었던 날에도, 조직확장기가 가장 크게 부풀었을 때에도 루시가 혐오스러웠던 적은 단 한 번도 없었다. 아마 인터뷰하는 동안 루시가 그 말을 듣지는 않았을 것이다. 말하는 내내 루시는 너무도 자연스럽고 유쾌하며 침착했다. 루시는 자신의 책 한 부분을 읽는 것으로 인터뷰를 시작했다. 거기, 테리 그로스의 말이 아니라 루시 자신의 말이 있었다. "살면서 때로 자신을 괴물처럼 느꼈던 것이 얼굴보다는 마음 때문이었다면, 나를 마주 바라보는 거울 속 나 자신은 분명 혐오스러웠다."

"제 고통의 많은 부분은 감정적인 것이었어요." 루시는 라디오에서 말했다. "신체적인 측면도 분명 있긴 했죠. 하지만 제가 자신에게 끊임없이 가했던 죄책감과 수치심이라는 감정적인 공격에 비하면 그건 그리 대단한 고통이 아니었어요.

(제 얼굴은) 사실상 매주 바뀌었는데, 바로 그게 이야기의 일부이자 딜레마예요. 제 이야기는 외모 손상에 관한 것이라기보다는, 너무도 끊임없이 바뀌어서 내 정체성의 일부로 받아들이기 어려웠던 얼굴에 관한 것입니다. 살면서 가장 하기 쉬웠던 일은, 아니 그보다 가장 상처를 주었던 일은 그냥 이렇게 말해버리는 것이었어요. '나는 못생겼어.' 내 얼굴이 계속 달라진다는 사실을 마주하기보다 그런 식으로 규정짓고 문을 닫아버렸던 거죠. 그래서 저는 대부분의 사람이 자연스럽게 터

득하는 사회성 같은 것을 때맞춰 키우지 못했어요. 다른 한편으로는 언제나 제가 특별하다고 느꼈죠. 청소년기에 흔히 경험하는 불안, 군중 속에서 존재감을 잃는 그런 불안을 겪어본 적이 없지요. 저는 특별했고, 이 특별하다는 사실을 스스로에게 이득이 되도록 사용하려고 애썼습니다. 마치 다른 사람들에게 행사할 수 있는 권력인 양 이용하려고 했지요."

그간 모든 이들이 언제나 루시를 알아봤지만, 이제는 루시를 보고 듣고 루시의 글을 읽은 사람들이 있었다. 급작스러운 유명세가 발하는 환한 빛에 이끌리는 사람들이 있었다. 사람들이 북적이는 눈부신 가을날 오후에 우리는 깔깔대며 서로의 허리에 팔을 두른 채 소호 거리를 걸었다. 길거리 상점에서 호피무늬 미니스커트를 하나씩 샀는데, 그때 머리를 길게 땋은 잘생긴 자메이카 남자가 자전거에 탄 채로 우리 주위를 돌기 시작했다. "아름다운 여자분들을 위한 아름다운 날이네요." 남자가 말했다.

"오늘이 우리를 위한 날이라고 생각해요?" 루시가 그에게 말했다.

"당신을 위한 날 같은데요." 남자는 말했다. 자신의 테니스화 앞코를 길바닥에 가볍게 댄 채로 계속 우리 주위를 돌면서. "둘이 여자친구예요?"

"여자 친구죠." 루시가 말했다. "여자친구는 아니고요."

"그럼 남자를 좋아하는군요."

"남자라고 다 좋아하지는 않죠." 루시가 흥미를 잃기 시작하며 말했다.

"예쁜 신발이네요. 당신이 걸어가는데 그 신발이 눈에 들어왔고, 생각했어요. 저 신발을 신은 여자를 만나봐야겠다고."

긴 가죽끈을 발목에 감아 리본으로 묶은 신발이었다. "이제 만나봤네요."

"이름이 뭐예요?"

"루시예요." 루시가 말했다. "나중에 날 찾을 수 있을 거예요."

그곳은 뉴욕이었지만, 모두가 나중에 루시를 찾을 수 있었다.

루시가 답을 바라지 않으면서 즐겨 던지던 질문이 있다. "내가 다시 섹스를 할 수 있을까?" 그건 아이오와 시절에 시작된 버릇으로, 루시는 B와 마침내 헤어졌다고 확신할 때마다 이 질문을 던졌다. 사실상 문으로 들어오는 아무한테나 처음으로 꺼내는 말이었다. "내가 다시 섹스를 할 수 있을까?" 루시는 특히 우리의 대학 친구였던 조노에게 전화를 걸어 그 질문을 하길 좋아했다. 조노는 남성이므로 더 잘 알 테니까. 그러다가 그게 습관이 되었고, 사흘 이상 섹스 없이 지낼 때마다 루시는 친구들에게 설문조사를 하듯 질문을 던졌다. 나 또한 루시에게 대답해주는 일이 너무도 습관이 된 나머지, 다른 한 친구가 남자친구와 헤어진 후 "나 질문 하나 해도 될까?"라고 물었을 때 아무 생각 없이 답했다. "물론 넌 다시 섹스할 수 있어." 친구는 기막혀했다.

루시에게는 다른 질문도 많았다. "나 사랑해?" "내가 예쁘다고 생각하지, 그렇지?" "내가 훌륭한 작가라고 생각해?" 그러나 묘한 점은 이 질문 전부가 서로 대체 가능하다는 것이었다. 그 모두가 정말로 뜻하는 바는 이랬다. "모든 게 다 괜찮을 거야, 그렇지?" 그래도 루시가 가장 좋아한 건 그 섹스 질문이었다. 몇 달에 걸쳐 매일 나에게 그 질문을 할 때도 있었다.

"너 오늘 섹스했잖아." 나는 말했다. "이미 섹스를 한 날에 그런 질문을 하면 안 되지."

"그렇지만 내가 다시 섹스를 하게 될지 알고 싶은걸."

때로 루시는 부끄러움을 모르는 것 같았다. 어떤 게 부끄러운 일이고 어떤 게 도덕적인 일이며 어떤 게 옳은 일인지에 관해 내가 가진 관념에서 자유로운 듯 보였다는 뜻이다. 어쩌면 우리 모두 일정량의 수치심을 자기 안에 가지고 있지만, 루시는 자신의 수치심을 다른 일에 쏟느라 부끄러움을 모르는 것처럼 보이는지도 몰랐다. 루시는 자신이 먹는 모습을 부끄러워했다. 턱에 음식을 묻힌다든가 음식을 삼킬 때 땀을 뻘뻘 흘린다는 생각에 엄청난 수치심을 느꼈다. 입을 꽉 다물 수 없었기에 치아를 부끄러워했다. 애버딘에서의 수술 이후 종종 부풀어 있던 눈꺼풀을 부끄러워했다. 눈꺼풀 때문에 루시는 미칠 지경이었고, 모든 사람이 그 눈꺼풀을 신경쓸 거라고 확신했다. 나는 항상 루시에게 그건 절대 부끄러워할 일이 아니라고, 수치심은 인생이 우리에게 던져준 상황이 아니라 우리가 선택해서 한 일에 대해 느껴야 한다고 말했다. 그러나 공허한 의견일 뿐이었다. 무언가를 부끄러워하지 말아야 한다고 자신에게 말해봤자 도움이 되는 경우는 드물기 때문이다. 자기 외모를 종종 부끄러워했기에 루시에게 섹스에 관한 부끄러움은 남아 있지 않은 듯했다. 섹스에 관해서라면 대담했으며, 사람들도 그 사실을 감지하는 것 같았다. 이런 일도 가끔 있었다. 루시가 한겨울에 청바지와 두툼한 점퍼를 입고 머리에 모자를 눌러쓴 채 커피숍에서 줄을 서 있으면, 당연하다는 듯 어떤 남자가 다가와 루시에게 흥미로운 사람이라는 느낌이 너무도 강하게 들었다는 말을 하고, 그다음엔 두 사람이 커피 주문 줄에서 사라지는 것이다. 길모퉁이에서 루시가 어떤 남자와 택시 합승을 했다가 둘이 같은 목적지에서 내리는 일도 간혹 있었다. 루시의 유명세가 절정에 달했던 시기의 어느 밤, 루시가 아파트 건물 현관에 열쇠를 꽂는데 도어맨 제복을 입은 열여덟 살짜리 소년이 루시의 어깨를 톡톡 쳤다. 소년은 서툰 영어로 그날 밤 자신이 일하는 어퍼이스트사이드의 건물 앞을 지나가는 루시를 보았는데, 압도적인 사랑의 감정을 느꼈다고 말했다. 소년은 근무지를 이탈해 루시를 따라 소호로 가는 지하철에 올라탄 뒤 아파트까지 따라왔고, 그러는 내내 루시에게 말을 걸 용기를 끌어모았다. 거기 그렇게 마음을 고백하는 소년이 서 있었다. 루시는 잠시 생각해본 후 소년에게 같이 올라가자고 했다.

에리베르토는 그후 일 년 정도 드문드문 오갔다. 다정한 소년이었으며, 그보다 더 멋진 사실은 그 아이가 대단한 이야깃거리를 제공해주었다는 것이다.

"이렇게 말하긴 싫지만, 나라면 아마 경찰을 불렀을 거야." 내가 말했다.

"그럼 그 사람을 놓쳤겠지." 루시는 말했다.

책이 출간되고 몇 달이 지나 루시가 대중문화계와 문학계 모두에서 화제의 인물이 되었던 때에 내 두번째 소설 『태프트』가 나왔다. 『어느 얼굴의 자서전』이 출간되기 전부터 돌았던 그 많은 입소문으로 미루어볼 때, 루시의 책이 큰 성공을 거둘 것은 자명했다. 반면 내 소설에 관해선 상대적으로 침묵만이 감돌았고, 따라서 이 책이 흔적도 없이 가라앉을 것도 자명했다. 끔찍한 제목(내 잘못)을 달고 끔찍한 책표지(출판사 잘못)를 두른 그 책은 굉장히 좋은 평을 받았지만, 그럼에도 우리 가족 외에는 사서 볼 것 같지 않았다. 뉴욕에서 낭독회 일정이 잡혔을 때 루시는 둘이 뭉쳐서 같이 출연하자고 제안했고, 낭독회 후엔 자기 집에서 우리 둘을 위해 성대한 출간 기념 파티를 열겠다고 했다. 우리는 같은 출판사에서 책을 내고 같은 홍보 담당자를 두었기 때문에 출판사측에선 대환영이었다. 루시는 내 가장 친한 친구였고, 상황이 온통 암울해 보일 때 자신이 내뿜는 환한 빛을 빌려주었다. 나누어줄 빛이 더 많은 사람이 자신의 빛을 빌려주는 것, 수년에 걸쳐 우리가 서로를 위해 해온 일이었다. 지금은 문을 닫은, 시내에 있는 아름다운 리졸리 서점에서 열 명 남짓한 앤 패칫의 팬은 이백 명이 훌쩍 넘게 몰려든 루시 그릴리의 팬 사이에 끼여앉았다. 누가 누구 팬인지 하나하나 기록했다는 뜻은 아니지만 말이다. 우리 둘의 사진이 인쇄된 책갈피가 준비되어 있었다. 거기 그렇게, 그 밤 리졸리에서 팔린 모든 책 안에 우리가 함께 있었다. 서점 지배인은 우리가 멋지게 등장할 수 있도록 사람들을 피해 우리를 위층에 숨겨주었다. 책장 사이에 같이 웅크리고 앉아 낭독회에 모인 이들의 왁자지껄한 소리에 귀를 기울이며 그들 모두가 우리를 기다리고 있다는 생각에 웃었다. 루시는 유명했다. 그리고 나는 루시와 함께 있다는 이유로 유명했다.

그날 밤 서점에는 암환자가 많았다. 암을 이기고 있는 사람, 암이 이기고 있는 사람이 있었다. 루시에게 남은 상처와 마찬가지로 오래전 사라진 암이 남긴 상처가 있었다. 이 군중이 소설 이야기를 들으러 온 것이 아님을 몇 초 만에 눈치챌 수 있었다. 나는 본 공연에 앞서 분위기를 달구는 역할이었다. 오분 동안 낭독을 하고 질문 두 개에 답한 후 우리 모두가 보러 온 쇼를 보기 위해 내 자리로 돌아가 앉았다. 루시가 일어나 낭독을 시작했다. 언제나처럼 루시의 작은 목소리는 세라로런스에서 영화 상영 안내를 하던 소녀를 떠올리게 했다. 루시는 청중 앞에 서는 일에 타고난 사람이었다.

『어느 얼굴의 자서전』이 가진 힘은 대단했다. 훗날 책으로 발전할 그 에세이를 처음 읽었을 때부터 그 글이 루시의 깊은 감정과 뛰어난 지성이 맞물린 예술작품이 될 것임을, 루시가 언제나 쓰고 싶어한 작품이 될 것임을 알았다. 나는 그 책이 출력된 종이로 쌓여 있을 때 읽고, 교정을 보며 읽고, 교정쇄가 나왔을 때 다시 읽고, 출간되었을 때 또 읽었다. 매번 더 깊이가 느껴졌다. 매번 새로운 방식으로 완전히 감동했다. 루시가 내 친구여서가 아니라 너무도 아름다운 책이었기 때문이다.

학교 계단에서 남자아이들이 루시를 괴롭히는 부분을 낭독할 때 사람들은 훌쩍였다. 훌쩍임이 잦아들자 루시는 질문을 받았다.

"정말 엄청나게 용감하시네요." 한 여성이 말문을 열었다. "저라면 살아남지 못했을 거예요."

"무슨 뜻인가요, 죽었을 거라는 말인가요?" 루시가 말했다.

"그게 그렇게 간단하지가 않아요. 자살하지 않는 한 말이죠."

사람들은 그 말을 루시에게 늘상 했다. 나에게 루시에 관해 말할 때도 마찬가지였다. 칭찬의 뜻으로 한 말이지만 그렇게 들리는 법이 없었다. 마치 루시가 죽었어야 하는데 생존해서 비극적 운명을 살아내고 있다는 말처럼 들렸다. 나의 용감하고 영웅적인 친구 루시는 자신이 누구에게든 영감을 주는 인물이 될 생각이 없음을 청중 앞에서 분명히 했다. 루시는 곤경을 극복한 롤 모델로서 거기 나와 있는 것이 아니었다. 루시는 진지한 작가였으며, 자기 책이 가슴 아픈 내용이 아니라 문학적 가치로 평가받길 원했다. 질문하려고 손을 든 사람들은 사실 질문보다도 자신이 겪은 일을 진술할 때가 잦았다. 루시는 줄줄이 이어지는 투병 이야기로 그 저녁 시간이 채워지게 내버려두지 않았다.

"보통 땐 암이 있었다는 사실조차 잊고 지내요." 루시는 말했다. "그건 제가 관심 있는 이야기가 아닙니다."

"제가 진단을 받았을 때 말이죠," 한 여성이 말하자 루시는 적당히 인내심을 발휘하며 이야기를 들어주었다. 여성의 말이 끝났을 때 루시는 그저 고개를 끄덕여 보이고는 손을 든 다른 사람을 지목했다.

"모든 걸 어떻게 그처럼 또렷하게 기억하시는지 놀라워요." 밝은색 스카프로 머리를 감싼 여성이 말했다. "그 대화하며,

세세한 부분까지 전부요. 무언가 잘못 기억하고 있을까봐 걱정하신 적은 없나요?"

"그건 기억한 게 아니에요." 루시가 날카롭게 말했다. "제가 써낸 것이지요. 저는 작가입니다."

암이 루시 자신에게 중요한 주제가 아니라는 말보다 이 말에 청중은 더 충격을 받았다. 하지만 루시는 자신의 입장을 분명히 한 것이었다. 자신은 예술작품을 만든 것이지 어떤 사건을 세세히 기록한 것이 아니라고. 자신의 비범한 경험을 말하기로 결정했다는 사실은 부차적으로만 중요할 뿐이었다. 암과 이후 이어진 고통이 이 책을 만든 게 아니었다. 루시가 만든 것이었다. 루시의 지성과 능력이 모든 면에서 병보다 더 중요했다.

마지막으로 우리는 탁자에 같이 앉아 루시는 끝이 없어 보이는 책에 사인하고 나는 몇 권의 책에 사인했다. 루시의 팬 중 세심한 사람 몇 명이 내 책도 샀는데, 내가 거기 가만히 앉아 있고 루시는 아주 바빴기 때문이다. 루시의 팬들은 편지와 카드를 내밀고 꽃을 건네기도 했다. 루시는 예의바르게 고개를 끄덕였다. 그렇지만 팬들의 편지는 읽기에 너무 우울했다. 대개는 자신의 병이 얼마나 심각한지 강조하고, 누가 가장 고통스러운지 겨루는 내기에서 루시가 승자가 아님을 보여주는 보고서와도 같았다. 루시의 책상 옆에 편지로 채워진 가방이 있어서 내가 한번 읽어보려고 한 적이 있다. 그러나 세번째 편지를 읽을 무렵에 이미 거의 죽고 싶을 만큼 우울해졌다. 편지 속 세상은 마치 슬픔으로 꽉 찬 물집 같았다. 팽팽하게 당겨진 얇디얇은 피부층이 모든 걸 간신히 지탱했다. 아주 가벼운 접촉, 아주 사소한 암시에도 모든 것이 다시 표면으로 떠올랐다.

루시가 스코틀랜드에 있었을 때라든지, 병원 침상에서 끝없이 이어지는 지겨운 시간을 보낼 때라든지, 아니면 화학요법 치료 후에 구토하던 어린 시절에 이 사람들이 곁에 있지 않았다니 안타까운 일이었다. 이제 모두가 루시의 슬픔과 하나가 되고자 했다. 그러나 사실 우리가 가장 원한 건 사람들이 늘어선 줄을 뚫고 파티에, 우리의 파티에 가는 것이었다. 루시의 아파트 욕조에 와인과 샴페인 상자가 쌓여 있었다. 루시의 슬픔은 모든 사람이 그 슬픔을 나누고 싶어한 바로 이 순간에 마침내 끝난 듯 보였다.

루시는 아르바이트 학생 한 명을 구해서 아파트 건물 앞에 서서 손님에게 1층 문을 열어주고 계단을 올라가도록 안내하게 했다. 루시 옆집에 사는 스튜어트는 자신의 어마어마하게 넓은 아파트를 댄스플로어로 개방했다. 루시의 집은 음식과 대화를 위한 공간이었다. 귀청을 찢는 음악소리 때문에 얼마나 대화를 나눌 수 있을지는 미지수였지만 말이다. 대학, 아이오와, 프로빈스타운, 번팅에서 우리가 알던 사람 모두가 뉴욕에 있는 것 같았고, 어찌어찌 서로를 이미 아는 듯한 그들은 다시 만나게 되어 감격한 것 같았다. 정말 멋진 파티였다. 출판사에서 우리 책을 몇 상자 보내두었는데 그 상자들은 집안 장식의 일부가 되었다. 우리는 와인 한 잔과 같이 책을 나눠주며, 책에 사인과 함께 과장된 사랑의 맹세를 적었다. 각자의 책에 사인하는 게 지겨워지자 바꿔서 사인했다. 나는 전 남자친구 두 명을 서로에게 소개해주었는데, 두 사람은 아주 좋은 친구가 되어서 몇 년 후 그중 하나가 결혼할 때 다른 한 사람이 신랑 들러리를 섰다. 루시는 사람들에게 춤추라고 소리쳤다. 춤이 없는 루시의 파티란 상상하기 어려웠다. 사람들이 나서지 않자 루시는 토킹 헤즈의 노래를 크게 틀어놓고 혼자 춤추기 시작했다. 반딧불이처럼 가볍게 움직이는 루시를 보며 예전 아이오와의 우리집 주방에 있는 것 같다고 생각했다. 여전히 아무도 춤을 추지 않았지만 이제 루시는 혼자서도 즐거웠으며 더는 아무것에도 신경쓰지 않았다.

11장

번팅 펠로십 기간 동안 나는 뉴욕이나 하버드대학의 수영장에 있지 않을 때면 논픽션 책을 위한 자료 조사를 했다. 로스앤젤레스 경찰에 관해 쓸 계획이었다. 케임브리지의 아파트를 8월 말에 비워야 했으므로 『태프트』 홍보 투어를 끝낼 때까지 내슈빌에 있다가 서쪽으로 이사를 갈 생각이었다. 하지만 테네시로 돌아간 후 나는 어머니가 일하던 병원의 의사인 칼 반디벤더라는 남자를 만났다. 몇 번의 데이트 후에 그와 함께 있는 게 너무나 즐거워서 내 계획을 좀 미뤄도 괜찮지 않을까 생각했다. 몇 주 늦게 떠나도 달라질 것은 없을 터였다. 몇 주는 몇 달이 되었다. 나는 육 개월 단위로 임대하는 아파트를 구했고, 육 개월이 지난 후 다시 한번 계약을 갱신했다.

내 가장 친한 친구의 승인을 받을 수 있는 남자를 구하려고 한 건 물론 아니었지만, 칼은 루시의 꿈이 실현된 사람이나 마찬가지였다. 나이가 좀 있고, 친절하고, 잘생겼고, 지적이고, 관대했으며, 가장 중요한 점은 그가 의사라는 사실이었다. 루시와 의사의 관계는 루시의 병력만큼이나 복잡 미묘했다. 루시가 어릴 때 의사는 루시의 궁극적인 아버지상이었다. 루시가 얼마나 용감한지 그들이 친절하게 몇 마디만 해줘도 루시는 기꺼이 자신의 고통을 입에 올리지 않았다. 의사는 바쁘고 중요한 남자들이었고(내가 아는 한 루시의 인생에서 핵심적인 역할을 한 의사는 전부 남자였다), 가끔씩 루시의 병상에 앉아 이마를 쓸어주며 짧은 순간이나마 자신의 소중한 관심을 전부 루시에게 쏟아준 잘생긴 남자들이었다. 의사들은 이제껏 자신이 본 환자 중 루시가 가장 놀라운 사례라고 말하며 루시를 더 나은 삶으로 인도하겠다고 약속했다. 마치 훨훨 타오르는 불구덩이에 석탄을 삽질해 넣는 일꾼처럼 그들은 루시의 가슴속 깊은 곳의 꿈, 얼굴을 고칠 수 있다는 꿈에 불을 지폈다. 돈에 관해서라면 걱정하지 말라고 한 다음 엄청난 금액의 청구서를 내밀었다. 육 개월에 걸쳐 세 번의 수술이 필요할 거라고 해놓고는 삼 년에 걸쳐 열 번의 수술을 했다. 공감 능력과 혁신적인 기술을 갖춘 훌륭한 의사도 있었지만, 그들은 자신이 하려는 수술 외에는 다른 방법을 고려하는 능력이 없는 듯 보였다. 루시의 인생 전체를 염두에 두지 않았고, 이전에 무참히 실패한 모든 수술 때문에 치러야 했던 어마어마한 신체적·경제적·감정적 비용도 생각하지 않았다. 그들은 루시가 아니라 오직 루시의 얼굴에만 신경썼다. 어쩌면 루시에게는 신경쓸 수 없었는지도 모른다. 가볍게 마음을 쓰기에는 너무도 거대한 문제였으니까. 하지만 얼굴이 이 여성에게 무엇을 의미하는지 이해하지 못하면서 어떻게 얼굴을 수술할 수 있을까? 입맞추기, 삼키기, 말하기가 지니는 의미는 완전히 무시하고 어떻게 기술적인 문제만 생각할 수 있을까? 의사들은 루시의 몸에서 필요한 부분을 취했고, 때로는 고지도 없이 그랬다. 얼굴이 알아볼 수 없을 지경으로 부풀어올랐던 어느 때에 루시가 울었던 이유는 얼굴 때문이 아니었다. 의사가 묻지도 않고 다리에서 정맥을 떼어내 흉터가 생겼기 때문이었다. 루시는 자신의 예쁜 다리를 좋아했다.

하지만 그런 의사들은 비록 큰 그림을 보는 능력은 없을지라도 진심으로 루시를 돕고자 했다. 나는 그들에게는 호감을 느꼈다. 반면 다른 부류의 의사도 있었다. 루시를 최고의 도전거리로 본 의사, 새로운 혈관 기술을 시험해볼 대상으로 본 의사, 옥시콘틴을 대량으로 처방하는 것 외에는 후속 조치를 하지 않은 의사. 루시는 그런 의사들을 카우보이라고 불렀다. 그들의 빠른 걸음걸이에는 언제나 으스대는 느낌이 있었기 때문이다. 이런 의사들은 질문에 답하지 않고 전화에 응답하지 않았으며, 그들이 반짝 관심을 보여준다면 그건 노블레스 오블리주에서 나온 것이었다. 그들은 일 년 예약이 이미 다 차 있고 어떤 취급을 받든 만나보기라도 한다면 행운이었다. 병원 복도는 그런 의사로 가득했다.

하지만 루시는 의사의 업무태만이나 선의의 피해자가 아니었다. 루시는 의사와 완전히 공모했다. 자신이 수술에 적합한 후보이자 놀라운 사례로 보이도록 애썼으며, 자신의 희망이나 절망의 깊이를 그들 앞에서 드러내지 않기 위해 굉장히 조심했다. 거의 모든 상황에서 순종하는 법이 없는 루시였지만 의사가 말할 때는 일 년 차 초심자처럼 입을 다물고 있었다. 병원에서 오라고 할 때만 병원에 갔고, 두렵거나 망설여질 때는 의사가 아니라 친구에게 털어놓았다. 무엇보다 루시는 특별한 환자, 의사들이 가장 좋아하는 환자, 최고의 환자가 되고 싶어 했다. 자신이 가장 인상적인 사례이길, 의사를 가장 기분좋게 하는 환자이길 바랐다. 의사는 여전히 이상적인 아버지였지만 이제는 이상적인 데이트 상대이기도 했다. 그들은 루시의 옅은 푸른색 눈을 펜라이트 빛으로 비추며 들여다보는 바쁘고 힘있는 남자였다. 언젠가 루시가 성형외과 의사들이 모인 곳에서 강연을 한 적이 있는데, 나중에 그중 한 의사가 루시에게 다가와 자기 진료실에 가서 진찰을 해보자고 했다. 루시에게 도움이 될 만한 새로운 아이디어가 몇 개 있다면서. 두 사람은 진찰대 위에서 사랑을 나누었다.

"그건 내 궁극적인 판타지였어." 루시는 말했다. "그 사람이 유부남이고 재수없는 놈이라는 부분만 빼면."

그 두 부분을 무시하며 루시는 그 남자에게 몇 번 다시 돌아갔다. 나는 그 의사가 루시에게 진찰 비용을 청구하지 않은 게 기적 같은 일이라고 생각했다.

연인보다는 아버지 같은 의사에 대한 판타지도 여전히 루시에겐 크게 남아 있었다. 이 판타지에서 의사는 다른 모든 환자를 집으로 돌려보낸다. 그에겐 루시가 하고 싶었던 말을 전부 들어주고 몹시 사소하고 부끄러운 질문까지도 전부 들어줄 시간이 있다. 그런 다음 의사는 루시를 자기 집으로 초대해 저녁 식사를 대접한다. 그의 아내와 아이들은 루시를 너무나 사랑해서 딸의 침실을 루시에게 내준다. 바로 이런 의사의 모습을 루시는 칼에게서 발견했다.

1994년 10월에 루시를 소개해주기 위해 칼과 함께 뉴욕에 갔다. 루시의 아파트에서 몇 블록 떨어진 커핑 룸이라는 레스토랑에서 브런치를 같이하기로 했다. 춥고 습한 날이라 레스토랑에 비치된 여분의 의자와 벽의 옷걸이에 두툼한 코트들이 걸려 있었다. 루시는 늦었고, 나는 칼과 함께 거기 앉아 내가 실수를 저지르는 건지도 모르겠다고 생각했다. 만약 칼이 마음에 들지 않으면 루시는 내게 말할 테고, 나는 루시가 그렇게 느낀다는 걸 알고 싶지 않았다. 칼은 나를 안심시켰다. 살면서 많은 사람을 만나보았지만 대다수는 자신을 좋아했다면서.

십 분 후 루시는 열로 붉게 달아오른 얼굴로 나타났다. 머리카락과 피부가 약간 축축하고 스웨터를 몇 개나 껴입고 있었다. 나는 두 사람을 서로에게 소개했다. "나 아파." 루시가 칼 옆자리에 앉으면서 말했다. 루시는 정말로 아팠다. 집에서 쉬어야 했지만 나 때문에, 나의 새 남자친구를 만나볼 기회를 놓치고 싶지 않았기에 나온 것이었다.

칼은 루시에게 차를 주문해주고 손가락 두 개를 루시의 손목 안쪽에 댔다. 잠시 후엔 루시의 이마를 만져보았다.

"폐렴에 잘 걸려요." 루시가 말했다. "이것저것 다 폐로 들어가서요."

그러자 칼은 의자를 뒤로 빼고 일어나 그 붐비는 레스토랑 안에서, 서로 대화를 좀 나누기도 전에, 자기 귀를 루시의 등에 대고는 숨을 들이마시라고 했다. 루시는 숨을 들이마시며 나를 쳐다봤는데, 처음엔 '이거 뭐야?'라는 표정이었지만 숨을 내쉴 때는 미소 짓고 있었다. 어느 잘생긴 남자가 만나자마자 자기 등에 머리를 대다니 멋진 일이 아닐 수 없었다.

"폐는 괜찮아요." 칼이 말했다.

"팬케이크 주세요." 루시는 웨이트리스에게 말했다. "좀 설

익혀서요." 그런 다음 코를 풀었다. 칼은 손을 내밀어 휴지를 달라고 했다.

"제가 코 푼 걸 보고 싶으세요?" 루시가 말했다.

나는 좀 지나치다고 생각했지만 그 순간 루시의 마음은 녹아내렸다. 루시가 나중에 내게 말하길, 살면서 누군가가 휴지에 묻은 내용물에 관심을 기울여주길 바란 적이 몇 번 있긴 하지만 병원에서나 병원 밖에서나 실제로 보자고 한 사람은 없었다고 했다.

칼은 루시의 병력 전체를 듣고 싶어했다. 그건 계란과 토스트로 아침식사를 하는 동안 중국의 정치사 전체를 들려달라고 하는 거나 마찬가지였다. 칼은 중간중간 루시의 말을 끊고 더 많은 질문을 던지며 더 길게 이야기하도록 부추겼다. 우리는 하루종일 같이 있었다. 저녁식사를 함께하며, 식당 직원들이 의자를 테이블 위로 올리고 빗자루를 들어 우리를 밖으로 내보낼 때까지 계속 이야기를 나눴다. 대화가 현재 시점에 도달하자 루시는 수술이 기본적으로는 끝난 것 같다고, 끝난 것이어야 한다고 했다. 단, 여전히 치아가 필요하긴 했다.

치아는 루시가 받은 수술의 역사에서 마지막 장이 될 것이었다. 그러나 얼마나 많은 수술을 받든 치아는 항상 닿을 듯 말 듯 도달하지 못하는 지점에 있는 것 같았다. 어린 시절에 수없이 받은 방사선치료로 루시는 아랫니 전부를 잃고 앞니

몇 개를 제외하곤 윗니도 대부분 잃었다. 열 살 이후 루시의 식사는 으깨어 만든 부드러운 음식을 입천장과 혀를 사용해 씹은 다음 물과 함께 조금씩 삼키는 것이었다. 자주 목이 막혀서 한번은 뉴욕 스테이크하우스에서 시인 토머스 럭스가 하임리히법으로 루시의 목숨을 극적으로 구한 적도 있다. 루시는 스코틀랜드에 있을 때 치아를 해넣을 수도 있었다고 했다. 다만 그러려면 언제 끝날지 모르는 채로 거기서 계속 지내야 했고, 그랬다면 또다시 삶에 끌려다닌다는 패배감이 들었을 것이다. 미국에서는 턱에 생긴 암으로 치아를 전부 잃어도 그걸 치과 문제로만 여긴다. 치아 임플란트는 치아보험으로만 보장되는데, 대부분의 작가처럼 루시 역시 그런 보험은 꿈도 꿀 수 없었다. 임플란트 치아 하나에 1500달러나 들기도 했고, 루시에겐 그만한 돈을 마련할 방법이 없었다.

"우리가 치아를 갖게 해줄게요." 칼이 말했다.

"그냥 가질 수 있는 게 아니에요." 루시가 말했다.

칼은 루시가 틀렸다고 생각하면서, 마치 점심식사 계산서를 집어드는 일처럼 간단한 문제라는 듯 가볍게 고개를 저었다. "나는 사람들에게, 그러니까 병원과 다른 의사들한테 일거리를 많이 얻어다줘요." 칼이 말했다. "내가 부탁하면 그 사람들은 기꺼이 들어줄 거예요. 최악의 상황에는 제가 지불하면 됩니다."

진실과 아름다움

루시는 칼의 말에 거의 격분했다. "내가 평생 동안 할 수 없었던 일을 그렇게 쉬운 일인 양 말하지 마세요." 루시가 말했다. "쉬운 일이 아니에요. 불가능해요."

"돈과 그 일을 할 사람을 찾는 문제라면 쉬운 일이에요."

몇 시간이나 이야기하고 나서 우리 셋은 비를 맞으며 약국으로 걸어갔고, 칼은 루시에게 항생제를 사주었다. 고열에 맞서 싸울 약, 그리고 휴지의 내용물이라고 그가 짐작한 무언가에 맞서 싸울 약이었다. 그런 다음 우리는 루시를 아파트에 데려다주고 침대에 누워 자도록 했다. 아파트에서 나온 후 내가 칼을 얼마나 잘 알고 있을까 생각했다. 루시와 마찬가지로 나도 칼의 장담이 지나쳐서 거북했다.

한 달 후 칼은 루시에게 내슈빌행 비행기표를 보냈다. 치아 상담을 해줄 사람을 몇 찾아두었다고 했다.

어머니는 슬릭이라는 늙고 엄청나게 추레한 검은 고양이를 키웠는데, 우리 중 누구도 그 고양이에게 별 관심을 쏟지 않았다. 지금 과거시제로 말하지만 슬릭은 이 순간에도 여전히 살아 있다. 열여덟 살이고, 반쯤 눈이 먼데다 치아는 세 개밖에 안 남았다. 고양이가 캔에 담긴 자기 음식을 먹으러 아침마다 나타난다는 사실에 우리는 매일 놀란다. 슬릭은 루시를 사랑하고 루시도 슬릭을 사랑했다. 루시는 내 어머니의 집에서 고양이를 안고 이 방 저 방 돌아다니고 옆구리를 손바닥으로 리듬감 있게 토닥였다. 빨랫줄에 널린 먼지투성이 소파 쿠션을 두드리듯 루시가 슬릭을 두드리는 모습은 마치 학대하는 것처럼 보였지만 슬릭은 너무도 좋아했다. 환희에 차서 그르렁거리고 루시가 지쳐서 멈출 때마다 머리를 루시의 손에 들이밀었다.

고양이보호협회에서 구조한 고양이 한 마리를 돌보고 있어. 지난번 편지에서 말한 고양이와는 다른 녀석이야. 이 고양이는 처음 왔을 때 완전히 엉망이었어. 그렇게 겁먹고 어쩔 줄 몰라 하는 동물은 정말 본 적이 없다. 먹지도 않고 놀지도 않고 그저 자기가 찾을 수 있는 가장 어두운 구석에 틀어박혀 있으려고만 했어. 하지만 많은 시간을 같이 보낸 후 이젠 정말 달라졌다. 그르렁대고 장난치고 호기심을 보여. 고양이 정신과 의사가 된 듯 뿌듯한 마음이 든다. 얼마나 사소한 일이든 세상을 변화시키는 작지만 긍정적인 일을 할 수 있다는 것, 이 사실을 다시 생각하게 되어 좋구나. 아직까지도 자기를 안아올리는 걸 싫어하기는 해. 가까이 갈 때마다 내가 자기를 붙잡아 고양이 스튜를 만들 거라고 확신하는 것 같아. 하지만 일단 붙잡고 나면 정말 다정해져서 내 목에 스카프처럼 감긴 채로 자기를 해치지 않아줘서 무척 고맙다는 양 그르렁거리지.

루시는 어떤 고양이가 안기고 싶어하는지, 어떤 고양이가 두드려주길 원하는지 알았다. 루시가 무언가에 부여하는 중요도가 내겐 반대인 듯 보일 때가 굉장히 많았지만, 어떤 면에서 루시는 세상이 돌아가는 이치를 남다르게 이해하고 있었다. 이십 년이나 치아 없이 지내다가 이가 생길 상황에 놓이면 굉장히 신나하거나 아니면 겁먹을 거라고 생각했는데, 루시는 그저 어깨를 으쓱하는 정도였다. 루시는 가능한 결과를 따져보며 집착하지 않았다. 그냥 가서 의사가 무슨 말을 하나 들어보고자 했다. 그리고 루시가 옳았다.

구강외과 의사는 진료실에 앉은 우리에게 치아 임플란트 시술 책자를 건넸다. 광택지에 컬러 그림이 많이 실린 책으로, 우리가 그림을 넘겨보는 동안 의사는 시술 과정을 설명했다. 먼저 금속 말뚝 같은 것을 치아마다 하나씩 턱에 심는다. 말뚝은 부어오른 붉은 잇몸에서 번쩍이는 갈고리처럼 돌출되어 있었다. 무서운 살인자가 희생자를 잘근잘근 씹어먹는, 아직 존재하지 않는 어느 공포영화를 위한 시제품 같았다. 그다음에 치아를 갈고리에 끼우는데, 한 번에 두어 개씩 계속 끼워나간다.

"맙소사." 루시는 말했다.

"다른 방법은 없을까요?" 내가 물었다.

"틀니라든가." 루시가 말했다.

의사는 루시를 다시 진료 의자에 앉히고 입안에 불빛을 비췄다. 나에게 반대편으로 와서 보라고 했다. 루시가 입을 크게 벌리지는 못했지만 나는 울퉁불퉁한 바위 동굴 같은 것을 볼 수 있었다. 그곳은 대충 마무리된 매 수술의 흔적이 전부 아무렇게나 모여 있는 장소였다.

"틀니를 붙일 수 있는 판 같은 게 전혀 없다는 걸 알겠죠. 틀니를 장착할 만한 부분이 정말 전혀 없어요. 임플란트여야 합니다. 그마저도 꽤 까다로울 것이고요."

의사가 나간 뒤 루시는 담청색 인조가죽 의자에서 일어나 앉았다. 종이 턱받이를 풀어 손에 쥐었다. 루시는 불안정해 보이더니, 이내 훌쩍훌쩍 울기 시작했다.

"너무 부끄러워." 루시가 말했다.

"부끄럽다고?" 나는 비스듬한 진료 의자 위 루시 옆에 앉았다. "뭐가 부끄럽다는 거야?"

"친구가 내 입안을 들여다본 적은 이제껏 한 번도 없었어."

그게 가능한가? 내가 루시의 입속을 본 적이 없나? 내가 아직까지 보지 못한 무언가가 과연 존재하나?

구강외과 의사는 우리를 성형외과 의사에게 보냈다. 모든 관계자의 시간을 아끼기 위해서는 성형외과가 시작이어야 했다. 의사는 루시의 턱 엑스레이 사진을 찍어 조명판 위에 걸었다. 뼈를 서로 붙잡아두는 꼬인 철사가 있고, 내가 거기 있는 줄 몰랐던 임플란트 기둥이 몇 개의 치아 아래 있었다. 루시가 차고 있던 목걸이가 보일 듯 말 듯 한 유령처럼 찍혀 있었다. 예쁘고 친절한 금발의 의사가 가운 주머니에서 플라스틱 펜을 꺼내 상태가 엉망인 루시의 아래턱을 가리켰다. "임플란트는 안 되겠어요." 의사는 말했다. "지금 남아 있는 뼈에 심는 과정에서 임플란트가 부러질 거예요. 만약 심는 데 성공한다고 해도 씹을 때 턱이 부서질 거예요. 이 턱은 씹기 위한 턱이 아닙니다."

"그럼 대안은 뭐죠?" 루시가 말했다.

의사는 조명판 등을 달각 끄고는 루시에게 사진을 건넸다. "제가 드릴 수 있는 최선의 조언은 앞으로 가능한 한 오래, 지금껏 지내왔던 대로 지내시라는 겁니다. 임플란트를 심을 수 있을 만큼 아래턱을 보강하기 위해 골이식을 또 받을 생각이 아니라면요."

뉴욕이 아니라 테네시에 있었기에 루시는 그 소식을 더 수월히 받아들일 수 있었다. 그 의사들은 뉴욕 같은 도시에서 거물급 의사가 어떤 마법을 부릴 수 있는지 모르는 시골뜨기였다. 딱 맞는 의사를 찾기만 하면 문제는 해결될 것이었다. 대담하고 혁신적인 사람, 루시가 자신을 건 만큼 루시의 모든 걸 걸고 위험을 기꺼이 감수할 사람이어야 했다. 루시는 엑스레이 사진을 내 차 뒷좌석에 던졌다.

"내가 가져도 돼?" 나는 루시에게 물었다.

루시는 흔쾌히 그러라고 했고, 내 아파트로 돌아와서 우리는 사진을 냉장고에 붙였다. 내가 보았던 루시의 다른 사진들보다 더 루시다운 무언가가 그 엑스레이 사진에 있었다.

"칼한테 전화할게." 나는 루시에게 말했다. "이다음에 뭘 해야 하는지 알 거야."

"이다음에 해야 할 일은 없어." 루시가 말했다. 딱히 실망한 것 같지 않았다. 결국 루시가 옳았다. 칼은 루시가 얼마나 까다로운 사례인지 과소평가했다.

"다른 무언가가 있을 거야." 나는 말했다. 병원에 있는 칼에게 전화해서 상황을 설명했다.

"아, 그렇군." 칼이 말했다. "어쨌든 시도는 해본 거지."

그렇지만 칼은 확신하지 않았나? 루시의 눈을 똑바로 쳐다보며 치아를 갖게 해주겠다고 말하지 않았나? "우리가 만나볼 만한 다른 의사는 없어?"

"그 사람들 훌륭한 의사야. 그들이 안 된다고 하면 아마 안 될 거야."

커핑 룸에서 칼이 루시에게 한 이야기는 의사로서 한 말임을 깨달았다. 루시와 칼 둘 다 이 점을 이해하고 있었다. 하지만 나는 칼이 불가능한 일을 실현시킬 수 있는 마법사 같은 존재로서 말하는 거라고 여겼다.

그날 저녁 어머니와 의붓아버지의 집에서 의붓언니 마시와 약혼자 롭을 위한 약혼 파티가 열렸다. 어찌된 일인지 손님이 다들 사십오 분 일찍 왔고, 그래서 루시와 내가 도착했을 때 (우리는 의사들을 머릿속에서 떨쳐내고자 영화관에 들렀다가 갔다) 우리는 늦은 셈이 되었다. 손님들이 결혼식 이야기를 하며 와인을 마시는 동안 우리는 모인 사람들을 뚫고 위층으로 달려올라가 옷을 갈아입었다. 내가 늦었다는 게 싫었고, 빨리 옷을 갈아입고 주방으로 가서 카나페 쟁반을 나르는 어머니를 돕고 싶었다. 옷을 다 입자 루시가 평가하는 듯한 엄한 표정으로 나를 쳐다봤다.

"왜?"

"치마." 루시가 심각하게 말했다.

"너무 짧아?" 치마가 짧긴 했지만 검은 스타킹 위에 입은 검은 치마라 그렇게 눈에 띄지는 않을 거라고 생각했다.

루시가 내 어깨에 손을 올렸다. "이 말을 하는 건 널 사랑하기 때문이고 네가 이 세상에서 나와 가장 가까운 친구이기 때문이야."

"말해봐."

"한 사람을 진정으로 사랑할 때만, 그리고 자신도 상대방에게 그렇게 사랑받는다고 느낄 때만 우리는 완전히 정직해질 수 있어."

"치마가 어떤데." 내가 재촉했다.

"아래층엔 가족과 친척이 있지." 루시는 가르치는 말투로 속삭였다. "그리고 넌 완전히 걸레처럼 보여."

그 치마는 허리에 달린 똑딱단추로 고정하는 랩스커트라서 쉽게 벗길 수 있었다. 의심할 바 없이 야한 매력이 있었다. 나는 이 초 만에 그걸 벗고 종아리를 얌전히 덮는 회색 모직 치마를 입었다. 어머니는 이 년 전쯤에 재혼했으며 아래층에 있는 새아버지와 나의 관계는 여전히 불편하고 정중했다. 두 분은 그렇게 짧은 치마를 유행하는 멋진 패션으로 보기보다 천박하게 여기며 어색해할 수도 있었다. 감사의 뜻에서 루시의 이마에 키스했다. "사랑해." 나는 말했다. "또 한번 내 목숨을 빚졌구나."

루시는 눈을 감고 고개를 끄덕였다. "이쯤이야."

내가 아래층에 가득 모인 가족에게로 서둘러 내려가는 동안 루시는 샤워를 했다. 아니면 그 반대일 수도 있었다. 내 가족은 위층에서 샤워를 하고, 나는 다정하지만 낯선 이들의 무리 속으로 걸어들어가는 것인지도 몰랐다. 루시와 나는 서로의 역사였다. 나는 치아를 얻기 위한 루시의 탐색을 지켜봤으며 루시는 내가 창피당하기 직전에 막아주었다. 이게 가족이 아니라면 무얼까?

십 분 후 가벼운 발걸음으로 계단을 내려오는 루시는 엄청나게 섹시해 보였다. 하이힐을 신고, 터틀넥 스웨터에, 식탁 위 냅킨처럼 조그만 내 검은 치마를 입고 있었다.

"속았지." 루시가 말했다.

12장

 루시는 돈 문제에 있어 엉망이었다. 마르크스 브라더스*라든지 로럴과 하디**가 돈 문제에 있어 엉망이었다면 바로 루시 같은 모습이었을 것이다. 〈로럴과 하디, 은행에 가다〉라는 영화를 상상해볼 수 있다. 주인공들이 평생 모은 돈을 은행에 안전하게 보관하기 위해 길을 나서지만 매번 다른 데 정신이 팔리고 만다. 예쁜 아가씨, 나비, 떼쓰는 아이들. 그러는 동안 돈은 마치 부주의하게 흘린 빵 부스러기처럼 그들의 주머니에서

---

* 20세기 전반에 활발히 활동하며 미국 코미디계에 막대한 영향을 끼친 가족 코미디단.
** 1920년대부터 1950년대까지 할리우드에서 활동하며 큰 인기를 끈 코미디언 듀오.

펄럭이며 떨어진다. 속편으로 〈다시 은행에 가다〉라는 영화도 상상해볼 수 있다. 두 사람은 은행에 맡기려고 했던 큰 액수의 수표에 실수로 껌을 뱉고, 영화의 남은 시간 내내 그 끈적끈적하게 더럽혀진 부분을 원상복구하기 위해 고군분투한다. 루시가 바로 그런 식이었다. 루시는 거의 자석에 이끌리듯 가난에 가까워졌다. 돈이 생기면 그걸 나눠주거나 낭비했다. 루시는 말을 구입했다. 계획에 없던 모로코 여행길에 훌쩍 올랐다. 다른 모든 일과 마찬가지로 돈은 마법 같아야 했다. 뜻밖에 찾아와서 멋지게 떠나야 했다. 예산을 세우거나 저축하는 일은 없었는데, 그런 건 일반 노동자에게나 통용되는 개념이었다. 루시에게 돈이란 해외 판권료로 받은 수표의 형태로 찾아왔다. 소호의 상점 쇼윈도에 걸린 완벽한 가죽 바지를 발견한 바로 몇 분 후에 기대치 않은 손님처럼 나타나는 무엇이었다. 한번은 총 5만 달러에 이르는 수표가 루시의 냉장고에 자석으로 붙어 있는 걸 본 적도 있다.

"은행에 못 갔어." 루시는 말했다.

"하지만 왜 냉장고에?"

"와이팅에서 보낸 수표를 방금 찾았거든. 보이는 곳에 두는 게 안전할 것 같았어." 와이팅 재단의 상금 3만 달러는 두 차례로 나누어 지급되었다. 첫번째로 온 수표가 사라져 한 달 이상 보이지 않아 루시는 수표를 다시 한번 보내달라고 요청해야 하나 두려워하던 참이었다.

그 몇 달 전, 유명세가 절정에 달했던 시기였음에도 인세 지급일 사이에 현금이 떨어지자 루시는 어느 갤러리에 접수원으로 취직했는데, 사람들이 들어와서 똑같은 말을 계속 던졌다. "제가 방금 읽은 책을 쓰신 분 아닌가요?"

마치 루시의 아파트에 열린 창문이 있어서 그곳으로 구겨진 지폐 더미가 나뭇잎처럼 날려 들락날락하는 것 같았다. 때로 돈의 흐름이 원활할 때면 루시는 조기 인출시 엄청난 위약금을 물어야 하는 자영업자 연금 계좌에 돈을 넣었지만, 결국 육 개월 후 위약금을 지불하고 돈을 꺼내곤 했다. 루시는 소설 속 인물의 삶을 살길 원했는데, 샴페인과 수돗물 사이에서 끊임없이 왔다갔다하는 모습이 피츠제럴드 소설에서 바로 튀어나온 인물 같기도 했다. 전화 발신자 식별 기능은 특별히 루시를 염두에 두고 발명된 게 분명해서, 루시가 수금 기관의 전화를 피하는 데 큰 도움이 되었다. 루시는 빚 독촉을 받는 걸 전혀 좋아하지 않았지만, 그럼에도 마치 〈라 보엠〉에서 문을 쾅쾅 두드리는 집주인의 존재처럼 그것을 예술가의 숙명으로 받아들였다.

물론 루시는 청구서가 하나도 없길 소원했다. 때로는 청구서라는 짐의 무게에 심하게 짓눌리기도 했다. 그렇지만 한편으로는 빚이라는 문제를 다루는 데 매우 능숙했다. 루시에게 빚은 일상적인 풍경의 일부였다. 경관에 느낌을 더하는 나무라든지 관목 같은 것이었다. 루시는 인생 대부분을 늘어만 가는 병원비에 짓눌리며 살아왔다. 학자금 대출 역시 무시무시하게 쌓여 있었다. 시시때때로 몇백 달러씩 던져주면서 루시는 이 빚을 따돌리고자 했다. 그러면서도 정기적인 상환을 위한 할부 지불 책자*는 절대 사용하지 않았다. 마침내 큰 성공과 큰돈을 얻었을 때 루시는 자신에게 그 모두를 누릴 자격이 있다고 여겼다. 오랫동안 그것 없이 살아왔기 때문이다. 루시는 열심히 노력했고 이룬 것을 누릴 자격이 있었다. 이게 무슨 말이냐 하면, 루시가 세금의 상당 부분을 내지 않았으며, 그래서 시계 초침이 딸깍일 때마다 빚이 불어났다는 것이다. 이따금 루시는 세무 변호사를 고용해 엉망인 상황을 정리해보려고 했지만 지불되지 않은 새로운 청구서만 생길 뿐이었다. 바로 변호사 수임료 청구서였다.

나는 루시에게 돈을 주었다. 루시의 친구 대부분이 그랬다. 루시는 친구들에게 돌아가며 돈을 빌렸지만 무리한 요구는 하지 않았다. "목요일에 갚을게." 루시는 말하곤 했다. "『보그』에 쓴 기사로 받을 원고료가 있어. 그때까지는 수표가 들어올

---

* 대출 상환을 돕는 도구. 할부 상환일과 상환 금액이 적힌 쿠폰이 묶여 있어서 사용자가 쉽게 해당 날짜에 해당 금액을 납입할 수 있다.

거야."

"빌려주는 거 아냐." 나는 말했고, 돈을 주었다. "네가 전화를 피하는 또다른 인물이 되고 싶지는 않아."

루시는 돈을 갚지 않았지만 자신보다 덜 가진 사람에게 돈을 주었다.

물론 루시에게는 돈을 벌 수 있는 엄청난 능력이 있었다. 다만 돈 가까이에 갈 때마다 얼어붙는다는 게 문제였다. 잡지 편집자들은 루시에게 줄기차게 전화했다. 루시는 훌륭한 작가이자 유명한 작가였고, 전미잡지상까지 수상하면서 더 큰 영향력이 생겼다. 원고료도 올랐다. 하지만 루시는 일을 끝내는 것보다 일을 수락하는 것을 더 잘했다. 『얼루어』에 이천 단어짜리 기사를 쓰기로 약속해놓고는 마치 수금 기관의 전화를 열심히 피할 때처럼 편집자의 전화를 피했다. 루시는 이색적인 원고 청탁을 좋아했다. 한번은 여성 스포츠 잡지의 일을 맡아 아일랜드에서 홀로 말을 탔다. 빗속에 약도만 들고 다음 농가에 도달하는 길을 물어가며 진흙탕과 늪지를 건넜다. 그러나 기사 쓰기는 고문이 되었고, 몇 달간 편집자에게 시달려야 했다.

"혼자 말을 타고 아일랜드를 가로지를 수 있는 사람이 얼마나 되겠니?" 나는 단골 격려사를 시작했다. "넌 이미 불가능한 부분을 해낸 거야. 그냥 쓰기만 하면 돼."

하지만 잡지 기사는 작은 물고기일 뿐이었다. 루시가 정말로 써야 했던 건, 큰돈을 위해 모두가 루시에게 쓰길 바랐던 건 새 책 기획안이었다. 책 전부를 쓸 필요는 없었다. 당분간은 말이다. 책의 일부만, 스무 쪽만 쓰면 됐다. 스무 쪽보다 적어도 괜찮았다. 내가 열일곱 살 때부터 알았던 사실을 마침내 세상 사람들도 알게 된 때였다. 루시 그릴리가 대단히 흥미로운 사람이라는 것. 사람들은 루시가 어떤 이야기를 하든 듣고 싶어했다.

"탱고에 관한 책을 쓸 거야." 루시가 말했다. "로버트 듀발*이 탱고를 배운 학원에 등록했어."

"멋진데."

"탱고의 역사, 탱고 배우기, 은유로서의 탱고. 전부 몹시 관능적이야."

그리하여 루시는 춤을 췄다. 루시는 강사에게 몸을 맡기고 머리카락이 거의 바닥에 스칠 정도로 머리를 뒤로 젖히는 부분을 좋아했다. 그러나 다음 노래가 시작되자 이번에는 자신이 상대방의 머리를 뒤로 젖히고 싶어졌다. 탱고는 그렇게 추는 게 아니었다. 탱고 슈즈 끈을 묶을 때마다 루시는 기획한 책에 점점 더 흥미를 잃어갔고, 얼마 후엔 그 아이디어를 완전히 버렸다. 일 년쯤 후 어느 밤, 우리는 프로빈스타운에서 함께 낭

---

* 미국의 배우. 〈어쌔신 탱고〉라는 영화에서 직접 탱고를 췄다.

독회를 하게 되었다. 둘 다 순수예술창작센터의 여름 프로그램에서 가르치고 있을 때였다. 헛간을 개조한 건물 맨 아래층에 있는 넓은 아파트에서 함께 지냈는데, 그곳에는 우리가 해변에서 오후를 보내고 올 때마다 묻히고 들어온 모래가 늘 잔뜩이었다. "뭐 읽을 거야?" 나는 물었다.

"탱고 에세이."

"탱고에 관한 글을 끝낸 줄 몰랐는데."

"탱고에 관한 글이라기보다는," 루시가 말했다. "탱고에서 영감을 얻은 글이야." 루시는 가볍게 일어나 발을 구르면서 인상적인 댄스 스텝을 몇 개 밟아 보인 다음 등을 뒤로 젖히고 손을 머리 위로 올렸다.

내가 먼저 낭독을 했다. 살면서 배운 게 있다면, 무슨 일이든 루시 다음에 해서는 절대 안 된다는 것이었다. 나는 프로빈스타운으로 돌아오는 게 언제나 좋았고, 창작센터에서 낭독회를 하는 게 좋았다. 그곳만큼 낭독이 즐거운 곳은 거의 없었다. 그곳은 내 인생의 모든 것이 뒤바뀐 곳이었다. 루시와 내가 각자의 첫 책을 쓴 곳이었다. 7월의 맑고 더운 날, 그곳에 루시와 동석해 내 세번째 책을 읽자니 지극히 기뻤다. 루시와 엘리자베스 매크래컨에게 헌정한 책이었다.

낭독을 마치자 루시가 몸을 기울여 내게 키스했다. 루시가 연단에 올랐을 때, 루시가 쓴 글을 청중 모두와 마찬가지로 나 역시 처음으로 듣게 되다니 웃기다고 생각했다. 루시는 그날 오후에 산, 가운데에 흰색 줄무늬가 그어진 자그마한 파란색 니트를 입고 있었다. 햇볕에 그을린 금발의 루시는 여름처럼 보였다. "오, 안녕하세요." 루시가 청중에게 말했다. 마치 방금 그곳에 들어와 우리가 있는 걸 보고는 반갑고 놀랐다는 투였다.

"안녕하세요!" 우리도 루시에게 말했다.

루시는 그 탱고 에세이를 읽었다. 내게 말한 대로 이름만 탱고에 관한 글이었다. 그보다도 그건 섹스에 관한 글이었다. 지배하고 지배당하고 싶은, 상충되어 보이는 욕망들에 관한 글이었다. 열정에 휩쓸려 끝없이 탱고를 추는, 〈애덤스 패밀리〉*의 두 인물 모티시아 애덤스와 고메즈 애덤스 사이의 관계를 다룬 글이었다. 루시가 이스트빌리지의 바에서 만난 남자와 함께 『코스모폴리탄』에 실린 섹스 퀴즈에 답하다가 "맞아요, 사실이에요, 여자는 무제한으로 오르가슴을 느낄 수 있어요"라고 장담한 일에 관한 글이었다. 남자가 못 믿겠다고 하자 루시는 그를 자신의 아파트로 데려가 침대 발치에 앉힌 후 그게 가능하다는 걸 보여주었다, 열일곱 번을.

---

* 미국의 만화가 찰스 애덤스가 창작한 만화. 기괴하고도 코믹한 가족이 등장하는 이 만화는 처음으로 잡지에 실린 1938년 이후 지금까지 여러 차례 TV 시리즈와 영화로 제작되었다.

낭독을 들으며 여러 생각이 두서없이 떠올랐다. 루시가 밤새 낯선 사람 앞에서 자위를 했다는 걸 믿을 수 없고, 그런 일이 있었음을 내게 말하지 않았다는 걸 믿을 수 없고, 그 일에 관해 글을 써서 우리가 함께 낭독회를 하는 밤에 낯선 이들로 가득한 장소에서 읽었다는 걸 믿을 수 없었다. 충격이 문학에 대한 특히나 중요하고 가치 있는 반응이라고 할 수는 없지만, 어쨌든 나는 그 전부에 충격을 받았다. 루시가 했던 행위 자체와 마찬가지로 루시의 이야기는 잠깐 섹시했던 무언가에서 끝도 없이 기계적으로 계속되는 무언가로, 이내 민망한 무언가로, 그러다가 마침내는 진이 빠져버리는 무언가로 변해갔다. 우리는 프로빈스타운에 있었다. 바로 어제만 해도 내 학생 중 하나가 어머니와 통화하면서 자기 고환 부위를 면도했다는 이야기를 낭독한 그런 곳으로, 유일하게 나만 당황한 것 같았다.

"어떤 내용인지 말해주지 그랬어." 저녁을 먹으러 가는 길에 루시에게 말했다. 나는 루시에게 화가 났지만, 화났다는 사실 자체가 나를 고상한 척하는 사람으로 만드는 것 같았다.

"자기야," 내 어깨에 머리를 기대며 루시가 말했다. "나한테 화났구나."

"화 안 났어." 나는 거짓말을 했다.

"네 감수성에 안 맞지." 루시는 말했다. "용서해줘." 어두워서 보이지 않았지만 그 어조에서 루시가 즐거워한다는 걸 알 수 있었다.

탱고 에세이가 '필요한 것들'이라는 제목을 달고 루시의 에세이집 『TV에서 본 것처럼』에 실렸을 때 자위 장면은 상당히 짧아지고 바에서 만난 낯선 사람 앞에서가 아니라 친구와 내기 끝에 한 일로 바뀌었다. 이렇게 수정한 것은 나 혹은 내 감수성과는 상관없었다. 루시는 그저 자기 에세이를 퇴고했을 뿐이었다.

그해 겨울 루시는 뉴햄프셔에 있는 맥다월 콜로니에서 팔 주를 보냈다. 그곳에서 내 레지던시 기간은 루시가 오기 일주일 전에 끝났고, 나는 루시를 위해 크로스컨트리 스키를 남겨두었다. 그해에 유난히 스키 타기에 좋은 눈이 내렸기 때문이다. 루시가 할일은 새 책, 이번에는 사랑의 여러 측면을 주제로 한 책의 기획안을 쓰는 게 전부였다. 스무 쪽만 쓰면 됐다. 그러나 루시는 당구에 정신이 팔려버렸다. 레지던시에서 제일 멋진 사람들이 당구를 쳤고, 루시는 당구 기술을 연마하며 오후를 보냈다. 팔 주 후 루시는 단 한 쪽도 쓰지 않은 채로 뉴욕에 돌아와서는 전문가용 당구 큐대를 샀다. 돌려서 분리한 다음 피콜로 케이스처럼 보이는 가방에 넣을 수 있는 큐대였다. 그러곤 당구장에서 시간을 보내기 시작했다. "그래도 당구대 위에서 섹스는 해봤지." 루시는 말했다.

어떤 사람에게는 쉬운 일이 다른 사람에게는 불가능한 일이다. 나는 잡지에 글을 싣는 것이 쉽게 돈을 버는 방법이며 책을 쓰는 것이 합리적이고 실용적인 생활 방편이라고 생각했다. 하지만 루시는 그런 일을 진정 고문으로 느꼈다. 대신 강사직을 맡겠다고 했다.

"그건 일이 너무 많아!" 내가 말했다. 가르치는 일을 할 때면 나는 완전히 소진되고 사탕 껍질처럼 텅 비어버렸다.

"내겐 시간표가 필요해." 루시는 말했다. "그래야 억지로라도 시간을 체계적으로 쓸 수 있어. 이 모든 자유 시간이 나한테 도움이 되지 않는 것 같아."

물론 루시가 옳았다. 루시는 예전에도 강사 일을 한 적이 있었다. 또한 정해진 일과를 좋아하고 사람들이 주변에 있는 걸 좋아했다. 나로서는 전혀 마음이 끌리지 않는 두 가지였다. 이후 몇 년간 루시는 세라로런스에서 가르쳤다. 뉴 스쿨에서 가르쳤다. 베닝턴과 애머스트에서 가르쳤고, 자기 아파트에서 상당한 수업료를 받고 개인교습을 하기도 했다. 수업 대부분이 원격으로 이루어지는 대학원 프로그램의 수업을 맡기도 했다. 학생들의 과제가 소포로 배송되어 오고 일 년에 두 번만 학생들을 만나 집중 수업을 하면 되는 프로그램이었다. 어떤 학기에 루시는 동시에 세 곳에서 가르치기도 했다. 여름 워크숍에서도 가르치고 몬태나에서도 십 주간 가르쳤다. 초청 강좌나 사흘짜리 워크숍을 하느라 전국을 돌아다녔다. 루시는 고등학생들에게 대단히 인기를 끌었고, 여러 부유한 사립고등학교에서 강연을 하기 위해 계속 비행기를 탔다. 학생들이 루시가 엘비스인 양 환호하는 소리를 들으며 무대에 올라 한 시간 동안 진솔한 모습을 보여주는 대가로 후한 보수를 받았다. 간단히 말해, 루시는 일했다. 물 한 잔 마시러 일어날 틈도 없이 학생들의 과제에 점수를 매겼다. 몬티 로버츠*의 책 『말에게 귀기울이는 남자』의 초고 작업도 도왔다. 로버츠의 이야기를 듣고 그가 쓴 메모를 살펴보는 데 수없이 많은 시간을 들였다. 루시 자신 안에서 로버츠의 이야기가 흘러나오기 시작하자 원고를 쓸 수 있었다. 출판사는 루시의 글에 만족한다고 했지만 로버츠는 끝내 그 원고를 받아들이지 않았고, 그래서 루시는 선금의 나머지 반절을 받지 못했다. 이제 루시는 다시 한 번 자기 글을 쓰는 작업으로 돌아가고자 했다.

"비상사태를 선포한다." 루시가 전화로 내게 말했다.

"무슨 뜻?"

"하루에 여섯 페이지를 쓸 것. 그리고 '작가의 작업실'에 가는 경우가 아니면 집에서 나갈 수 없음. 할당량을 채울 때까지 전화도 받으면 안 됨. 헬스클럽에 가는 것도 안 됨. 밤에 외출하는 것도 안 됨." '작가의 작업실'은 루시의 아파트에서 그리

---

* 미국의 말 조련사.

멀지 않은 곳에 있었다. 나가서 일할 공간이 필요한 작가를 위한 장소로, 고작 몇십 센티미터의 간격을 두고 책상이 배치되어 있었다. 아파트에 있다보면 지나치게 외로워질 때가 있어서 구한 공간이었다.

"루시."

"좋아, 밤에 외출은 좀 해도 되겠지. 하지만 여섯 페이지를 쓴 다음에만 외출할 거야. 거기에 추가로 한 페이지 더 썼을 때만 외출할 거야."

비상사태가 안개처럼 끼었다 걷히기를 거듭하면서, 나는 지금이 비상사태인지 아닌지 분간할 수 없게 되었다. 루시는 비상사태일 때든 아니든 내 전화를 받았다. 사람들이 다이어트를 한다고 말만 하고 내일로 미루는 것처럼 그렇게 글을 썼다. 다른 점은, 다이어트를 하는 사람들은 숫자를 줄이려고 애쓰는 반면 루시는 숫자를 올리려고 애쓴다는 것뿐이었다. 루시는 선집과 잡지에 싣기로 약속한 에세이를 쓰기 위해 비상사태 방식을 사용했다. 글쓰기는 언제나 밀리고 언제나 기한을 넘겼다.

그러다가 1998년 1월, 루시는 마침내 스무 쪽의 기획안을 썼고, 에이전트는 그것을 더블데이출판사에 팔았다. 전에 루시와 일해본 적이 없는 출판사로 루시에게 두둑한 선인세를 지급했다. 루시는 소설을 쓸 생각이었다.

"플롯을 구상할 때 도와줘야 해." 루시가 말했다. "그 플롯 짜기라는 게 말이지, 쉽지 않을 것 같아."

"네가 할 수 있을 거라고 믿어. 그렇지만 논픽션으로 쓰는 건 어때? 훨씬 더 쉽지 않겠어?" 루시의 이야기는 수수께끼 같은 오빠를 둔 한 여자에 관한 것이었다. 그 오빠는 일찍이 집을 나가 여자의 인생에서 사라지고, 까다로운 부모를 상대하는 일은 여자의 몫으로 남는다. 부모가 세상을 뜨자 여자는 오빠를 찾는 여정을 시작한다. 루시의 오빠인 숀의 이야기와 크게 다르지 않았다. 숀은 루시와 마지막으로 연락하고 나서 오랜 시간이 흐른 후인 1991년에 죽었다.

"소설을 쓸 거야." 루시가 말했다.

"그렇다면 소설을 써야지. 도와줄게. 나한테 보여줘. 같이 이야기해보자." 루시와 나는 거의 매일 통화하고 내슈빌과 뉴욕 사이를 정기적으로 오갔지만 글쓰기에 관해선 거의 이야기하지 않았다. 글을 쓰지 않는 것이나 쓰기로 되어 있는 글에 관해서만 이야기했다. 작업한 페이지를 서로 바꿔 읽어보자고 제안할 때마다 루시는 흥미를 보이지 않았고, 나도 밀어붙이지 않았다. 루시가 소설을 쓰면서 내 영역을 침범하고 있다고 느낀다는 걸 알았다. 우리 둘의 전문 영역이 겹치지 않는 게 루시에겐 굉장히 중요했다. 내가 세번째 소설 『마법사의 조수』

를 위해 루시의 편집자인 벳시 러너와 일하고 싶어했을 때 루시는 마지못해 허락했다. 그러나 내가 벳시를 만난 다음 벳시가 몹시 마음에 들고 나와 출판계약을 하면 정말 좋겠다고 말하자 루시는 마음을 바꿔 내가 벳시와 일하는 걸 허락할 수 없다고 했다.

완전히 바보가 된 기분이었다. 그때 나는 가진 옷 중 가장 프로페셔널하게 보이는 옷을 입은 채로 소호에 있는 루시의 집 소파에 앉아 있었다. 나는 말했다. "하지만 너한테 물어봤잖아. 네가 괜찮다고 했고." 내가 묻지 않은 질문이 있었으니, 바로 이것이었다. 애초에 내가 왜 네 허락을 구해야 하지?

루시는 어깨를 으쓱할 뿐이었다. "마음이 바뀌었어."

세상에는 소설을 쓰는 사람이 무수히 많다. 나만 할 수 있는 일이 전혀 아닌 것이다. 그럼에도 개미 같은 사람인 나는 루시가 어떻게 하는지도 모르는 일로 그렇게나 많은 돈을 받았다는 생각 때문에 공포에 휩싸였다. 하지만 그건 나의 공포이지 루시의 공포가 아니었기에 입 밖으로 내지 않았다.

더블데이출판사와의 계약은 좋은 방향으로 루시를 고무시켰다. 루시에겐 다시 돈이 생기고 무엇보다 계획이 생겼다. 기획안을 쓰지 못한 채 몇 년을 보낸 후 마침내 이룬 성취였다. 루시는 시간을 체계적으로 쓰고자 내기를 걸었다. 여전히 두 군데 학교에서 가르치고 있었지만 이제는 글을 쓰기 위해 규칙적으로 시간을 내겠다고 단호하게 결심했다. 루시와 루시의 친구 조이는 매주 서로에게 정해진 분량의 원고를 이메일로 보내기로, 그리고 받은 원고를 절대 읽지 않기로 맹세했다. 그럼으로써 두 사람에겐 의무가 생겼고, 비판은 듣지 않아도 됐다. 매주 분량을 채우지 못한 사람이 상대방의 욕실을 청소해주기로 했다.

어느 날 전화를 걸자 루시는 오전 내내 글쓰기가 잘되어서 삶이 만족스럽게 느껴진다고 했다.

"쓴 것 읽어줘." 내가 말했다.

"나중에."

"아니, 오늘, 지금." 나는 전화기를 서재에 있는 소파로 들고 가서 신발을 벗었다. "자," 나는 말했다. "이제 누웠어. 읽어줘."

그러자 루시는 읽었고, 나는 눈을 감았다. 루시는 병원에서 통역사로 일하는 화자가 집에 돌아와 주방에서 거미줄을 발견하는 장면을 읽었다.

"이제 됐어." 루시가 말했다.

"안 됐어. 계속 읽어."

거미줄 부분은 대단히 길고 대단히 아름다웠으며, 나는 세라로런스 시절에 커피숍에서 시를 낭독하던 소녀 루시를, 아이오와 시절 그 밤에 프레리 라이츠 서점에서 낭독하던 루시를 생각했다. 그 거미줄 장면에는 애버딘 시절 루시가 수술 병동에서 손으로 적은 다음 얇은 푸른색 봉투에 넣어 내게 보낸 시들이 들어 있었다. 루시의 글은 아름답고 강렬했다. 루시가 "이게 다야"라고 말할 때마다 더 읽어달라고 했고, 그러면 루시는 더 읽어주었다.

"너는 시인이야." 루시가 써놓은 걸 전부 읽었을 때 나는 말했다.

"나는 소설가가 되고 싶어."

"소설가이기도 해. 그 점이라면 걱정하지 마." 그 순간에 나는 아무것도 걱정할 게 없다고 믿었다. 루시의 글은 매혹적이었다. 의자에 눌러앉아 있는 법만 찾는다면 루시는 소설을 쓸 수 있을 것이었다.

13장

"아는 여자와 이야기를 했는데 말이야," 루시가 말했다. "그 여자에겐 정말 좋은 남편이 있고 여자는 남편을 사랑하고 두 사람에겐 예쁜 아이도 있어. 완벽하다고 할 만한 가족인 거지. 자기 생각에도 완벽한 가족이지만, 글쓰기 때문에 불행해서 가정생활이 즐겁지가 않대. 뭐 하나 출판된 게 없고 자기 직업도 너무 싫대. 사무실에서 일하는데 지겹대. 나한테 '작가로 성공하다니 정말 운이 좋으시네요' 그러더라. 마치 중요한 건 그것뿐이라는 듯 말이야. 그러다가 내가 너무도 작가가 되고 싶어했던 때를 떠올렸어. 그때를 늘 잊어. 앞으로도 계속 잊을 것 같지만, 그때는 내가 해내지 못할까봐 엄청나게 걱정하곤 했어. 만일 내가 완벽한 남자를 만나 사랑에 빠지지만 아무 글도 출판하지 못한다면, 지금하고 똑같이 비참할까?"

 사랑이라는 문제는 루시가 매일 헤엄쳐 들어가는 검은 구덩이였다. 자신이 혼자이고, 혼자이며, 혼자라고 주장했고, 루시를 아끼는 수많은 친구를 언급하면 달가워하지 않았다. "그게 똑같지가 않아." 루시는 날카롭게 말했다. 마치 조랑말을 갖고 싶다고 했는데 사과 한 알을 받았다는 투였다. 친한 친구 전부의 경험을 합친 것보다 루시가 더 많이 섹스했고, 게다가 그 자신의 말에 의하면 그중 정말 좋은 섹스도 많았다는 사실 역시 지적받고 싶어하지 않았다. 또한 루시는 프로빈스타운에서 뉴욕으로 온 후 두 명의 남자와 진지하고 장기적인 관계도 맺었다. 처음엔 스티븐, 다음엔 앤디라는 남자였는데, 루시의 친구들은 두 남자 모두 맘에 들어했다. 우리는 루시가 그 남자들과 함께 있을 땐 많이 외로워하지 않아서 좋았다. 하지만 루시는 두 관계 모두 결점이 너무 많다고 했다. 화가인 스티븐은 건설 현장에서 일하며 돈도 거의 못 벌고 미래를 생각하지 않았다. 앤디도 화가인데, 자신의 성공적인 주방 수납장 사업과 예술 사이에서 균형을 잡는 데 어려움을 겪곤 했다. 루시는 앤디가 루시의 문제보다는 자기 문제를 이야기하는 데 더 관심이 있다고 느꼈다. 두 남자 모두 궁극적으로는 루시 자신이 세상 어딘가에 있을 더 괜찮은 남자를 만나는 것을 막고 있다고 여겼다.

"완벽한 관계를 누리는 사람이 어디 있니." 어느 밤 나는 루시와 통화하다가 말했다. "문제는 항상 있어. 중요한 건 네가 관계를 지키고자 노력하느냐 아니냐지." 루시는 앤디와 헤어지고 싶어했다. 스티븐과는 헤어진 지 오래였지만 종종 만났고 다시 합칠 가능성도 없지 않았다. 나는 다정한 남자인 스티븐을 굉장히 좋아하면서도 루시가 앤디와 함께하길 바랐다. 앤디는 루시를 미치게 하고 루시는 앤디를 잔인할 정도로 모질게 대하기도 했지만, 앤디가 자기 문제로 힘들어해서 루시는 때로 책임감 있는 사람의 역할을 맡아야 했는데 이건 루시에게 좋은 일이었다. 앤디는 루시에게 엄청나게 충실하며 루시를 돕고 보호하기 위해 영웅적일 정도로 노력했다. 루시는 앤디에게 종종 격분하기도 했지만, 그래도 내가 보기에 그 어느 때보다 앤디와 있을 때 더 행복하고 덜 우울했다. 앤디는 로맨틱했다. 작은 일에 관심을 가져주었다. 세련된 지성의 소유자였고, 루시는 그를 예술가로서 존경했다. 관계가 잘 풀릴 때 두 사람은 결혼 이야기를 나눴다. 나는 둘의 관계가 잘 풀린다면, 잘 풀리는 이유가 무엇이든 루시가 관계를 지키는 게 더 낫다고 생각했다.

하지만 루시는 인생에서 너무도 긴 시간 동안 외로웠고, 외로움 속에서 완벽한 관계가 어떤 모습일지 자기만의 상을 구축했다. 루시의 상상 속에서 사랑은 지극히 눈부시고 다정하고 무조건적인 것이어서, 보통 인간의 사랑은 그와 비교했을 때 말도 안 되게 초라해 보였다.

루시의 외로움은 숨이 막힐 정도로 거대했다. 만일 루시가 그랜드센트럴역을 싹 비우고 자신이 잘 아는 사람들과 자신을 사랑하는 사람들로 그곳을 채운다면 백 명이 넘을 것이다. 하지만 백 명의 사람이 그렇게나 커다란 공간에 있어봤자 그곳은 그저 휑뎅그렁하게 보일 것이다. 우리 모두는 역사 안의 바하나를 채울 수 있을 뿐이다. 애를 좀 쓴다면 우리를 잡지판매소 안에 전부 밀어넣을 수도 있을 것이다. 여기 백 명의 사람에 더해 책을 읽고 루시를 사랑하게 된 사람, 루시를 우러러보는 모든 사람, 루시가 하는 말을 듣거나 루시를 TV에서 보거나 루시가 라디오에 출현해 얘기하는 걸 듣고 그 작고 묘한 목소리를 사랑하게 된 사람 전부를 데려온다면 수천수만 명을 더 채워넣을 수 있겠지만, 그래도 루시에게 꽉 채워졌다는 느낌은, 외로움의 구석구석까지 충분히 꽉 채워졌다는 느낌은 없을 것이다. 루시는 자신에게 필요한 것이 단 한 사람, 특별한 한 사람이라고, 그런 사람이 있다면 텅 빈 공간이 모두 사라질 거라고 생각했다. 그리고 자기 턱이 남들의 턱과 똑같다면 지금쯤 그런 사람을 이미 찾았을 것이라고 믿었다. 루시는 거울로 가득한 방에 갇혀 있었고, 사방에서 자기 자신을, 자신의 얼굴을, 자신의 외로움을 보았다. 누구도 완벽하지 않다는

진실과 아름다움

건, 사랑의 많은 부분은 노력으로 이루어진다는 건 보지 못했다. 루시는 다른 일에는 전부 노력했다. 그러나 사랑만은 마법처럼 이루어져야 했다

다시 혼자가 되자 루시는 적극적으로 행동하겠다고 결심했다. 집안에 앉아 비참한 기분에 젖은 채 아무 노력도 하지 않는 그런 여자 중 하나가 되지는 않을 작정이었다. 전에 애버딘에서 힘든 시간을 보낼 때 작가가 되는 일에 착수했듯, 루시는 싱글이라는 상태에 맞서 똑같이 결연하게 움직였다. 데이트를 하고 남자를 만나려고 했다. 루시는 『뉴욕 리뷰 오브 북스』에 광고를 냈는데, 전에 루시의 친구가 이 방법으로 진실하고 지적인 사랑을 찾은 적이 있었기 때문이다. 루시는 자신을 성공적인 작가라고 소개하며 다른 작가와 데이트하는 데는 관심이 없다고 써넣었다. 자신의 외모에 관해선 "눈길을 *끄는*"이라고 묘사했다. 편지가 왔고, 몇 번 데이트를 했으며, 결과는 좋기도 하고 나쁘기도 했다. 침대에서 형편없는 남자도 있고 등에 털이 굉장히 많은 남자도 있었다. 그러다가 루시는 조지 스테퍼노펄러스*에게서 편지를 받았.

"뭐라고!"

루시가 편지 봉투 안의 메모를 읽어줬다. 그 남자는 자신이

---

* 빌 클린턴 전 대통령의 보좌관. 현재는 ABC 방송국 앵커다.

책을 쓴 적이 있으므로(그 책이 현재 〈뉴욕 타임스〉 베스트셀러 목록에 있다는 말은 하지 않았다) 자격이 안 될지도 모르지만, 기본적으로 자신은 작가가 아니라고 했다. 눈길을 끄는이라는 단어에 흥미가 동했다고, 요즘엔 그렇게 자주 쓰는 말이 아니라고 했다. "조지 스테퍼노펄러스라는 이름을 돋을새김한 카드에 메모가 적혀 있어. 멋진 카드네."

"놀라서 말이 안 나온다."

"하지만 이게 사기라면? 내가 아는 누군가가 장난을 치는 거라면?"

"그렇다면 꽤 공들인 장난이겠지. 이름을 새긴 카드까지 만들고."

"조지 스테퍼노펄러스가 애인 구하는 광고를 읽을 거라고 누가 생각이나 하겠어?"

"그 사람이 그런 광고에 답을 할 거라고 누가 생각이나 하겠어?"

"그냥 조지라고 말하면 안 돼." 루시가 말했다. "그러면 의미 없는 이름이 돼. 반드시 조지 스테퍼노펄러스라고 해야 해."

루시 말이 맞았다. 그래서 우리는 그 이름을 말하고 또 말했다.

조지 스테퍼노펄러스는 그 학기에 컬럼비아대학에서 학생들을 가르치며 뉴욕에서 지내고 있었다. 그의 번호로 전화했을 때 음성사서함으로 연결되자 루시는 누군가가 대단히 야심 찬 장난을 치는 것인지도 모른다는 생각을 다시 한번 했다. 하지만 나중에 조지 스테퍼노펄러스가 전화했을 때 루시는 'G. 스테퍼노펄러스'라는 글자가 발신자 이름으로 뜨는 걸 확인했다. 그 사람이 루시 자신의 광고에 답을 한 것이라는 확실한 증거를 마침내 얻은 것이다. 전화 통화에서 조지 스테퍼노펄러스는 재미있고, 똑똑한 것 같고, 또한 당연히도 약간 긴장한 듯했다. 두 사람은 약속을 잡았다.

1999년 여름이었다. 존 케네디 주니어가 결혼하면서 조지 스테퍼노펄러스는 민주당 내 최고의 신랑감으로 떠올랐다. 루시는 그런 남자와 술 한잔을 할 것이었다. 나는 여름 프로그램의 강의를 하기 위해 다시 프로빈스타운에 갈 예정이었는데, 루시가 가는 길에 뉴욕에 들러 자기가 입을 옷을 같이 골라달라고 했다. 도움이 될 수 있다니 그저 너무 기뻤다. 사실을 말하자면, 나도 나름내로 괜찮은 연애를 하고 있었지만 루시의 데이트가 부러웠다. 루시의 다른 친구들도 전부 부러워했고, 그래서 루시에게 그 데이트는 더욱 멋진 일이 되었다. 루시는 부러움을 받고 싶어했다. 다른 친구들은 만날 수 없는 누군가와 데이트하고 싶어했다. 가장 흥분한 사람은 칼이었다. 칼은 루시와 조지 스테퍼노펄러스 둘 모두의 열렬한 팬이었다. 칼은 루시에게 전화를 걸어 자신과 내가 레스토랑 다른 쪽 구석에 테이블을 잡고 두 사람을 지켜볼 수 있게 해달라고 애원했다. "입도 뻥긋 안 할 거라고 약속해요." 칼은 말했다. 루시는 안 된다고 했다.

루시와 나는 마침내 실크 생사生絲로 된 은빛 칵테일드레스를 골랐다. 그레이스 켈리 스타일의 우아한 드레스였다. 허리는 잘록하고 치마 부분이 넓게 퍼지는 그 드레스는 루시의 예쁜 팔을 돋보이게 했다. 다른 아무나와의 첫 데이트였다면 과하게 보였겠지만 이 데이트에는 완벽하게 적절해 보였다.

"그 사람이 나와 사랑에 빠질 것 같지는 않아." 루시가 말했다. "그러니 한 번만 만날 수 있다면 멋지게 보이고 싶어."

칼과 나는 프로빈스타운에서 만났다. 데이트 당일 우리는 칼의 핸드폰을 들고 루시의 연락을 기다리며 이리저리 걸어다녔다. 루시는 바로 향하는 길에 한 번 전화하고, 화장실에서 한 번 전화했으며(그러나 통화 품질이 열악했다), 집에 돌아가서 전화했다.

"아주 괜찮은 남자더라." 루시는 평범한 남자와의 평범한 첫 데이트를 평하는 데 사용할 법한 말투로 말했다. "굉장히 똑똑해. 정치를 주제로 재밌는 대화를 나눴지."

"그리고?"

"귀여운 남자야. 그렇지만 불꽃은 전혀 튀지 않네. 그냥 그런 게 없더라고. 친구가 되고 싶기는 해. 훌륭한 대화 상대가 될 것 같아."

"그쪽도 불꽃이 안 튄 거야?" 프로빈스타운의 여름밤 열시에 길거리 나무 뒤에서 조용한 장소를 찾기란 거의 불가능했다. 루시가 내게 말할 때마다 칼이 자기에게도 말해달라고 했다.

"그쪽도 이쪽도 불꽃 같은 건 없었어." 루시는 말했다.

루시는 다른 사람의 비밀은 잘 지켜주는 편이었지만 자신의 비밀에 관해선 그러지 못했다. 자신도 상대방도 사랑에 빠지지 않았으므로 루시는 그 데이트를 언급하지 않는 것이 예의를 지키는 거라고 생각했지만, 문제는 데이트에 나가기 전에 세상 모든 사람에게 다 말했다는 것이고, 그리하여 이제 루시는 사람들을 줄곧 한쪽으로 데려가 자세한 이야기를 속닥거려야 했다. "어디 가서 말하면 안 돼." 루시는 매번 이렇게 이야기를 끝맺었다.

"루시의 네이트에 관해 비밀을 지켜주기로 맹세하고는 어느 파티에 갔는데," 우리 둘의 친구인 아티가 내게 말했다. "막상 가니 거기 있는 모두가 나한테 몰래 말해주더라고. 루시가 조지 스테퍼노펄러스와 데이트를 했다고 말이야."

이렇듯 그 데이트는 사랑을 남기진 않았지만 다른 것을 남겼다. 바로 처음엔 그 이야기를 믿지 못하다가 점점 흥분이 퍼지는 친구의 얼굴을 몇 번이고 볼 수 있는 기회였다. 그건 멋진 이야기였다. 어느 밤 루시가 파티에서 사람들에게 그 데이트 이야기를 또 하자 우리 둘 다 아는 어떤 불쾌한 작가가 이렇게 말하기 전까지는 그랬다. "음, 약속 잡으면서 네 얼굴에 대해 이야기했어? 얼굴에 대해 그 사람이 알고 있었던 거 맞지?" 이후로 그건 더이상 멋진 이야기가 아니었다. 루시는 가쁜 숨을 몰아쉬며 그곳에서 나왔다. 루시가 말하길, 한 대 얻어맞은 기분이었다고 했다. 당연히 모두가 그 생각을 마음에 품고 있었겠지, 그 이야기를 들은 모두가. 네 얼굴에 대해 이야기했어?

그후 루시는 내게 계속 물었다. "그 사람이 왜 나에게 다시 전화를 안 했을까?"

"안 할 것 같았다며. 너도 그 사람도 불꽃이 안 튀었다며."

"내가 못생겨서야." 루시는 말했다. "난 이유를 알아."

수년 전 루시가 스코틀랜드에서 보낸 편지다.

내 불변의 신앙과도 같은 친구야,

네 편지는 언제나 내게 엄청난 영향을 줘. 놀라워. 솔직히 말해 나를 좀 불쌍해하고 있었거든, 우편함이 텅 비어 있을 때가 많아서. 하지만 오늘 네 편지를 받으니 모든 게 달라지더라. 내가 바보 같은 건가 하는 생각이 들지만 상관없어. 지금은 그런 생각 안 할래. (……)

생각해봤는데, 앤, 난 진짜 네가 남자와 좀 '놀아나봐야' 한다고 생각해. 내가 잘못 생각하는 게 아니라면, 나한테는 네가 맺었던 관계가 전부 너무 진지하게 보여. 네가 밖에 나가서 레너드 코언이 노래하듯 "달콤한 동반자는 많고, 만족스러운 원 나이트 스탠드도 많다"는 걸 알아야 한다고 진심으로 생각해. 물론 그런 일이 딱히 많지는 않고, 모든 관계는 머잖아 문제를 일으키지. 그렇지만 누군가와 한순간만을 함께하는 일도 달콤하고 멋질 수 있어. 내 말은, 야, 넌 젊고 예쁘고 어깨 위에 (믿거나 말거나) 잘 돌아가는 작은 머리도 꽂혀 있지 않냐는 거야. 웃기다. 내가 마침내 꽤나 진지한 관계를 시작할 때라고 생각하는 참에 너한테는 나가서 청춘을 즐기라고 조언하다니. 아마 이렇게 조금씩 엇나가기에 너와 나의 우정이 잘 유지되는지도 몰라. 내가 한 말이 너에게 최악의 조언일지도 모르고, 너는 상대방에게 충실한 관계를 맺고 싶을지도 모르고, 아니면 애초에 남자를 '이용'하는 건 옳지 않다고 생각할지도 모르지만, 고려해봐. 네가 그런 일을 하지 않는 이유를 전부 재확인하는 차원에서라도 말이야. 난 말이지, B를 만나지 않았다면 내가 어떤 사람이 됐을지, 섹스에 대해 어떤 식으로 생각하게 됐을지 늘 궁금하다. 순전히 내 목적만을 위해 남자를 이용하고자 하는 그런 부분을 B가 내 안에서 끌어낸 것 같아. 결국엔 뒤틀린 방식이지. 내 목적은 덜 외로워지는 것이었으니까. 그리고 난 그 모든 남자와 함께 있을 때 오히려 훨씬 더 외로웠다. 젠장, 외롭다는 단어가 엄청 나오네. 그렇지? (덜 외롭다느니 더 외롭다느니 모양을 바꿔가며 말이야.)

 자, 오늘은 일요일이고, 너한테 전화할까 진지하게 고민중이야. 이제 늦은 오후이고 하루종일 빈둥거려서 약간 쓸모없는 사람이라고 느끼다가 글을 쓰기로 결단하고 이렇게 앉았는데, 어쩌다보니 글 대신 이 편지를 이어서 쓰고 있다. 나에게 글쓰기란 자기혐오와 자기애의 강렬한 혼합물이라는 생각을 요즘 했어. 어제 집도의인 닥터 펜턴을 만나러 갔었다. 굉장히 친절했어. 수술 과정이 너무 오래 걸린다고 미안해하더라. 시간을 들이는 게 물론 최선이겠지만, 이 과정 전체가 말도 안 되게 길고 복잡해지고 있어. 오 주 전(즈음)에 있었던 마지막 수술 후로 외모는 많이 나아졌는데, 훨씬 더 나아지려면 세 달 넘게 기다려야 해. 그사이에 나는 '곧'(다음주나 그다음주일 것 같아) 왼쪽 얼굴에 손을 좀 댈 거야. 의사가 나를 달래기 위해 해주는 수술이라고도 할 수 있어. 나에게 계속 할일을 주는 거지. 한편 머릿속을 스치는 생각이 몇 개 있다. 첫째, 나는 지독하게 게으른 돼지이며 정부에 빌붙지 말고 직장을 구해야 한다. 둘째, 그 많은 수술을 받기 전에는 아름다워질 거라고 늘 꿈꾸었지만, 얼굴이 완성에 가까워질수록 실망감을 감당하고 내가 절대로 아름다워질 수 없다는 현실을 감당해야 한다. 사실 내 외모는 그냥 평범하지. 흉터 등등 때문에 아마 평균보다 약간 아래일 수도 있고. 내가 어떻게 보이는지 확인하려고 하루에 최소 백 번은 거울을 보지만(아마 이러지 말아야겠지) 알 수가 없어. 여기 스코틀랜드 거리에서 스치는 보통 사람들에게 내가 어떻게 보이는지 전혀 감이 안 잡힌다. D라는 사람이랑 잔 일이 도움이 되기는 했는데 안 좋은 면도 있었어. 심리학자라든지 그런 사람하고 상담을 해봐야 하지 않나 생각하지만 여기에선 그런 걸 안 해. 접근성 좋은 지역 보건센터도 없어. 지역 보건의를 만나봐야 할 텐데, 그 의사는 나를 상담차 지역 정신병원에 보낼 테고, 그러면 여기에선 약물 처방을 정말 좋아하니까 아마 그냥 처방전을 받아 나오는 걸로 끝나겠지. 내가 할일은 글을 쓰고 운동을 하는 것, 그리고 내년에는 무언가 좋은 일이 생기길 기도하는 것이 아닐까 한다.

한동안 루시는 엘런이라는 정신과 의사와 상담을 했다. 엘런은 일주일에 두 번 있는 상담 시간에만 슬픔에 관해 이야기하는 게 어떻겠냐고 루시에게 제안했다. "앞으로 외롭다거나 우울하다는 얘기 안 할 거야." 루시가 말했다. "친구들에게 나를 사랑하냐고 묻거나 내가 다시 섹스할 수 있을지 묻지 않을 거야. 못생겼다는 이야기도 하지 않을 거야. 이런 이야기는 전부 엘런하고만 하기로 했어."

"그래서 기분이 어때?"

"꽤 좋아." 루시는 머뭇거리며 말했다. "하지만 이게 가짜 기분좋음은 아닌지 의심스러워."

엘런에게 상담을 받는 동안 루시는 더 행복해 보였지만, 그건 그저 내 바람일 뿐이었을지도 모른다. 나는 감정을 억누르기보다 자유롭게 꺼내놓는 것이 더 낫다고 늘 믿어왔기 때문이다.

루시가 다음으로 만난 정신과 의사는 조였다. 엘런의 접근 방식이 옳고 어쩌면 루시의 기분을 나아지게 해줬을지도 모르지만, 루시가 정말 좋아한 사람, 그리고 루시 말에 따르자면 루시를 대단히 특별하게 여긴 사람은 조였다. 루시는 자신이 본격적인 전이*를 경험하고 있다고 했다. 루시에겐 자신이 의료진이 가장 좋아하는 환자이자 가장 흥미로운 사례가 되는 것이 중요했는데, 조에게 다시 한번 그런 환자가 되었다. 루시가 거의 바닥을 칠 정도로 돈이 떨어졌을 때, 조는 상담료를 덜 받는 데 더해 상담 시간을 추가로 내줌으로써 자신이 얼마나 루시에게 헌신하는지 증명했다.

루시는 심리학적으로 대단히 흥미로운 사례일뿐더러 까다로운 신체적 문제도 많은 환자였다. 루시는 점점 더 자주 목이 막히고 주기적으로 폐렴에 걸렸다. 뉴욕대 병원에서 연하 검사를 받았는데, 먹거나 마시는 것 중 10퍼센트가 폐로 들어간다는 결과가 나왔다. 입술은 손가락으로 눌러 오므리지 않는 한 더이상 다물어지지 않았고, 구강이 꽉 닫히지 않아 삼키는

---

* 상담 과정에서 내담자가 자신에게 중요한 관계에서 느끼는 감정을 상담자에게로 옮겨서 느끼는 현상.

데 문제가 생겼다. 또한 키스하기도 불편해져서 루시는 미칠 지경이었다. 점점 더 작게만 입을 벌릴 수 있고 안면통도 점점 더 심해졌다. 스코틀랜드에서 대단히 성공적으로 이식한 부분이 이제 조금씩 재흡수되기 시작해 얼굴 아랫부분이 다시 작아지고 있었다. 루시는 치아를 새로 얻어서 좀더 쉽게 씹을 수 있게 되리라는 꿈을 놓지 않았다. 몸무게는 45킬로그램 언저리를 오르내렸다. 으깬 감자와 식사 대용 셰이크를 마시며 연명하는 듯했다.

연하 검사 며칠 후 칼과 나는 오페라를 관람하러 뉴욕에 갔다. 공연 양일의 티켓을 세 장씩 샀다. 루시와 나는 몇 년 동안 함께 수많은 오페라를 봤다. 링컨센터 분수대 옆을 걸어가면서 루시가 보여주는 '밤의 여왕' 흉내는 굉장한 볼거리로 언제나 정말 재밌었다. 하지만 이번에 루시는 우울해서 노래를 부르지 않았다. 3월이고 추웠으며, 루시는 자신의 커다란 가죽 재킷 안으로 거의 사라진 듯 보였다. 〈토스카〉를 관람하기 전 우리는 미스터 차우에서 저녁을 먹었다. 루시는 칼과 의학적으로 무엇을 더 해볼 수 있는지 이야기를 나눴다. 의사들이 연하 검사 결과를 제대로 설명해주지 않았기에 루시는 칼이 대신 해주길 원했다. 아직 이른 시간이라 식당 안엔 거의 우리뿐이었다. 음식이 나왔을 때 루시는 하나도 먹지 못했다. 주문한 음식은 죄다 너무 맵거나 질겼다. 칼과 내가 다른 식당으로 옮기는 게 좋겠다고 하자 루시는 고개를 젓고는 술을 한 잔 더 시켰다. 젖은 눈이 빨갰다. 루시는 손가락으로 눈가를 닦아냈다. "그냥 너무 피곤해." 루시가 말했다. "잠을 통 못 자거든."

그즈음 루시는 항우울제를 복용했는데, 시도해본 모든 약이 수면장애를 일으켜서 이제는 수면제를 먹어보고 있었다. "아직 이것저것 시험해보는 단계야." 루시는 말했다.

오페라를 본 후 칼은 호텔로 돌아가고 루시와 나는 링컨센터에서 가까운 바에 갔다. 전에 내 어머니까지 셋이 〈라 보엠〉을 관람한 후 가본 적이 있는 곳이었다. 그때 루시는 셰리주를 시켰다. 바텐더는 어머니와 나에겐 주문한 술을 내오고 루시 앞에는 딸기와 블루베리가 담긴 접시를 놓았다.

우리는 영문을 몰라 하며 과일을 쳐다보다가 깨달았다. "셰리요." 루시가 말했다. "베리가 아니라."

바텐더는 루시 쪽을 전혀 쳐다보지 않고 재빨리 접시를 들더니 바 다른 쪽 끝에 혼자 앉아 있던 예쁜 아가씨 앞에 놓았다. 그가 여자에게 몸을 기울여 뭐라고 속삭이자 여자가 웃었다. 잠시 후 바텐더는 다른 접시를 들고 돌아왔다. "여기 있습니다." 그가 말하며 마라스키노 체리가 담긴 접시를 루시 앞에 놓았다.

"셰리요!" 루시가 말했다.

바텐더는 마치 루시가 우즈베키스탄을 떠돌다가 불쑥 나타나서 염소라도 내놓으라고 한 양 루시를 쳐다보았다.

"셰리!" 바텐더를 갈가리 찢어버릴 준비가 된 내가 말했다. "술이라고요. 이 사람에게 셰리주 한 잔 달라고요."

"그런 건 없습니다." 바텐더가 말하고는 몸을 돌려 가버렸다.

이제 루시와 나는 그 셰리-베리-체리 이야기를 하며 웃었고, 웃음이 그치자 루시는 상황이 얼마나 나쁜지 말해줬다. 자신이 외롭고, 글을 쓰지 못하며, 치아 없이 사는 걸 더는 견딜 수가 없다고 했다.

"치아를 위해 기금을 모아야겠어." 루시가 말했다. "모금 이벤트 제목은 '루시가 스테이크를 먹을 수 있게 하라'로 할래."

"사람들이 치아 하나씩 후원하도록 만들게. 1500달러에 이의 요정이 되는 거야. 우리끼리 얘기지만, 입안을 다 채울 수 있을 만큼 후원이 많이 들어올걸. 잇몸선에 붙일 자그마한 기부자 명판도 만들 수 있을 거야. '이 치아는 앤 패칫과 칼 반데벤더의 관대한 후원으로 이식되었습니다'라고 써두는 거지."

"내 이에 작은 명판을 붙인다고?" 루시는 말했다.

기금을 마련할 수 있다고 해도 임플란트는 여전히 불가능했다. 내슈빌에서 상담했던 성형외과의의 말이 맞았다. 치아를 심기에는 뼈가 너무 약했다. 루시는 다른 의사들에게 상담을 받아보았는데, 어떻게 이 일을 해낼지에 관해 그 모두가 서로 완전히 다른 아이디어를 가지고 있었다. 루시가 들은 것 중 가장 가망이 있어 보이는 계획은 종아리뼈를 뽑아서 턱에 이식하는 것이었다. 이 얘길 전한 다음 루시는 잭 대니얼 한 잔을 들이켰지만 전부 삼키지 못하고 목이 막혀서 다시 눈물을 줄줄 흘려야 했다. 루시는 술을 잘 못 마시면서도 조금씩 홀짝이는 대신 항상 벌컥벌컥 들이켰다. 고급스러운 술도 실수로 살충제를 들이켜는 것처럼 마셨으며, 그러고는 한 잔을 또 주문했다.

루시의 기침이 멎자 나는 물었다. "그러니까 그 말인즉슨 네가 씹을 수는 있지만 걸을 수는 없게 된다고?"

"나도 그렇게 생각했는데, 알고 보니 종아리뼈는 골격계에 그냥 추가로 붙어 있는 거래. 저 아래에서 거의 하는 일이 없다는 거지."

"친구야, 모르겠다. 나한테는 좀 폭력적으로 들리는구나."

그러나 실제 계획은 내 생각보다 훨씬 더 폭력적이었다. 첫번째 수술로 루시의 다리에서 뼈를 뽑아낸 다음 그걸 얼굴에 이식한다. 여섯 달에서 여덟 달 정도 후에 두번째 수술을 하는데, 루시의 턱 바깥쪽에 볼트를 쭉 박고 몇 개월간 주기적으로 조여서 이식한 뼈가 원래 뼈에 붙도록 한다. ("나에겐 작은 스패너가 생길 거야." 루시가 설명했다. "롤러스케이트를 조이는 스패

너* 같은 게 말이지.") 마지막으로 세번째 수술에서는 볼트를 제거한 다음 형태를 잡는 작업을 한다. 어쩌면 네번째 수술이 있을 수도 있다. 수술 부위를 살짝 손보는 정도가 될 것이다. 루시는 이 이야기를 평소처럼 아무렇지 않다는 듯 무심한 어조로 읊었지만, 나는 다리가 완전히 풀리는 것 같았다. 술을 쭉 들이켜고는 눈을 감았다. "다른 방법이 있을 거야."

"없어."

그 밤 차갑게 내리는 빗속에서 루시에게 키스한 다음 루시를 택시에 태웠다. 다음날 〈포기와 베스〉를 보기 위해 다시 만나기로 했지만, 그사이에 잠을 이룰 수가 없었다. 루시 걱정을 하며 뜬눈으로 밤을 지새웠다. 오래전에 나 자신과 하지 않기로 약속한 일이었다.

내가 집에 도착한 후 루시는 스코틀랜드의 닥터 펜턴과 통화했는데 그도 수술에 찬성하지 않았다. 그 수술이 너무 최신 기술이고 사람들이 장기간 종아리뼈 없이 어떻게 지내는지에 관한 연구가 없다고 했다. 펜턴은 루시가 다리를 절게 될지도 모른다고 생각했다.

"그 의사는 스코틀랜드에 있잖아." 루시는 말했다. "뒤처진

---

* 옛날 롤러스케이트는 바퀴가 달린 판을 열쇠 또는 스패너 모양의 도구로 조여서 신발을 신은 발과 연결했다.

거야."

 마치 위험한 남자와 데이트하지 말라고 루시를 설득하는 듯한 기분이었다. 그 일 전체에는 낭만적인 색채가 있었고, 이제 루시는 이 의사들(수술 전 과정에 두 명이 필요했다)을 믿기로 결정했으며, 어떤 말로도 포기하게 할 수 없었다.

 "네 소설을 다 쓸 때까지만이라도 기다리면 안 될까." 나는 말했다. "그 모든 수술 때문에 엄청나게 오랫동안 작업을 하지 못하게 될 거라는 끔찍한 예감이 들어."

 "난 이 수술 받아야 해."

 "수술을 받아야 한다는 건 알겠어. 하지만 지금 받나 일 년 후에 받나 대단한 차이는 없을 거야. 일단 책을 쓰고 나면 돈이 생길 거고, 작가 경력도 다시 본궤도에 오를 거고, 누구에게 무엇이든 빚질 걱정을 하지 않아도 되잖아. 책 덕분에 새로운 사람도 다양하게 많이 만나게 될 거고. 수술이 해결해줄 문제도 있겠지. 하지만 책을 다 쓰면 해결될 문제가 훨씬 더 많을 거라고." 루시가 자기 명성을 얼마나 사랑하는지 나는 잘 알았고, 다시 이름을 날리게 되면 행복도 어느 정도 다시 돌아올 것이라고 생각했다.

 "수술을 일 년이나 더 기다릴 순 없어. 이게 내가 받는 마지막 수술이 될 거고, 이제 끝이어야 해. 이걸 끝내야 내 인생을 살 수 있어. 마흔에도 여전히 수술중일 수는 없다고."

진실과 아름다움

『어느 얼굴의 자서전』에서 루시는 수술을 더이상 받지 않아도 될 때 진짜 삶이 시작될 거라고 생각하며 어린 시절을 보냈다고 이야기한다. 나는 루시가 그렇게 오랫동안 의지해온 생각을 다시 끄집어내 반어적으로 말하고 있다고 생각했다. 그러나 반어가 아니었다.

계속 수술 문제를 논의했지만 더 기다리도록 설득할 수 없었다. 그간 루시가 다른 어떤 일을 하도록 설득할 수 없었던 것과 마찬가지였다. 루시의 책 마감일은 이미 지났고, 선인세로 받은 돈도 다 써버린 지 오래였다. 계약이 취소될 수도 있다는 말이 있었지만, 루시가 편집자에게 치료를 이유로 기한을 연장해달라고 하자 편집자는 들어주었다. 수술은 2000년 6월 말로 잡혔다.

아주 잘 지낼 때에도 루시는 우편물을 잘 열어보지 않았다. 전화와 마찬가지로 우편물은 자신에게 빚이 있고 할일을 제때 해내지 못해 자신을 찾는 사람들이 있다는 사실을 상기시켰다. 그러다가 우울할 때에는 우편물을 전혀 확인하지 않았다. 대형 쓰레기봉투를 현관에 놔두고 집에 들어올 때마다 우편함에 든 것을 거기에 그냥 던져넣었다. 정확히 말해 우편물은 쓰레기가 아니었다. 루시는 그걸 내다버리지 않았다. 다만 모든게 잘못되었음을 알리는 표지로서 그렇게 현관에 쓰레기봉투를 놓아두는 것이었다. 그 전해에 그래머시파크의 내셔널 아트 클럽 건물에 있는 아담하고 아름다운 아파트로 이사한 루시는 전혀 아무 일도 없다는 듯 프런트 데스크 뒤편에 있는 커다란 우편함에서 우편물을 집어들었지만, 아파트 안으로 들어오면 점점 몸집이 불어나는 쓰레기봉투 때문에 괴로워했다.

"나한테 보내." 루시를 만나고 며칠 후에 내가 말했다. 루시는 그 봉투 때문에 정말 우울하다고 했다.

"내 우편물을 너한테 보낼 순 없어." 루시가 말했다.

"전화를 끊고 택배업체로 가서 나한테 보내. 쓰레기봉투를 들여다보지 말고, 그것에 대해 생각하지도 말고, 그냥 그렇게 해."

"너무 부끄러워."

"내 말 들어봐, 친구야. 너에겐 내가 도울 수 없는 어마어마한 문제가 많이 있잖아. 적어도 이건 내가 도울 수 있어." 나는 루시가 걱정되어서 무언가 실질적인 일을 해주고 싶었다.

루시는 몸을 일으켜 페더럴 익스프레스 택배사로 갔으며 다음날 상자가 도착했다. 예상했던 것보다 더 크고 위압적인 상자였다는 말을 해야겠다. 아파트 바닥에 상자를 뒤집자 개봉하지 않은 흰 봉투가 산사태처럼 쏟아져내렸다. 수백 통의 편지가 마치 똑같은 모양의 납작한 가자미처럼 서로 미끄러지며 쌓였다. 그 전부가 관심과 답장을 요구하고 있었다. 보는 것만으로도 우울해졌다. 그 편지들이 실제로 내게 온 것이었다면 얼마나 더 우울할지 상상해보려고 애썼다. 편지 칼을 가져와 하나씩 열기 시작했다. 봉투는 버리고 내용물만 정돈해 쌓았다. 혼돈에 질서를 부여하려는 노력이었다. 일단 모든 편지가 내 앞에 펼쳐진 채로 놓이자 상황이 루시나 내가 생각했던 것만큼 그렇게 나쁘지 않다는 걸 알게 되었다. 새로운 청구서가 수백 장 있는 게 아니었다. 같은 청구서 몇 개에 대한 지급 독촉장이 수백 장 있는 것이었다. 루시는 상환하지 않은 여러 학자금 대출 때문에 (신이 도우사) 신용카드를 만들 수 없었고, 정기적으로 내는 전화와 핸드폰 요금은 루시의 계좌에서 바로 빠져나갔다. 어느 의사가 청구한 20달러 때문에 스무 개의 통지서가 와 있기도 했다. 나는 몇천 달러를 들여 학자금 대출과 연방세를 제외하고 나머지를 전부 갚을 수 있었다. 기한이 지난 몇몇 출판계약서에 루시의 사인을 흉내내어 적고, 팬레터의 답장으로 감사하다는 말을 정중하게 타이핑하고는 거기에도 루시의 사인을 흉내내어 적었다. 연하 검사비도 지불했다.

루시의 사랑스러운 면은 실질적인 도움에 너무도 잘 반응한다는 것이었다. 도움을 주면 루시는 정말로 기분이 밝아졌다. 우리는 그날 밤 한 시간 동안 통화했고, 편지 봉투에 진짜로 무엇이 들어 있었는지 이야기하며 웃음을 터뜨렸다. 마치 한밤에 악몽을 꿨는데 어머니나 아버지가 들어와서 전등을 켜고 침대 아래에 나를 산 채로 잡아먹으려 하는 괴물 따위는 없다고 확인시켜준 것과 같았다.

14장

 1999년 가을, 서른다섯의 나이로 나는 수두를 심하게 앓았다. 그 자체로는 그리 위중하지 않은 의학적 문제였지만, 누구도 밝혀내지 못한 이유로 두드러기가 일어났다 가라앉았다 하며 일 년 반 동안 나를 괴롭혔다. 수두와 달리 두드러기는 재앙이었다. 매일 일어날 때마다 몸이 달라져 있었다. 어떤 날 아침엔 등이 전부 벌겋게 부풀었다가, 같은 날 몇 시간 후에는 부푼 부분이 서서히 여러 개의 혹 같은 것으로 나누어져서 시계 방향으로 돌며 이동해 가슴팍을 점령했다. 어떤 날엔 오른쪽 눈이 부어서 떠지지 않고, 그다음엔 왼쪽 눈이 그렇고, 운이 따라주지 않는 날엔 양쪽 눈 모두 그랬다. 입술이 마치 칫솔로 마구 두드린 양 부어서 안쪽이 바깥쪽으로 뒤집혔다. 그러다가 두드러기는 잠시 얼굴을 떠나 관절로 들어가기도 했다. 발목으로 가면 신발을 신을 수 없을 정도로 발목이 자몽처럼 부풀고 열이 났으며, 손목으로 가면 글을 쓸 수가 없었다.

"삼각대에 카메라를 설치해놓아야 해." 루시가 말했다. "그런 다음 매일 같은 시간에 옷을 전부 벗고 네 모습을 찍는 거야. 앞쪽 뒤쪽 다."

좋은 아이디어였지만 두드러기가 그렇게나 오래, 또 그렇게나 극단적으로 변해가며 지속될 거라고는 생각하지 못했다. 그럴 줄 알았다면 루시의 충고를 따라 카메라를 구입했을 것이다.

2000년 6월, 열이 나고 가렵고 두드러기가 난 몸을 이끌고 뉴욕에 갔다. 루시와 며칠 같이 지내며 수술 전에 주변을 전부 정리하는 걸 도운 후 프로빈스타운으로 가서 한 주 동안 강의를 하고, 그다음에 다시 돌아와서 수술받은 루시를 돌볼 계획이었다. 루시는 아파트를 싹 치우고 싶어했다. 다리에서 뼈를 하나 뽑고 난 후 쓰레기봉투를 끌며 복도를 걸어가는 건 상상하기 어려운 일이었기 때문이다.

"질서를 향한 욕구가 갑자기 미친듯이 솟네." 루시가 말했다.

"그리고 질서를 향한 충동이 솟구칠 때 불러야 할 사람이 바로 여기에 있지."

진실과 아름다움

우리는 며칠 동안 종이 무더기와 서류함을 정리했다. 옷장의 옷을 전부 꺼냈다. 나는 루시에게 옷을 입고 거울에 비춰본 후 그 옷을 다시 입을 계획이 있는지 말하라고 했다. 〈투데이 쇼〉에 입고 나갔던 남색 튜닉블라우스, 승마 부츠 전부, 대여섯 벌쯤 되는 청바지, 중고 의류 가게에서 끝도 없이 사들인 칵테일드레스, 현금이 넘치던 시절 프라다에서 산 드레스 몇 벌, 그 모두가 루시의 옷장 바닥에 뒤엉켜 있었다. 우리는 책도 정리했다. 책 위에 책이 잔뜩 쌓여 있고, 책장 앞 바닥에도 쌓여 있고, 변기 뒤 작은 책꽂이 위에도 아슬아슬하게 쌓여 있었다. 루시가 절대 읽을 계획이 없는 책, 루시가 좋아하지만 다시 읽을 생각은 없는 책, 루시가 좋아하지 않는 책을 상자에 담아 치웠다. 루시는 책을 수거해 갈 의향이 있는 헌책방을 찾아냈다. 바닥에 쌓인 책으로 도서 목록을 작성한다면 그 목록이 루시의 인생 절반쯤은 이야기해줄 것이었다. 루시는 톨스토이와 도스토옙스키와 체호프가 쓴 모든 책을 읽고, 나보코프와 마르케스와 만을 읽었다. 그 작가들의 책이 거기 바닥에 『자본』『알기 쉬운 미적분』『프로이트 선집』, 루치안 프로이트의 회화에 관한 책과 뒤섞여 있었다. 침실 안 매트리스 주변의 좁은 공간은 하이데거, 데리다, 드보르, 푸코의 책으로 가득했다. 『포스트모더니즘, 혹은 후기자본주의 문화 논리』가 〈매트릭스〉 비디오테이프 아래 놓여 있었다. 중고품 가게에서 산 곰

팡이가 슨 하드커버 책, 윌리엄 맥스웰의 『그들은 제비처럼 왔다』, 그리고 『마지막 페슈와: 제3차 마라타전쟁 이야기』라는 책도 있었다. 프랑스 영화에 관한 옛날 책이 〈사랑의 블랙홀〉 비디오테이프 옆에 있었다. '초보를 위한 안내서' 시리즈도 쌓여 있었다. 『완전 초보를 위한 불교 안내서』『완전 초보를 위한 탄트라 섹스 안내서』『완전 초보를 위한 이탈리아어 교습 안내서』.

"이런 책을 왜 사는 거야?" 내가 그 책들을 '버릴 것' 상자에 던져넣으며 말했다.

루시는 그 책들을 상자에서 꺼냈다. "난 이 책들이 좋아."

우리는 책 위에 쌓인 먼지를 털고, 괜찮은 상태의 책과 어찌해볼 수 없는 상태의 책을 구분해 상자에 넣었다. 루시는 소설책을 치워버려서 후련해했다. 좋은 소설도 있었지만, 어쨌거나 루시는 그 책들을 다시 읽을 생각이 없었기 때문이다. 하지만 시집은 치우려고 하지 않았다. "시집을 버리면 불행이 올 거야." 루시는 말했다.

CD를 정리하다가 브라이언 이노의 〈앰비언트 1: 공항에서 듣는 음악〉 여섯 장을 발견했다("언제나 그걸 잃어버렸다고 생각했어." 루시가 말했다). 나는 모든 CD를 원래 케이스에 집어넣으며 지고의 기쁨을 느꼈다. 우리는 아파트를 전부 치우고 재배치하고 거대한 마지막 쓰레기봉투를 끌고 나가 버린 후 샤워하고 초밥을 먹으러 나갔다. 지쳤지만 승리감을 느꼈고, 몸이 가볍고 더없이 행복했다. 루시와 나는 신호등이 바뀌길 기다리며 보도에서 트위스트 춤을 췄다. 집을 치워서 루시보다 내가 더 후련했던 것 같다. 곧 있을 수술을 두고 루시보다 내가 더 걱정했다. 나는 아침에 출발할 것이고, 돌아오면 수술은 끝났을 것이다.

"이 세 번의 수술이 전부 끝날 때까지는 사랑을 찾는 일로 걱정하지 않기로 결심했어." 루시가 말했다. 목소리가 명랑하고 무척 단호했다. 루시의 몸은 너무도 가늘었지만 팔은 햇볕에 그을리고 튼튼했다. 루시의 말은 진심인 것 같았다.

"훌륭한 생각이야." 나는 말했다.

"앞으로 일 년 동안 연이어 수술을 받을 텐데, 그런 때에 누군가가 왜 나와 사랑에 빠지지 않는지 묻는 건 헛된 일이야. 난 수술에서 회복하는 중이거나 다음 수술을 준비하는 중일 테지. 얼굴엔 볼트가 박혀 있을 테고. 지금은 사랑 같은 건 잊어야 해."

"그렇게 해서 자유로워질 수 있다면." 나는 말했다. 내가 루시에게 원하는 단 한 가지였다. 왜 '진정한 사랑'을 찾지 못했는지 이해하려는 끈질긴 욕망에서 벗어나 평온의 순간을 누리는 것.

"맞아. 당분간은 내 일만으로도 바쁠 거야. 그런 일로 자신을 질책할 필요는 없지." 루시는 자신의 정신과 의사와 논의한 뒤 같이 계획을 세운 터였다. "조와 나는 이게 가장 현명한 대처라고 생각해."

신이시여, 조를 축복하소서, 나는 생각했다.

"회복하는 동안 글을 쓸 거야." 루시가 말했다. "다리에서 뼈를 하나 뽑아내면 책상에 붙어 있을 좋은 기회가 생기는 셈이지. 왜 아무도 날 사랑하지 않는지 생각하지 않는다면 시간이 얼마나 더 많이 생기겠어. 자주 배달 음식을 주문할 거고, 친구들이 나를 만나러 내가 있는 곳으로 올 거야. 모든 게 완벽하게 흘러갈 거야."

"책을 완성하기 위해 극단적인 방법을 동원하는구나."

"지켜보라고." 내 마음을 편하게 해주려 애쓰며 루시가 말했다. "전부 잘될 거야."

루시는 인생의 너무도 많은 시간을 홀로 병원에서 보냈다. 홀로 입원 수속을 하고, 홀로 수술을 받고, 자신에게 미소 지어줄 아는 사람 하나 없이 회복실에서 깨어났다. 절대 불가능해 보이는 일도 자주 반복하다보면 일상이 되어버린다. 루시는 평생 동안 다른 사람들에게 걱정하지 말라고, 혼자서도 괜찮다고 말했다. 하지만 상담을 받으면서 사람들이 곁에 있으면 좋으리라는 것을, 사실은 자신도 그걸 기대했다는 것을 깨달았다. 그리하여 루시는 누가 언제 방문할지 세세한 일정표를 만든 다음 문병 올 사람들을 공개 모집했다. 루시는 내가 프로빈스타운에서 강의하는 동안 목요일에 수술을 받았으며, 나는 토요일에 뉴욕으로 돌아왔다. 더 나중에, 그러니까 루시가 집에 돌아갔을 때 내가 더 도움이 되리라고 생각했다. 병원에서는 한 명의 문병객일 뿐이지만 집에서는 돌봐주는 사람이 될 수 있기 때문이었다.

마지막 수업을 마치고 곧장 공항으로 가서 토요일 다섯시에 뉴욕대 병원에 도착했다. 루시의 친구인 루시 브록브로이도가 같이 있었고, 앤디도 있었다. 병원 침대에 누운 루시는 아주 작아 보였다. 하얀 시트 위에 놓인 창백한 종잇조각 같았다. 루시는 통증과 약물 때문에 정신이 흐릿했지만, 그럼에도 나는 루시가 놀라울 정도로 좋아 보인다고 생각했다. 수술을 한 지 얼마 되지 않았는데도 턱이 분명 좀더 내려와 있었다. 그간의 내 생각이 전부 틀렸을 수도 있었다. 루시는 붕대를 감고 있지도, 심하게 부어 있지도 않았다. 루시가 눈을 살짝 뜨고 손가락을 꼼지락거리더니 토했다. 루시 BB—루시의 친구들은 루시 브록브로이도를 그렇게 불렀다—가 가느다란 석션 호스를 들고 옆에 서서 외과 간호사처럼 효율적으로 루시 입 안의 토사물을 빨아들였다. 루시가 머리를 들거나 돌리지 못했으므로 누군가가 석션을 해줘야 했는데, 의료진 중에는 해줄 사람이 전혀 없는 듯했다. 그 층 전체에 간호사라곤 오직 두 명밖에 없는 것 같았는데, 그들은 병실 안을 들여다볼 새도 없이 바삐 뛰어다녔다. 우리는 루시를 씻기고 어깨 아래의 패드를 교체했으며, 그러는 동안 루시 BB는 마치 루시와 자신이 웨스트빌리지의 커피숍에 단둘이 있는 것처럼 열정적으로 수다를 떨었다. "진짜 멋져 보이네, 예쁜 루루." 루시 BB가 몇 번이고 말했다. "수술 병동의 모두가 널 부러워해." 루시 BB는 키가 크고 날씬한 여자로, 허리까지 내려오는 머리칼 때문에 눈에 확 띄었다. 마치 시인이 아니라 간호사로 보일 수도 있지 않을까 생각이라도 한 양 온통 하얀색 옷을 입었다. 비록 그 병원의 간호사는 전부 분홍색과 파란색이 섞인 간호사복을 입었지만 말이다.

그해 6월 29일은 목요일이었고, 그날 외과 의사들은 각자 마지막 수술을 마친 후 맨해튼에서 쥐떼처럼 몰려나가 롱아일랜드, 케이프코드, 비미니제도 등등 성공한 외과 의사가 자기 조국의 독립을 축하하러 가는 곳으로 떠났다. 그들은 완전히, 명백하게 부재했다. 7월 4일*이 화요일이라 의사들은 금요일과 월요일에 휴가를 냈으며, 4일에는 모든 사람이 쉬었다. 의사들이 부재한 7월 1일 토요일에 새로운 외과 레지던트들이

---

* 미국의 독립기념일.

첫 근무를 시작했다. 다리에서 뼈를 뽑기에 이만큼이나 최악의 날짜를 잡기도 어려웠을 것이다.

의료진이 그처럼 극단적으로 부족했기에, 또한 문병객은 열한시 삼십분 이후로는 남아 있을 수 없었기에 우리는 루시가 구토한 후에 질식하지 않도록 곁을 지킬 간병인을 고용해야 했다. 루시가 중환자실에서 나온 후 맞는 첫 밤이었다. 우리는 전화를 몇 통 돌리고 수표를 썼다. 나는 루시의 아파트로 돌아가 옷을 입은 채로 소파에서 잠들었다.

긴 독립기념일 연휴에 뉴욕에 있으니 도시 전체가 내 차지인 것 같았다. 아침 여섯시에 루시의 아파트에서 뉴욕대 병원으로 걸어가며 마치 종말 이후 세계를 그린 영화 속에 있는 것 같다고 느꼈다. 덥고 텅 빈 길거리에 신문지가 휘날리고, 끝도 없이 파란 신호등이 줄줄이 켜진 도로를 택시 한 대가 쌩하고 달려갔으며, 나는 유리 회전문을 밀고 들어갔다.

자기 종아리뼈를 빼서 턱에 심은 친구가 병원 침대에 누워 있는데 그 옆에 앉아 두드러기가 심하다고 걱정하는 건 지나치게 자기중심적인 일이다. 그러나 두드러기는 여전했고, 굉장했다. 너무도 굉장해서 내가 엘리베이터에 타면 사람들이 금속제로 마감한 벽 쪽으로 몸을 붙였다. 수술 병동 환자들은 동정심을 표하며 나를 쳐다봤다. 내 팔과 목과 얼굴에 달걀만 한 혹이 나 있었다. 두피에도 머리카락이 아무리 풍성하다 한

들 가릴 수 없을 만큼 혹이 잔뜩 나서 나름의 지형을 형성했다. 한쪽 눈(나는 한쪽 눈만 그렇다는 것에 감사했다)은 감겨 있었다. 종탑과 종만 있다면 나는 카지모도*였다. 내가 병에 걸린 것인지 구타당한 것인지, 그리고 둘 중 어느 쪽이 더 나쁜 상황인지 사람들은 말하기 어려웠을 것이다. 몇 안 되는 간호사, 또는 그보다 더 드물게 존재하는 고참 의사가 병실에 들어오면 그들의 눈은 침상 위의 루시를 재빨리 훑은 후 나에게서 멈췄다. 진심으로 놀란 듯 보였다. "무슨 일이 있었던 거죠?" 그게 입에서 나오는 첫 질문이었다. 그들은 루시에게 무슨 일이 있었는지는 이미 알고 있었다.

"두드러기요." 나는 말했다. 두드러기에 익숙해지는 참이었다.

루시는 자신의 감정적인 고통에 관해서라면 가장 사소한 부분에 이르기까지 몇 시간이고 며칠이고 한탄할 수 있었지만, 육체적 고통 앞에서는 극기적이고 철학적인 태도를 보였다. 평생에 걸쳐 오랫동안 이런저런 통증을 겪으면서도 루시는 사람들이 물어볼 때만 아프다고 인정할 뿐, 대부분의 경우 그에 관해 말하지 않았다. 그렇기에 나는 지금 루시가 겪는 통증이 참을 수 없을 지경이라는 걸 알았다. 루시는 침대에 눈을 감고

---

* 빅토르 위고의 소설 『파리의 노트르담』의 주인공으로 노트르담대성당의 종지기. 굽은 등과 흉한 외모에 특히 한쪽 눈을 커다란 사마귀가 가리고 있다.

누워 울었다. 다리의 통증이 그렇게 극심하리라고는 예상치 못했으며, 그보다 더 끔찍한 건 두통이었다. 루시는 내 손을 잡고 거듭 속삭였다. "제발 무엇이든 좀 해달라고 해줘."

나는 의료진이 무엇이든 하게 만들 준비가 되어 있었다. 나의 의붓아버지는 외과 의사였다. 그 덕에 어린 시절 많은 시간을 병원에서 보냈고, 소독약 냄새가 풍기는 병원 복도에서도 두려움을 느끼지 않았다. 어릴 때 주말이면 아버지와 함께 시골에서 도시로 나와 아버지가 회진을 도는 동안 의사 휴게실에 앉아 도넛을 먹고 오렌지소다를 마셨다. 너무 오래 기다려야 하면 엘리베이터를 타고 산과 층으로 가서 플라스틱 상자 안에 누운 아기들을 지켜보았다. 여름 동안 아버지는 할일이 없어 지루해하는 나와 언니, 또는 의붓자매 중 한 명을 평일 수술에 데려가곤 했다. 의붓형제들이 따라간 적은 한 번밖에 없고 다시는 가려 하지 않았다. 우리는 수술실 안에 몇 시간 동안 서서 의사가 삽관하는 동안 몸을 뒤트는 환자를 지켜보았고, 그다음엔 피부를 깔끔하게 절개하고 걸리적거리는 귀를 뒤로 접은 후 전기드릴로 두개골을 뚫는 모습을 보았다. 드릴은 끼끼거리는 높고 끔찍한 소리를 내며 수술실 안을 연기 냄새와 탄내로 채웠다. 몸에 맞지 않는 헐렁한 수술복을 입은 우리는 수술대에서 떨어져 있어야 했는데, 누운 환자의 머리 위쪽에서 이따금씩 눈보라처럼 흩날리는 작은 뼛조각이 허공을 날아 눈에 박힐 수도 있었기 때문이다. 드릴 작업이 전부 끝나고 뇌까지 깨끗하게 구멍이 뚫리면 우리는 허락을 받고 한 명씩 수술용 현미경으로 구멍 안을 들여다보았다. 그런 다음 의붓아버지가 들어오면 간호사와 의사들은 농담 던지기를 멈췄다. 아버지는 아주 작은 갈고리와 칼을 뇌까지 집어넣어 없애야 하는 부분을 잘라냈다. 어린 우리들은 누가 기절하지 않고 끝까지 지켜보는지 시합을 벌였다. 나를 제외하곤 모두가 차례로 바닥에 쓰러졌다. 나는 한 번도 기절하지 않았고, 그래서 매번 다시 수술실에 들어가도록 허락받았다.

그러니까 말하자면, 비록 의학 지식은 없어도 내가 병원에서 쓸모없는 사람은 아니었다는 것이다. 나는 이런저런 부탁을 할 줄 알았다. 반복해서, 단호하게, 그리고 정말 필요하다면 강력하게 부탁할 줄 알았다. "제 친구가 이 병원에서 일하는 그 누구보다도 통증에 관해 잘 아는 사람인데요, 그 친구가 바로 지금 통증이 심하다고 하네요. 그러니 어떻게 할 건지 제게 이야기해주세요." 나는 루시가 어떤 약을 언제 얼마만큼 먹었는지 기록했다. 정맥주사로 어떤 약물을 주입했는지, 다음에 또 언제 주입할 것인지 기억했다. 나는 매번 간호사를 찾아내 불러왔다. 그리고 루시가 계속 울면 몇 번이고 간호사를 다시 찾아 데려올 것이었다.

병상 시트를 보관하는 곳에서 시트를 꺼내와 집인 양 편하게 자리를 만들어 지냈다. 너무 커서 헐렁한 실내화 안으로 두드러기가 난 발을 밀어넣고 병원 복도를 돌아다녔다. 루시를 목욕시키고, 시트를 갈아주고, 간호사 한 명에게 잘 이야기해서 루시의 눈에 댈 아이스 팩을 직원용 냉장고에 보관했다. 간호사들은 내게 친절했다. 루시에게 쓰는 약물을 두고 내가 까탈스럽게 굴긴 했지만, 루시가 구토할 때 몸을 붙잡고 있다가 닦아주는 사람은 나였다. 간호사 입장에선 걱정할 환자가 한 명 줄어든 셈이었다.

오전 열한시에 레지던트가 떼 지어 병실로 들어왔다. 모두 남자에 백인이고 따분하게 잘생긴 외모였는데, 성형외과 레지던트에게 흔한 얼굴이었다. 그들은 전에 루시를 진찰한 적이 없었기에 침상 발치에 서서 루시의 차트를 훑어보면서, 내 두드러기에 관해 물었다.

"그릴리 씨." 젊은 남자가 큰 목소리로 느리게 말했다. 정신에 문제가 있는 나이든 사람에게 말할 때 사용하는 그런 목소리였다. "일-어-나-서-걸-으-셔-야-해-요."

바에서 맥주를 주문할 수나 있을까 싶게 어려 보이는 의사가 그렇게 말했다.

"걸을 수가 없어요." 루시가 조용히 말했다. "다리가 아파요."

"종아리뼈는 무게를 지탱하는 뼈가 아닙니다." 의사는 밝은 목소리로 말했다. "제거한다고 보행 능력에 영향을 주진 않아요. 여기, 이렇게 하면 아프세요?" 의사가 루시의 발바닥을 손으로 밀자 루시는 헉 소리를 냈다. 통증 때문이기도 하고 그 멍청하고 불친절한 행동 때문이기도 했다.

"하지 마세요." 나는 말하면서 손으로 의사의 어깨를 짚었다. 애버딘의 다리 위에서 술 취한 스코틀랜드 남자들과 싸움이 났을 때랑 같은 기분이었다. 낯선 사람의 목을 내 손으로 찢어버리고픈 마음을 억눌렀다. "환자가 아프다고 하잖아요. 두통도 있어요."

그 의사가 보기에 나는 손볼 수 없을 만큼 못생긴 여자일 뿐이었다. "타이레놀을 좀 처방하지요."

"그런 종류의 두통이 아니에요."

"수술 뒤에 두통이 좀 생기기도 해요." 의사는 루시에게 들리도록 목소리를 높였다. "아주 자연스러운 일이지요."

"못 견디겠어요. 전혀 자연스럽지 않아요." 루시는 울기 시작했다. 새파랗게 어린 의사라 하더라도 의사 앞에서 우는 건 루시의 행동 수칙을 전부 위반하는 일이었다.

"선생님이 들어가본 수술보다 내 친구가 받은 수술이 더 많을걸요." 내가 말했다. "얘가 평생 최악의 두통을 겪고 있다고 말한다면 그건 진짜예요. 뭔가 조치를 취해주세요."

의사는 대답하지 않았다. 무리와 함께 병실을 나갔다. 그러나 오 분 후 간호사가 들어와 루시에게 데메롤*을 주사했다. 오후에 루시가 한번 더 부탁하자 다시 놔주었다.

그곳에서 진짜 의사라고 할 만한 의사는 루시 담당 내과 의사인 스튜어트 루이스뿐이었다. 예전에 루시가 애정을 듬뿍 담아 스튜어트 이야기를 한 적이 있었다. 병실에 의사 가운을 입고 나타났음에도 나는 스튜어트가 환자를 보러 온 의사인지 입원한 아픈 친구를 문병 온 사람인지 구분하기 어려웠다. 스튜어트는 우리 또래라서 내가 병원 복도에서 마주치는 의사들에 비하면 엄청나게 고참인데다가 의사로서 루시의 차트를 넘겨보며 몸 상태가 어떤지 질문을 던지기도 했지만, 그가 진짜로 이야기 나누고 싶어한 주제는 루시가 빌려준 조지 오웰 에세이집이었다. 스튜어트의 관심이 데메롤만큼이나 루시에게 힘을 준 듯했고, 루시는 기운을 내어 잠시 대화를 나누었다. 나는 그가 맘에 들었다. 병실에 오래 머물렀음에도 불구하고 내 두드러기에 대해 한 번도 언급하지 않았기 때문이다.

날이 저물 무렵이 되자 서 있기도 힘들었다. 침대 위 루시에게 옆으로 좀 가라고 하고는 눕고 싶었다. 다섯시에 루시 BB가 다시 한번 하얀색으로 빼입고 교대하기 위해 왔을 땐 키스를 해주고 싶을 정도였다. 루시 BB는 내게 없는 에너지와 활

---

* 마약성 진통제.

기찬 수다와 바보 같은 농담을 잔뜩 가지고 나타났다. "루루!" 루시 BB가 말했다. "정말 멋져 보이는데!" 나도 마음을 좀더 가볍게 먹어야겠다고 다짐했다.

몇 년간 이야기만 들어오다가 병원에서 만나게 된 사람이 정말 많았다. 그중 몇몇은 루시 BB처럼 전에 잠깐만 본 적이 있는 사람들이었다. 한 명이 문을 나가는데 다른 한 명이 들어오며 마주친다거나 하는 식으로 말이다. 하지만 이제는 병원에서 같이 있는 시간이 많았다. 루시는 자기 친구들이 함께 있는 모습을 보는 걸 좋아했다. 루시가 원한 건 우리끼리 이야기를 나누고 자신은 애써 에너지를 끌어모을 필요 없이 우리 목소리를 듣는 것이었다. 말을 하지 않아도 루시는 관심의 중심이었고, 우리 모두가 그곳에 있는 유일한 이유였다. 루시의 친구이자 시인인 샤히드만이 다른 이유로 병원에 있었다. 그는 뇌종양으로 신경외과 중환자실에 오래 입원중이었다. 루시의 병실에 들를 때마다 샤히드는 병실 안으로 무리 지어 들어오는 간호사 전부에게 손을 흔들고 담소를 나눴다. 나는 조이 놀런, 소피 캐벗블랙, 벤 테일러를 만났다. 스티븐 파워스도 만났는데, 루시의 가장 오랜 친구인 그는 루시의 어릴 적 이야기에서 자주 중심인물로 등장했다. 낸시 그린미디어, 매리언 에틀린저 같은 사람은 다른 곳에서 만나 알고 있었지만 못 본 지 오래였다. 루시의 병실은 예술가의 살롱 같은 곳이 되었다. 나는 뉴욕에 사는 작가 절반을 만났다. 그들은 부드러운 초콜릿 트러플과 봉제 인형과 꽃을 들고 줄지어 들어왔다. 앤디가 계속해서 문병을 왔지만 루시는 불평했다. 앤디가 루시와 대화를 하면 자신이 분위기를 띄우길 기대한다고 비난하고, 앤디가 텔레비전을 보거나 다른 사람과 이야기를 나누면 자신에게 관심을 충분히 쏟지 않는다고 비난했다. 씩씩한 전 남자친구인 앤디는 루시의 비난을 잠자코 받아들였다. 다음날이면 꽃을 들고 다시 나타났으며, 그다음날에도, 그리고 또 다음날에도 다시 왔다.

거의 입원 기간 내내 운좋게도 병실에 우리만 있었지만, 하루는 빨갛게 머리를 염색하고 목소리가 큰 환자가 건너편 자리로 들어왔다. 척추 수술 때문에 입원한 그 여자는 꽉 끼는 껍데기 안에 든 거북이처럼 플라스틱 지지대가 몸을 감고 있었다. 무겁게 몸을 끌며 루시의 침상을 지나 화장실에 가면서 돌봐주는 친구가 그렇게 많다니 정말 좋겠다고 말했고, 나에게 얼음이나 담요를 더 가져다줄 수 있는지 물어서 나는 그렇게 해주었다. 루시가 여전히 굉장히 아파하며 조용히 울고 있을 때, 한번은 그 여자가 지나가다가 루시 침대 발치에 멈춰섰다.

"어떤 간호사가 말해주길 아가씨가 수술을 서른여섯 번 받았다고 하더군요." 여자가 말했다.

루시는 그렇다고 했다.

"음, 나는 서른아홉 번을 받았어요. 서른아홉 번. 수술을 그렇게 많이 받는 걸 상상이나 할 수 있겠어요?"

우리는 여자를 빤히 쳐다봤다.

"그러니까 내 말 들어요, 경험에서 나온 말이니까. 상황이 나아질 것 같지 않아 보인다는 건 알아요. 하지만 나아진답니다. 나만큼 많은 일을 겪고 나면 내 말을 이해하게 될 거예요. 하느님은 우리를 사랑하시고, 우리가 감당할 수 있는 일만을 주세요. 그렇기 때문에 아가씨를 돌봐주는 좋은 친구가 주변에 이렇게 많은 거예요."

"그래요." 지친 목소리로 루시가 말했다. 여자는 무언가 질문해주길, 아마도 자신이 인생에서 어떤 일을 겪었는지 우리가 물어봐주길 잠시 기다렸다. 하지만 아무도 묻지 않자 발을 끌며 가버렸다. 나는 간호사실에 가서 루시를 다른 병실로 옮겨달라고 했다.

식물의 성장을 고속촬영한 다큐멘터리에서 새싹은 순식간에 흙을 밀어올리며 돋아나 잎을 틔우고 꽃을 피운다. 루시의 회복은 마치 그런 다큐멘터리를 보는 것 같았다. 처음에 나는 루시를 안아서 화장실로 데려가고 의자로 옮겨 앉혀주어야 했지만, 곧 루시는 절뚝거리며 의자까지 걸어가고, 그다음엔 수액 거치대와 나에게 몸을 의지한 채 절뚝거리며 복도까지 가고, 또 그다음엔 수액 거치대에만 의지해 걷고, 이어서는 루시 혼자 걷고 내가 뒤에서 수액 거치대를 밀었다. 루시가 미트로프와 으깬 감자와 캐러멜 푸딩을 달라고 하자 모든 단골 문병객이 그 음식을 병원에 쏟아놓았다. 얼마 지나지 않아 루시도 침대 발치에서 벌어지는 파티에 끼게 되었으며, 그러면 간호사들이 들어와 사람 수를 줄이라고 했다. 나는 언제나 첫번째로 뽑혀서 나갔다. 이미 루시와 많은 시간을 보냈기에 상관없었고, 어찌되었든 혼자 거리를 걷고 벤치에 앉아 지금까지 있었던 일을 모두 정리할 기회가 생겨서 감사했다. 7월 4일 밤엔 친구들이 모두 와서 루시의 병실을 채웠다. 우리는 이스트강 위로 폭죽이 어둠을 가로지르며 터지는 모습을 바라보았다. 루시의 병실에서 지금껏 본 불꽃놀이 가운데 가장 굉장한 광경이었다.

다음날 나는 루시의 머리를 감기고, 씻기고, 깨끗한 환자복을 두 벌 입힌 다음 아래층으로 데리고 내려갔다. 허락은 받지 않았다(들키지 않고 빠져나가는 게 의아할 정도로 쉬웠다). 그냥 엘리베이터로 가서 탔다. 뉴욕대 병원의 엘리베이터는 출퇴근 시간대의 지하철처럼 붐벼서 올라타려면 언제나 어느 정도 눈총을 감수해야 했다. 휠체어에 탔다면 특히 더 그랬다. 엘리베이터 중 하나는 정통파 유대교 환자와 문병객을 위해 설계된 것으로, 버튼을 누를 필요 없이 모든 층에 자동으로 멈춰 섰다.* 루시의 병실은 12층이었으므로 그 엘리베이터는 피했다.

덥고 환한 날이었으며 병원 뜰에는 담배 피우는 사람, 환자 가족, 햇볕을 쬐고 싶은 회복기의 환자가 가득했다. 루시는 열기를 즐기며 에어컨 바람이 없는 곳에 있다는 사실에 기뻐했다. 얼굴 위로 쏟아지는 볕을 느끼려고 한껏 목을 뒤로 젖혔다. 우리 옆을 지나가던 사람들이 멈춰 서서 몸을 돌리고는 노골적으로 호기심을 드러내며 쳐다봤다. 나를 말이다. 루시는 웃음을 멈추지 못했다. "어릴 적 꿈이 이루어졌어." 루시가 말했다. "큰 수술을 막 받았는데 아무도 날 쳐다보지 않다니. 두드러기가 난 사람과 어울려야 한다는 걸 그때도 알았더라면 좋았을 텐데."

"모시게 되어 영광입니다." 나는 말했다.

병실로 돌아가자 간호사들이 허락도 없이 휠체어를 사용했다고 우리를 꾸짖었다.

다음날 루시는 퇴원했다. 수술 일주일 후였다. 루시를 택시에 태운 다음 병원에서 가지고 나온 거대한 꾸러미를 트렁크에 실었다. 루시의 짐, 목발, 보행 보조기, 거기에 더해 꽃, 식물, 캔디 상자, 장난감까지. 내셔널 아트 클럽에 도착해서 짐

---

* 정통파 유대교에서는 안식일에 일하는 것을 금지하는데, 여기에는 전자제품의 버튼을 누르는 것도 포함되기 때문에 엘리베이터 버튼을 누를 수 없다.

전부를 데스크에 가져다두고 택시 요금을 낸 다음, 루시를 택시에서 들어올려 안고 엘리베이터로 이어지는 길고 긴 복도를 걸어 루시의 아파트로 올라갔다. "정말 다행이야. 다리에서 종아리뼈를 제거한 사람이 내 친구 중 몸집이 제일 작은 사람이라서." 나는 숨을 헐떡이며 말했다.

"이날을 위해 몇 년 동안 너를 훈련시켜왔지." 행복한 신부처럼 내 목에 팔을 두른 루시가 말했다.

루시의 물건을 가지러 아래층으로 서둘러 내려갔는데, 택시 운전사가 차 옆에 서서 기다리고 있었다. "누가 짐을 가져갈까 봐서요."

"오," 나는 약간 놀라고 감동받아서 말했다. "고맙습니다."

갈색 피부의 택시 운전사는 인도나 파키스탄 출신으로 보였으며 희끗한 머리칼과 슬픈 눈을 지니고 있었다. 나보다 몸집이 그리 크지 않았다. "제가 친구분을 올려다드릴 수도 있었는데요," 운전사가 말했다. "하도 재빨리 데리고 가신데다가 그렇게 계속 안고 가실 줄 몰랐네요."

"괜찮아요," 나는 말했다. "전혀 무겁지 않은 친구거든요."

택시 운전사는 나를 쳐다보고는 고개를 저었다. "무슨 여자가 그렇게 사람을 막 안고 다녀요?"

그후 며칠간 루시를 자주 안고 다녔다. 루시는 걸을 수는 있었지만 다리 통증이 심해서 쉽게 지쳤다. 루시가 엘리베이터에서 길거리까지 걸어서 나간다면 완전히 지쳐버려 우리는 바로 집으로 돌아와야 할 것이었다. 그래서 나는 루시를 안고 건물을 내려와 길모퉁이를 돌아서 파크 애비뉴까지 갔다. 팔에 여자를 안고 있으면 놀라울 정도로 쉽게 택시를 잡을 수 있다. 안겨 있을 때 루시는 정말로 행복해했으며, 그간 겪은 모든 일에도 불구하고 내 품에 안긴 채 거리로 나서는 것을 좋아했. 루시를 안고 다닐 수 있는 친구가 몇 명 있었다. 루시는 참새나 성냥개비처럼 가벼워서 안고 다니기가 어렵지 않았다. 아마 루시가 늘 행복할 수 있도록 항상 안고 다닐 방법을 찾는 게 더 어려웠을 것이다. 나는 루시를 안고 여러 건물을 들락날락하고 병원에도 다녔다. 닥터 스튜어트가 내게 클라리틴*을 한 줌 줬다. 두어 시간 동안은 미칠 듯한 가려움이 줄어들었지만 그후엔 시도해본 다른 약들과 마찬가지로 다시는 듣지 않았다. 루시는 병원에 갈 때마다 코데인이 함유된 타이레놀, 퍼코셋, 다보셋** 처방전을 받았다. 루시는 이 약들을 돌아가며 먹었는데, 하나는 변비를 유발하고 다른 하나는 불면증을 가져오고 또다른 하나는 통증을 거의 줄여주지 못했기 때문이다. 루시를 데리고 나와 설익힌 팬케이크를 먹이고 나서 집에

---

* 알레르기 질환에 쓰는 약.
** 모두 마약성 진통제다.

데려다준 다음 약국에 들렀다. 약국에선 내가 필요하다고 한 약을 전부 주었고, 나는 신용카드로 계산했다. 아무데서도 왜 내가 루시 그릴리가 아닌지, 또는 왜 그렇게 많은 약이 필요한지 묻지 않았다.

집에서 루시와 나는 예전에 침대로 쓰다가 접어둔 소파에 누워 토킹 헤즈의 콘서트 영화 〈스톱 메이킹 센스〉를 봤다. 그 영화에 나오는 노래들은 루시가 데이비드 번*에게 빠져 있던 아이오와 시절, 우리가 춤출 때 가장 즐겨 틀던 곡이었다.

"있지, 나 데이비드 번 만난 적 있다." 작은 텔레비전 화면에 커다란 흰색 양복을 입은 데이비드 번이 나오자 루시가 말했다.

"데이비드 번을 만난 적이 있는데 나한테 말을 안 했다고?"

"이 년 전쯤이었던 것 같아. 센트럴파크에서 작가하고 음악가들이 같이 낭독회를 했는데, 무대 뒤에서 번을 만났어. 십대 시절에 당신의 음악이 내 목숨을 살렸다고 말했지. 바보 같은 소리였는지도 모르지만 그 말을 정말 친절하게 받아주더라고. 좀 수줍어하는 것 같았어."

"네가 센트럴파크에서 데이비드 번하고 같이 낭독회를 할 만큼 유명하다는 건 믿을 수 있지만, 나에게 그 얘길 할 생각

---

* 미국 록밴드 토킹 헤즈의 멤버.

조차 안 했다니 믿을 수가 없구나."

루시는 다시 텔레비전으로 시선을 돌리고 음악에 맞춰 아주 살짝 고개를 까닥였다. "맞아," 루시가 말했다. "너한테 말했어야 했는데."

몸이 좀 나아지자 루시는 코네티컷으로 갔다. 친구 스티븐의 말 농장에 머무르면서 푹 쉬고 회복하기 위해서였다. 소피가 공항에서 루시를 만나 시골로 데리고 갈 예정이었다. 나는 이제 해방됐고, 피곤했다. 집에 갈 준비가 되었다. 루시를 계속 곁에 두고 싶었다는 것만 빼고는. 내가 짐을 쌀 때 우리 둘은 울었다. 떠나야 할 시간이었다.

15장

 루시의 다리 통증은 나아지지 않았다. 수술한 지 몇 달이 지난 후에도 여전히 한두 블록을 걸은 다음엔 멈춰서 쉬어야 했다. 얼굴의 통증은 처음부터 감수한 일이었기에 받아들일 수 있었다. 하지만 다리는 달랐다. 루시가 자신의 몸 때문에 자주 좌절하곤 했지만 그런 중에도 다리는 강하고 신뢰할 수 있는 부위였다. 전에는 가고 싶은 곳이 있으면 언제나 아무 생각 없이 자유롭게 갔다. 루시가 왼쪽 다리 정강이 부분이 약간 내려앉은 걸 보여줬다. 루시는 흉터에 신경을 썼다. "다리가 웃겨 보여." 루시가 말했다. "사람들이 알아챌 거야."

 다리에 좀 파인 부분이 있다고 해서 누가 눈치를 채겠냐고 나는 생각했다. 흉터를 알아챌 사람은 없을 것 같았다.

루시는 다리 때문에 속상해했지만, 얼굴 수술 결과에는 기뻐했다. 턱을 재성형한 결과, 여전히 입술은 꽉 다물 수 없었으나 발음이 분명해졌다. 의사는 수술을 더 하고 치아를 해넣으면 입을 다물 수 있게 될 것이라고 했다. 루시는 거울 속 자신을 보는 데 너무 많은 시간을 쓰지 않으려 애썼다. 지금 보는 모습은 전부 변할 것이었다. 현재 얼굴에 지나치게 애착을 갖는 건 쓸데없는 일이고, 현재 얼굴을 지나치게 비관적으로 보는 것도 시간 낭비였다. 가장 안쪽의 부기까지 빠지는 데는 몇 달이나 걸릴 터였다. 설령 그게 외관상 아무리 미미한 변화라 할지라도 루시는 이 얼굴이 최종 결과물이 아님을 기억해야 했다. 그럼에도 루시는 물었다. 누구라도 물었을 것이다.
"나 어때 보여?"

베닝턴대학에서 강의를 하던 루시는 자신의 사브 자동차―전과는 다른 차였다―를 몰고 뉴욕과 버몬트 사이를 오갔다. 글쓸 시간을 내려고 노력했지만 도통 낼 수가 없었다. 루시의 책은 기한을 한참 더 넘기게 되었고, 루시는 재빠르게 다시 우울감에 빠져들었다.

"왜 아무도 날 사랑하지 않을까?" 루시가 말했다.

"아니," 나는 말했다. "잠깐만. 그러지 않기로 했잖아. 수술이 전부 끝나기 전까지는 그 일로 자책하지 않기로."

"이걸 혼자 겪고 싶지 않아. 너무 벅차."

"하지만 너는 혼자가 아니야. 그 사실을 너도 알잖아."

"남자친구가 있으면 좋겠어. 외로움이라면 진력이 나."

"아, 루시, 그러지 마." 나는 애원했다. "봄이 되면 네 얼굴에 볼트가 박힐 거야. 감당해야 할 일이 정말 많다고. 책도 끝내야 하고. 사랑을 고민할 때가 아냐."

"맘대로 되는 일이 아냐." 루시가 뾰족하게 말했다. "생각을 하지 말자고 해서 생각이 안 나는 게 아니라고. 그게 그렇게 안 돼."

때로 통화를 하다가 루시는 울음을 그치지 못했다. 내게 전화해서 하루종일 울었다고 말하기도 했다. "우울한 게 어떤 건지 안다고 생각했어." 루시는 말했다. "하지만 이번에 비하면 아무것도 아냐."

나는 아이오와 시절에 루시가 울던 모습을, 소파에서 몸을 공처럼 말고 몇 시간씩 흐느끼던 모습을 잊은 적이 없었다. 루시가 이제야 우울을 새로 발견했을 것 같지는 않았다.

그해 여름 나는 네번째 소설 『벨칸토』를 계약하고 겨울에는 나의 첫 집을 샀다. 어릴 적 내가 좋아한 사촌들이 살던 거리에 있는 주택으로, 칼의 집에서 세 블록 떨어져 있었다. 내슈빌에 정착하려고 한 적은 없었는데 그렇게 됐다. 칼을 사랑했고, 아흔을 넘긴 할머니를 어머니와 함께 돌봐야 했다. 다른 곳으로 갈 수는 없었다. 방 하나짜리 작은 아파트를 떠나며 마침내 그 사실을 받아들였다. 12월 21일에 이사했고, 루시는 크리스마스를 함께 보내기 위해 23일에 도착했다.

이틀 동안 집을 정리하고 채우며 바쁘게 움직였다. 첫번째로 구입한 건 손님방에 둘 침대였다.

"손님방이라고 하지 마." 루시가 말했다. "'루시의 방'이라고 해."

"루시의 방, 너의 방, 그릴리 스위트룸."

"훨씬 좋군."

때로 루시가 나를 개미로 볼까봐, 꾸역꾸역 일하는 따분한 사람으로 볼까봐 걱정이 됐다. 가끔 루시가 나를 그렇게 본다는 걸 알고 있었다. 할머니의 머리를 감기고 할머니를 위해 그릴드치즈샌드위치를 만드는 대신, 때로 나도 베짱이가 되어 도시에 살면서 파티에 가고 유명한 사람들과 흥미진진한 대화를 하길 열망했다. 베짱이처럼 겨울 생각은 전혀 하지 않고 살았던 순간이 내 인생에도 있었다고 생각하고 싶었다. 하지만 이제 내겐 집이 있었다. 딱히 개성이 넘치지도 않고 매력적이지도 않은 집, 수리해야 하는 집, 그저 실용적이고 아늑하고 평범한 교외 주택이었다.

"정말 맘에 들어." 루시가 말했다. "진짜야. 내 다른 친구는 내가 개를 교외에 사는 따분한 사람이 되어버렸다고 생각할까봐 걱정했고, 사실 나는 그렇게 생각하기도 했어. 하지만 넌 아냐,

진실과 아름다움 303

앙고라 고양이 같은 내 친구야. 너는 멋진 집을 샀고, 그래서 이제 나에겐 집이 그리울 때 언제나 돌아갈 수 있는 곳이 생겼어."

"아니면 여기서 그냥 지내도 돼." 내가 말했다. "네가 내슈빌에 살고 싶어하지 않는다는 건 알지만 얼마간은 지낼 수 있잖아. 모든 일에서 벗어나서 말이야. 너는 쉬고, 나는 밥을 해주고, 너는 책도 끝내고 돈도 아끼는 거지. 얼마 동안만이라면 그렇게 나쁜 생각은 아닐 거야. 손님방이 네 아파트 전체보다 더 커."

"아," 손가락을 들어올리며 루시가 말했다. "무슨 방?"

"여기 루시의 방은 네 아파트 전체보다 더 커."

루시는 미소 지었다. "수술을 또 받아야 해."

"비행기 타고 가면 되지."

"나는 조도 만나야 하고 직업도 있고 친구들도 있어. 뉴욕을 떠나진 않을 거야."

그래도 나는 루시가 나와 함께 지내야 한다고 생각했다. 내겐 가설이 하나 있었다. 루시가 언제나 그렇게 기분이 안 좋은 건 말도 안 되게 끔찍한 식생활, 그리고 잠을 안 자고 술을 너무 많이 마신다는 사실과 최소한 어느 정도는 연관이 있을 거라는 가설이었다. 큰 문제야 내가 어찌할 수 없겠지만, 일상의 작은 부분을 잘 돌보고 매일 몸을 잘 챙긴다면 나머지 일도 제

자리를 찾을 가능성이 높아지지 않을까 생각했다.

루시는 추수감사절이나 크리스마스를 함께 보내기 위해 거의 매년 내슈빌에 왔지만, 이번 해에는 특히나 더 좋았다. 어머니는 루시가 가장 좋아하는 음식을 전부 만들었고, 우리는 크리스마스트리 아래 바닥에 누웠으며, 루시는 자신이 돌아와서 어찌할 바를 모를 정도로 기뻐하는 우리의 늙은 고양이를 토닥였다. 루시는 나에게 카우걸이 잔뜩 그려진 분홍 파자마를 선물하고, 전화 통화를 하는 동안 끄적인 낙서로 채운 가죽장정의 작은 수첩도 주었다. 전에 루시의 아파트에서 그 수첩을 보며 자주 감탄했다. 구불구불한 선과 작은 별이 끝없이 그려져 있었다. 표지 안쪽에는 루시의 이름, 루시의 최근 주소 두 개, 1996년부터 2000년 사이의 여러 날짜가 적혀 있었다. 몹시도 다정한 선물이라고 생각했다. 그러다가 수첩에 딸려온 장문의 논문을 발견했는데, 거기엔 낙서가 무엇을 의미하는지 그 개요가 타이핑되어 있었다.

III. 제안

A. 이 '책'을 텍스트로서 읽을 수 있다. 책을 넘겨보면 각 페이지가 각기 다른 유머를 담고 있음을 알 수 있다. 어떤 페이지는 실제 책의 지면을 흉내낸 것이고(나는 스탠리 큐브릭의 영화 <샤이닝>에서 책이 쓴 '책'을 떠올리곤 한다), 어떤 페이지는 드로잉과 유사한 작품으로 언

어적이라기보다 시각적이다. 또한 이 '책'은 퍼포먼스 작품일 수도 있다. 즉, 작품이 '완성되는' 단 한순간이라는 개념에 맞서고 그 개념을 뛰어넘는 행위에서 나온 작품이라는 것이다. 예술가 요제프 보이스는 몇 주 동안 커다란 우리처럼 만들어놓은 방에서 늑대 한 마리와 함께 지낸 적이 있다. 이 늑대 작품에서 유일한 '작품'은 작품의 개념을 고안하고 그 개념을 실행하는 행위 자체다. 이 같은 비가시적인 과정을 통해 개념적 작품이 '실재하게' 되는 것이다(즉, 그 작품의 개념 자체가 작품이다. 개념은 더이상 최종의, 실체가 있는, 고정된 무언가의 생산에 이르기 위해 '작업'이 더해져야 하는 작품의 시발점이 아니다).

B. 앞서 말한 것 중 어느 경우라도, 연속해서 넘겨야 하는 페이지가 존재한다는 단순한 사실이 필연적으로 능동적인 서사를 만들어낸다. 독자의 선택에 따라 그 서사는 해독 가능할 수도 있고 불가능할 수도 있다. 모든 서사는, 혼란한 서사일지라도, 잠재적으로 낙관적이다. 서사는 질서가 있는 세계, 그러므로 이해될 수 있는 세계에 관해 말하기 때문이다.

C. 내가 이런 사실을 이해하는지 나는 알 수 없다. 이 '책'에 '쓰기'를 통해 나는 내가 하고 있는 일에 관한 비-이해를 적극적으로 추구하고 있다고 생각한다. 이해 못함을 내가 하고 있는 일을 외면하는 이유 또는 그것을 부끄러워하는 이유로 삼지 않는다.

다 읽고 나자 어쩌면 내 친구가 소설 쓰기를 회피하는 데 다소 과한 에너지를 쏟고 있는지도 모르겠다는 생각이 들었다.
"그러니까 이 수첩이 그냥 네가 통화하는 동안 구불구불한 선을 그린 게 아니란 말이야?"

내가 이해하지 못해서 루시가 그 책을 준 걸 후회하겠다는 생각이 잠깐 들었다. 나는 그 작은 책이 맘에 들었다. 루시가 책에 담은 의도와는 분명 다른 이유로 좋았다.

함께 보낸 날들은 즐거웠다. 우리는 영화를 보러 갔다. 칼이나 내 어머니와 함께 시간을 보내며 루시는 행복해했다. 루시는 두 사람 모두 사랑했고, 두 사람은 각자의 방식으로 루시의 버릇을 망쳤다. 어머니는 루시가 원하는 음식이라면 뭐든지 해주고 루시 침대를 덮을 새 담요도 만들어주었다. 칼은 루시를 데려가서 겨울 코트 몇 벌과 털모자를 사주었다. 루시는 마치 제일 예쁨받는 딸 같았다. 기회가 있을 때마다 칭찬받고 응석을 부렸다. 루시는 볕을 쬐듯 기분좋게 관심을 받았다. 그러나 저녁때 벽난로 앞에 앉아 이야기를 나눌 때면 언제나 같은 주제로 되돌아갔다. 외롭고, 우울하고, 남자친구가 필요하고, 왜 아무도 자신을 사랑하지 않는지 이해할 수 없다고 했다. 이런 얘기도 했다. 버몬트에서 자정을 넘긴 시간에 술 한두 잔과 함께 퍼코셋 한두 알을 삼키고 차에 올라 살얼음이 낀 도로를 시속 160킬로미터로 달려 뉴욕으로 돌아오곤 한다고. 운을 시험해보고 싶어서라고 했다.

"네가 죽는 것도 큰일이지만," 나는 말했다. "네가 다른 사람을 죽인다면 너무 엄청난 일이 되지 않겠니."

"지난주에 나무를 들이박았는데 차가 완파됐어." 루시는 내 말을 인정했다. "나는 전혀 안 다쳤고."

"루시," 내가 말했다. "이건 광기야! 자신에 대해 책임을 져야 해. 네가 그렇게 못하겠으면 다른 사람에게 해달라고 하거나."

"정신병원에 들어가라는 거야?"

"나무를 들이박는 일에 비하면 최악은 아니지."

하지만 최악일 수도 있었다. 폐쇄병동에 입원한 친구를 문병했던 때를 기억한다. 병원 직원이 내 가방을 가져간 다음 뒤에서 문을 잠갔을 때 생각할 수 있는 것이라곤 하나뿐이었다. 나는 절대 이렇게 되지 않을 거야. 나는 절대 이렇게 되지 않을 거야.

"너한테 전부 이야기해야겠어."

"해봐." 나는 울적한 목소리로 말했다.

"헤로인을 한두 번 해봤어. 다시 하진 않겠지만 해보니 상당히 좋았어."

나는 이마를 무릎에 붙이고 적당한 말을 떠올리려 애썼다. 할말이 떠오르지 않았다. "너는 사우스브롱크스에서 아무 기회도 누리지 못하고 사는 가난한 꼬마 애도 아니고, 모든 걸 손에 쥔 록스타도 아냐. 그 외에 또 누가 헤로인을 하는지 나는 모르겠다. 우리는 서른일곱이야. 그런 걸 하기엔 너무 늙었다고."

"다시는 안 할 거야."

"너 감당이 안 되는 상황이구나. 내가 널 병원에 넣을 수 있나? 네 법적 보호자가 될 수 있나? 인간으로서 기본적인 사고가 되기는 하니?"

"나는 나아지고 싶어."

"그건 나도 알아, 친구야."

그러나 아무것도 나아지지 않았다. 루시는 에세이집 『TV에서 본 것처럼』을 냈지만 큰 반응은 없었다. 〈뉴욕 타임스〉에 서평이 실리지 않아서 루시는 실망했다. 두번째 수술을 받으면 얼마나 오래일지 모르는 기간 동안 얼굴에 볼트를 박고 지내야 했다. 수술을 두려워하며 루시는 계속 슬픔에 빠져 지냈다.

"얼굴에 볼트를 박으면 소설을 완성할 수밖에 없어." 루시가 말했다. "볼트를 박은 채로 가고 싶은 곳은 없을 테니까."

루시는 다리 때문에 여전히 진통제를 먹었고, 내게 헤로인 이야기를 할 때마다 마지막으로 해본 것이며 이제는 다 지난 일이라 후련하다고 했다. 볼트 수술을 할 때 내가 와주길 바랐지만 나는 아버지의 칠순을 맞아 캘리포니아에 갈 계획이었다. "수술을 그 이틀 전이나 후에 할 수는 없어?"

"이 의료진을 다시 모으려면 너무 오래 기다려야 할 거야." 루시는 말했다.

"그 사람들이 그냥 날짜를 정한 거잖아. 오늘 한번 물어보면 문제가 쉽게 해결될지도 모르지."

하지만 루시는 이제껏 의사에게 수술 일정을 바꿔달라고 한 적이 한 번도 없고 이번에도 청하지 않을 것이었다. "네가 곁에 없을 거라니 믿을 수가 없다." 루시가 말했다.

"루시, 만일 수술 날짜를 바꿀 수 없고 그날 네 곁에 있어줄 사람이 아무도 없다면 나는 아버지에게 생신 모임 날짜를 바꾸라고 할 거야. 정말로 그럴 거야. 하지만 그저 모두가 네 곁에 있길 바라는 거라면 나는 빼주라." 그게 우정의 시험이었다면, 나는 예전에 이미 그 시험을 본 적이 있었다.

조이가 수술 날 같이 있어주는 임무를 맡았다. 루시가 잠들 때까지 수술실에 같이 있고 깨어날 때도 거기 있기로 했다. 다행이었다.

얼굴에 볼트를 박는 것보다 더 나쁜 일이 딱 하나 있다면 바로 볼트를 박지 않는 것이다. 수술 부위를 열어본 의사들은 원래 있는 뼈가 너무도 약해서 수술 과정을 견딜 수 없으며 다리에서 이식한 뼈를 계획대로 성형할 수 없음을 알았다. 할 수 있는 일이 없었고, 그리하여 그들은 열었던 부분을 닫았다. 그게 끝이었다.

　루시와 친구로 지내는 동안 나는 힘내라는 말도 많이 하고 과거를 뒤로하고 앞으로 나아가라는 말도 정말 많이 했다. 그건 내 역할이자 내가 받은 가톨릭 교육을 가장 훌륭하게 실천하는 일이었다. 루시에게는 나만큼이나 가깝지만 나보다 더 다정한 다른 친구들이 있다는 것을 알았기에 그런 말을 하면서도 걱정하지 않았다. 루시에게는 현실적으로 도움이 되는 친구, 감정적으로 버팀목이 되는 친구, 아무때나 자고 갈 수 있는 큰 집을 가진 친구, 함께 신나게 놀기에 좋은 친구가 있었다. 루시는 이런 우리 모두를 잘 조합해 완벽한 균형을 찾았고, 그렇게 자신에게 필요한 것을 얻었다. 하지만 이번에는 내가 맡은 일을 할 수가 없었다. 아버지 집 계단에 앉아 루시와 함께 우는 수밖에 없었다. 잠시 차질이 생긴 것뿐이며 우리가 어떻게든 방법을 찾을 거라는 말 같은 건 하지 않았다. 그 대신 나는 진실을 말했다. 너무도 슬픈 일이며, 지금으로선 슬퍼하는 것 말고는 할 수 있는 일이 없는 것 같다고. 전화기 너머에서 루시는 꺽꺽대며 엉엉 울었다. "나 이제 어쩌지?" 루시는 묻고 또 물었다. 나는 답을 몰랐다.

　그때가 모든 것이 무너진 순간이라고 말할 수도 있겠지만, 그러면 모든 것이 제대로였던 시절이 있었다는 뜻이 될 테고 나는 그런 시절이 언제였는지 더이상 기억할 수 없었다. 루시는 면도칼로 엉덩이를 조금씩 긋기 시작했다. 마약을 더 많이 했다. 우리는 루시가 정신병원에 입원해야 할지도 모른다는 이야기를 여러 차례 나눴지만 루시는 입원을 계속 미뤘다. 루시는 현재의 삶이 입원이라는 단어보다 더 고통스러워질 때까지 기다리고 싶어했다. 계속 약을 했다. 루시의 정신과 의사인 조는 루시가 이런저런 일을 다시 한다면 상담을 그만두겠다고 말하면서 루시에게 거듭 약속을 받아냈다. 루시의 절망적인 행동을 멈추기 위해서였다. 변화가 없자 그는 자기 말을 지켰고, 더는 루시를 환자로 받지 않았다. 수술 실패와 아픈 다리에 더해 루시는 자신을 구해줄 수 있을 거라고 믿었던 사람까지 잃었다. 다시 조를 되찾을 수 있는 유일한 방법은 루시 자신이 얼마나 심각한 상태인지 그에게 보여주는 것뿐이었다. 수술이 실패하고 한 달이 조금 지났을 때 루시는 주말 동안 자신의 나쁜 버릇을 모조리 모아 실행했다. 퍼코셋, 술, 코카인, 헤로인. 월요일 밤에 루시는 나에게 전화해서 자신이 자살하지는 않았지만 시도를 안 한 건 아니라고 말했다. 게다가 이제 루시는 침대에서 나올 수가 없었다. 루시 BB가 루시의 아파트로 갔고, 두 사람은 새벽 한시에 나에게 전화하고 다시 두시와 세시 반에도 전화했으며, 우리 셋은 어떻게 할지 논의했다. 루시는 몸을 일으킬 수 없었음에도 여전히 입원을 두려워했다.

"그럼 다른 선택지는 정확히 뭔데?" 나는 알고 싶었다.

"나 정신 차릴 수 있어." 루시가 서글프게 말했다.

"다른 누가 널 입원시키기 전에 너 스스로 병원에 들어가는 게 훨씬 나을 거야." 루시의 작은 아파트에 있는 다른 전화기로 듣고 있던 루시 BB가 말했다. "자신이 선택한 일이라고 느낀다면 더 잘 지낼 수 있을 거야."

"나도 동의해." 내가 말했다. "스튜어트한테 전화해본 사람?"

"너희끼리 이 이야길 하는 건 괜찮아." 루시는 말했다. "하지만 다른 사람하곤 안 돼."

"네 허락을 구하는 게 아냐." 내가 말했다.

오전 여섯시에 루시는 마침내 결심했다. 나에게 전화해서 자발적으로 입원하겠다고 했다. 루시 BB가 구급차를 불렀고, 두 루시는 함께 병원으로 향했다.

일곱시에 루시 BB가 맨해튼 북부의 자기 아파트로 향하는 택시 뒷좌석에서 전화했다. 진이 빠져 조금 멀미가 난다고 했다. 루시가 입원 수속을 밟았으며 병실이 나길 기다리기만 하면 된다고 했다.

그러나 정오에 루시가 공중전화에서 수신자 부담으로 전화를 걸어왔다. 아직도 진료를 못 받았다고, 응급실에 앉아서 여전히 병실이 나길 기다리고 있다고 했다. 그날은 화요일이었는데 루시는 목요일 이후로 잠을 자지 못했다. 완전히 히스테리 상태였다.

"널 데리고 나가달라고 전화할 사람 없을까?" 나는 말하며, 지금 내가 출발하면 너무 늦지 않게 도착해 일을 수습할 수 있을지 생각했다.

"병원에서 날 안 보내줘. 여기 들어올 때 서류에 서명했어. 입원을 한 거야."

"그렇지만 지금 응급실에 있다면 그냥 문밖으로 나가면 안 돼?"

"옷을 가져갔어. 지금 환자복 입고 있어. 지갑도 가져갔어."

"스튜어트한테 전화할게. 널 데리고 나와줄 거야." 마치 토끼 굴로 들어간 앨리스 같았다. 밤새 루시에게 입원하라고 말했는데, 이제는 루시를 어떻게 꺼내야 할지 알 수 없었다. 실수, 끔찍한 실수였다.

스튜어트가 병원으로 가서 루시를 데리고 나왔고, 오전에 새 정신과 의사를 만난다는 조건하에 집으로 데려갔다. 루시는 동의했다.

우리는 두어 시간마다 통화했다. 루시는 잠깐 잠을 잤다. 하지만 통화할 때마다 루시의 상태는 악화되었다. 루시를 지탱해주던 것이 전부 무너지고 있었다. 다음날 아침에 통화할 때 루시는 너무도 심하게 울어서 거의 비명을 지르다시피 했다.

숨을 못 쉬어서 수화기를 자꾸 내렸다.

"못 견디겠어." 루시가 말했다. "더는 못 견디겠어." 루시는 마치 고문을 받는 듯 말했다. 마치 불태워지는 듯 말했다.

"진료받으러 갈 거야?" 내가 말했다.

"그 사람은 왜 날 떠났을까?" 조를 말하는 것이었다.

"그 사람은 널 도울 수 없다고 했어. 너는 특별한 사례잖아. 너를 도울 의술이 없는 의사라면 사실을 인정하고 손떼길 바라는 게 맞지."

"하지만 그 사람은 나를 떠났어!"

"형편없는 의사라면 환자를 위해 자기보다 더 나은 의사를 찾아줘야 해." 나는 말했다. "내가 오늘 갈 수 있어. 세 시간이면 가."

"잠깐만." 루시는 말하고 다시 수화기를 내렸다. 내슈빌에 있는 나는 루시의 울음소리를 듣고 있는 수밖에 없었다.

오전에 루시는 다른 정신과 의사에게 진료를 받으러 갔다. 진료실에 같이 있던 이들이 내게 전화했다. 루시에게 두 가지 선택지가 있는데, 하나는 병원에 입원하는 것이고 다른 하나는 루시를 보호할 수 있는 친구와 즉시 함께 있는 것이었다. 그들은 루시가 지금 당장 내슈빌로 가도 되는지 물었다.

나는 공항에 가면 비행기표가 기다리고 있을 거라고 말했다.

한 시간 후 스튜어트에게서 전화를 받았다. "루시 상태가 정말로 안 좋아요." 그가 말했다.

"나도 알아요."

"루시에게 마약이 없는지 확인해줬으면 좋겠고요, 술을 마시지 못하게 하고, 루시와 같이 약을 하면 안 됩니다." 스튜어트의 목소리는 엄하고 진지했다.

나는 웃었다. 스튜어트는 내가 어떤 사람인지 몰랐다. "절대 그러지 않을 사람에게 말하고 있는 거예요." 나는 말했다.

그때까지 몇 년 동안 나는 루시의 아파트에 가서 루시의 소파에서 자며 내가 루시의 삶을 사는 척했다. 이제 상황이 안 좋아졌고, 이번엔 루시 차례였다. 루시가 내가 있는 곳으로 와서 아주 정상적인 삶을 사는 척할 것이었다.

내슈빌공항에 갈 때마다 나는 루시의 모습을 찾는다. 공항에서 루시를 만난 순간들이 내 인생에 깊숙이 새겨져 있다고 느낀다. 게이트를 통과하는 루시를 봤을 때 전화로 들은 이야기 전부가 그저 잠깐 동안의 일이었는지도 모르겠다는 생각이 들었다. 전혀 나빠 보이지 않았다. 봐, 저기 팔을 내게로 뻗는 루시가 있어. 루시는 자그마했다. 봄날의 어린 나뭇가지 같았다. 블랙진과 티셔츠를 걸치고 짧은 머리는 헝클어졌으며, 짐은 없었다. 아, 루시는 내 품으로 날아들어 나를 꼭 안은 채 그대로 있었다.

"나 완전 엉망진창이야." 루시가 내 귀에 속삭였다.

"넌 괜찮을 거야." 내가 말했다. 루시의 작은 몸이 내 몸을 꽉 붙들었다. "내가 널 지켜볼 테니까." 루시를 꽉 안고 곁에 있어줘야지. 너무도 아름다운 5월이었기에, 그 주가 지나기 전에 내슈빌에서 사는 게 얼마나 멋진 일인지 마침내 루시를 설득할 수 있을지도 모르겠다는 생각이 들었다.

차에 올라 모든 걸 명확히 말했다. 공항 주차장을 떠나기 전에 할말을 하는 게 낫다고 생각했다. 루시가 내 말을 못 견디겠으면 바로 떠날 수 있게 말이다. "이렇게 할 거야." 내가 말했다. "술은 절대 안 돼. 마약도 안 돼, 말할 필요도 없겠지만."

"담배는 피울 수 있어?"

"당연하지. 어차피 나도 다시 피울까 생각중이었어. 집에 가는 길에 한 갑 사자." 몸을 기울여 루시의 손을 잡았다. 루시는 전혀 달라 보이지 않았다. 루시는 여전히 루시, 여전히 내 삶이었다. "너는 큰일을 겪고 있어. 남자랑 헤어지는 것과는 달라. 이건 심각한 문제, 의학적인 문제고, 네가 문제를 바로잡도록 돕겠지만 그래도 내 능력 밖의 문제라고 확신해. 그래서 내가 할일은 널 행복하게 해주는 거야. 그냥 같이 재미있게 지내고 싶어. 네가 걱정 근심을 잠시 내려놓게 해주고 싶어. 무슨 말인지 알지? 그렇다고 문제가 해결되지는 않겠지만, 좀 가볍게 지내는 것도 좋을 거야."

루시가 눈썹을 치켜올렸다. "괜찮은 계획 같아."

"좋아. 그럼 도넛 사 먹으러 가자."

우리는 크리스피크림 도넛 가게에 갔다. "바로 지금 따끈한 도넛"이라고 쓰인 분홍 네온사인이 타오르듯 빛나고 있었다. 우리는 유리 칸막이 바깥쪽에서 도넛이 컨베이어벨트를 타고 내려오다가 끓는 기름 속으로 떨어지는 것을 지켜보았다. 도넛은 밀가루 반죽으로 된 작은 구멍 튜브처럼 동동 떠 있다가 퍼올려져 액체 설탕 폭포를 굴러서 통과했다. 천천히 질서정연하게 계속 밀려오는 도넛은 더 높은 벨트에 올라탄 다음 코너를 돌아 시야에서 사라졌다. 도넛의 생애주기를 바라보는 동안 마음이 엄청나게 편안해졌다. 우리는 삼십 분간 도넛을 지켜봤다.

"세상에." 거의 경외심을 담은 목소리로 루시가 말했다. "상상해봐. 취해 있다면 이게 얼마나 멋지게 보일까."

비참해지는 데도, 행복해지는 데도 노력이 필요하다. 다만 각기 다른 종류의 노력이 필요할 뿐이다. 그리고 나는 루시를 행복하게 해주기 위해 노력할 작정이었다. 루시가 마음 깊이 행복하도록 해줄 순 없다 해도 손쉽고 즉각적인 행복은 줄 수 있으리라 생각했다. 내가 줄 수 있는 행복은 이런 것이었다. 만일 돈이나 시간이 충분해서 우리가 그 행복 안에 지나치게 오래 머문다면 점차 공허해지고 말 그런 행복. 루시를 안고 다니는 일과 마찬가지로, 영원히 할 수는 없겠지만 당분간은 할 수 있는 일이었다. 나는 루시에게 마사지 예약을 잡아주고 눈썹 염색을 시켜줬다. 페디큐어 숍에 데려갔다. 내슈빌에서 찾을 수 있는 최고의 파테와 스파게티-오 캔 파스타, 헝그리 잭 비스킷 등 루시가 좋아하는 걸 전부 사주었다. 형편없는 영화를 보러 갔다가 눌러앉아 형편없는 영화를 한 편 더 보았다. 쇼핑을 가서 루시가 원하는 것은 무엇이든 다 사주었다. 그리하여 루시는 행복했다. 나도 행복했다.

루시는 살그머니 빠져나가 조와 통화할 때만 울었다. 조의 목소리를 듣자마자 흐느끼곤 했다.

"전화를 사용할 특권을 내가 빼앗을 수는 없다고 생각하지만, 조에게 전화하지 말았으면 좋겠어."

"조가 왜 나를 떠났는지 알아야 해."

"알아야 할지도 모르지만 지금은 아냐. 잠시만이라도 그만둬. 떠난 이유가 무엇이든 그 이유는 나중에도 여전히 똑같을 테니까."

루시의 요양에서 하이라이트는 리틀하페스강에서의 카누 여행이었다. 카누를 타며 루시가 쓸 소설의 줄거리를 좀더 구상해보자는 게 우리 계획이었고, 내가 노를 젓는 동안 루시는 뱃머리에 앉아 메모를 했다.

봄 가뭄 탓에 5월치고 수위가 낮았다. 나는 오 분마다 내려서 카누를 강바닥의 바위에서 들어올린 후 다시 출발해야 했다. 평일이라 강에 우리 말고 다른 사람은 보이지 않았다. 우리보다 더 빨리 헤엄쳐가는 오리, 바위 위에서 햇볕을 쬐는 거북이, 잠망경처럼 물 밖으로 머리를 내밀고 지나가는 뱀만 있었다.

"부모는 음악가였어." 담배에 불을 붙인 다음 우리가 탄 작은 카누 양편으로 펼쳐진 바위 절벽을 바라보며 루시가 말했다. "그들은 게으르고 자기도취적이고 이기적이었지. 젊을 때 히트곡을 하나 쓰고는 평생 그걸로 먹고살았어." 루시는 잠시 생각하더니 이것만으론 자기 상상 속에서 그들이 누리는 질릴 정도로 과한 부富가 나오지 못하겠다고 판단했다. "물려받은 돈도 있었지만 마약에 써버렸지. 자식들을 위해선 아무것도 하지 않았어. 아이들을 방치하고 학대했어."

루시는 등장인물을 하나하나 상세히 설명했는데, 각 인물은 바로 앞에서 설명한 인물보다 한층 더 비열했다. 소설의 화자인 버림받은 여자아이가 마구 몸을 굴리고 술을 퍼마시고 조카인 인물과 아마도 섹스를 할 거라고 루시가 말했을 때 나는 좀 살살 하는 게 어떻겠냐고 제안했다.

"마음이 가는 인물이 있어야 해." 내가 말했다. "그 인물이 화자라면 더 좋고. 모든 인물이 비열한 소설은 나중에 써도 되잖아. 첫번째 소설로는 좋은 생각이 아닌 것 같아."

우리는 모래톱 위에 서 있는 통통한 거위 네 마리를 마주쳤다. 거위는 흥미 없다는 듯 우리를 쳐다보더니 몸을 돌려 가버렸다. 루시는 고개를 끄덕였다. "무슨 말인지 알겠어."

하지만 가족의 비밀을 뭘로 설정하지? 아버지가 아들에게 유산으로 어떤 것을 남겼다고 할까? 우리는 이런 질문을 해결하려 애썼다.

"있지, 친구야," 나는 약간 망설이며 말했다. "내가 대신 써 줄 수도 있어." 나는 바위와 뱀을 피하려 애쓰면서 노를 저어 물을 갈랐다. "다른 사람한테 말할 필요는 없어. 내가 쓴 다음에 그게 네 것처럼 보이도록 네가 다시 쓰는 거야."

"세상에, 거기까지는 가지 않길 바라자."

"그래도 만약에 말이지. 네게 너무 부담이 된다면 그럴 수도 있다는 거야."

루시는 몸서리쳤다. 도움이 될 만한 새로운 방법을 찾으려 애쓰다 루시가 도달할 수 있는 가장 저점을 생각해낸 것이었다. "있을 수 없는 일이야." 루시가 말했다.

같이 살자고 설득하는 일 역시 잘되지 않았다. 이번에는 더 열심히 설득했는데도 그랬다.

"지금 여기서 살지 않을 이유가 없잖아. 여기서 새 정신과 의사를 만나볼 수도 있어. 네가 이곳에서 영원히 살고 싶어하지 않는다는 거 알아. 나도 여기서 영원히 살고 싶지는 않은걸.

하지만 당분간만이라면 너에게 도움이 될 거야."

나는 루시뿐만 아니라 나 자신을 위해서도 루시를 곁에 두고 싶었다. 그때 같이 지내며 우리는 정말 즐거웠다. 비탄에 빠지거나 까다롭게 굴 때조차도 루시는 내가 이 세상에서 가장 잘 아는 사람, 가장 편안한 사람이었다. 루시를 만날 때마다 마치 내가 그동안 외국에서 외국어를 대충 사용하며 지낸 것 같다고 느꼈다. 그러다가 루시가 나타나 영어로 말을 걸면 나는 갑자기 유창해져서, 그간 내게서 사라진 줄도 몰랐던 복잡하고 미묘한 표현을 전부 다시 구사할 수 있게 되었다. 루시와 있을 때 나는 원어민이었다.

하지만 루시는 내슈빌에서 절대 살지 않을 것이었다. 자신의 인생을 구할 수 있다고 해도, 그건 루시가 원하는 인생이 아니었다.

사랑하는 앤고라*, 잡히지 않는 심장을 지닌 나의 시니컬한 해적, 알아서 태엽이 감기는 나의 시계, 나의 대표작, 나의 신발끈, 어떻게 지내니?

---

* 앙고라 고양이(angora)에 앤(Ann)을 합친 말장난.

16장

 내 편집자였던 로버트 존스가 2001년 8월에 암으로 죽었다. 며칠 후에 그가 살던 새그하버에서 열린 작은 추도식에 참석했다. 9월에는 뉴욕에서 더 큰 규모의 추도식이 있었는데, 로버트의 비서인 앨리슨 캘러핸이 나를 비롯해 로버트와 함께 작업한 적이 있는 작가들에게 추도사를 부탁했다. 로버트를 많이 좋아했기에 감정이 북받쳐 절대 해낼 수 없을 거라고 생각했지만 결국엔 해보기로 했다. 그 자리에서 울음을 터뜨려도 이미 우는 사람이 많아서 딱히 주목받지 않을 것 같았다. 내 생각이 옳았다. 내가 울 거라는 것도 옳았고, 아무도 신경쓰지 않을 거라는 것도 옳았다. 추도식이 끝나고, 뒤이은 추도 모임과 식사도 끝난 후 기진맥진해서 루시의 집으로 돌아갔다.

내 첫번째 소설을 원작으로 수년 전에 제작된 텔레비전 영화가 케이블TV에 나오고 있었다. 루시와 나는 침대에서 영화를 보다가 내 이름이 스크린에 이 초간 스쳤을 때 환호성을 질렀다. 기억하던 것보다 영화가 훨씬 더 엉망이라는 데 우리 둘 다 동의했다.

다음날 아침 일찍 우리는 시내에 있는 르가맹에서 에이드리언 르블랑을 만났다. 에이드리언도 나도 『세븐틴』을 떠난 지 오래였다. 에이드리언은 지난 십 년 동안 나중에 '불안정한 가족'이라는 제목으로 출간될 책 작업을 해왔고, 이제 거의 마무리 단계였다. 사브 자동차를 나무에 들이박은 후 여전히 자동차 없이 지내던 루시는 베닝턴대학에서 새 학기의 첫 수업을 하기 위해 버몬트로 가는 기차를 타야 해서, 커피 한 잔을 마시고 내 음식을 몇 입 집어먹는 것으로 아침을 때웠다. 루시는 연거푸 손목시계를 들여다봤다.

"나 진짜, 진짜 가야 해." 루시가 말했다. 작별 인사로 키스를 하고는 문을 나섰다. 이 분 후 루시는 다시 들어왔다.

"이것 좀 봐." 루시가 말했다. "비행기가 세계무역센터를 들이박았어."

에이드리언과 내 뒤를 따라 웨이터가 밖으로 나오고 레스토랑에 있던 다른 손님 몇 명도 따라 나왔다. 무역센터 건물 두

개가 모두 불타고 있었다. 우리는 지나가던 여자에게 어떻게 된 일인지 물었다. "불이 옮겨붙었어요." 여자는 말했다. 놀란 것 같지 않았다. 아무도 놀란 것 같지 않았다. 웨이터가 우리를 의심의 눈초리로 쳐다보자 나는 계산을 안 하고 갈 마음은 전혀 없다고 그를 안심시켰다. 다른 손님들은 안으로 들어가 아침식사를 계속했다.

루시가 시계를 봤다. "이제 택시를 안 타면 기차를 놓칠 거야." 루시는 손을 흔들고는 뛰어갔다. 하지만 우리가 테이블로 미적미적 돌아왔을 때 루시가 또 왔다. "저 아래쪽이 어떤 상황인지 봐야 해." 루시는 말했다. "큰일이야. 가서 봐."

역사는 그 한가운데 있을 때에는 이상하게도 이해하기 어렵다. 그날 아침 루시, 에이드리언, 나는 잘못된 선택을 했지만 당시엔 우리 중 누구도 그걸 알지 못했다. 루시는 서둘러 펜역으로 가서 기차에 올랐는데, 알고 보니 그건 뉴욕에서 나가는 마지막 기차였고, 에이드리언과 나는 무슨 일이 있었는지 보러 세계무역센터까지 걸어가기로 했다.

아름다운 날이었다는 말은 한참 부족하다. 여름의 끝이 가을의 시작과 완벽하게 교차하는 날이었다. 따뜻한 날씨였지만 가볍게 부는 바람은 거의 서늘했다. 하늘은 맑고 구름 한 점 없이 파랬다. 브루클린 쪽을 향해 자욱이 피어올라 하늘을 가린 연기만 빼고는 그랬다. 당황한 듯 보이는 사람들이 거리에 있었지만 겁에 질려 보이는 사람은 없었다. 사람들이 거대하게 무리를 지어 웨스트사이드 하이웨이를 걷고 있었다. 대부분 양복을 입은 남자들이었다. 양복 상의를 손가락에 걸어 어깨 위로 걸쳐 넘긴 그들은 핸드폰으로 통화를 하기도 하고 서로 이야기를 나누기도 했다. 그들은 선글라스를 쓰고 있었다. 우리에게 미소를 지었다. 그 아름다운 날, 바깥에 있었던 우리는 라디오나 TV 뉴스를 듣지 못한 채로, 북쪽으로 걷는 사람들의 물결을 헤치며 남쪽으로 걸었다. 우리가 들은 대로 아마 누군가가 심장마비를 일으켜 작은 비행기를 한쪽 빌딩에 박았고, 그러다가 불이 다른 쪽 빌딩으로 옮겨붙은 거라고 생각했다. 실제로 일어난 일 전부를 생각하면 어떻게 그렇게 믿을 수가 있었나 싶지만 그때는 그렇게 믿었다. 그리고 그때 수많은 사람이 죽었다.

무역센터에서 세 블록 떨어진 곳까지 갔을 때 우리는 멈춰서서 고개를 젖힌 채 불길을 바라보았고, 그 순간에 나는 무언가 대재앙에 가까운 일이 일어났다는 희미하지만 기묘한 느낌을 받았다. 그때 첫번째 빌딩이 무너져내렸다.

버몬트행 기차에 갇힌 루시는 무슨 일이 벌어졌는지 훨씬 더 잘 이해하고 있었다. 휴대용 텔레비전을 가진 사람을 만나서 모든 상황을 해설과 함께 보고 있었기 때문이다. 에이드리언과 나는 달렸다. 서로 손을 꽉 잡고 무역센터 빌딩으로부터 달려 도망치는 다른 수천 명의 사람들과 함께 달렸다. 우리는 설리번 스트리트에 있는 에이드리언의 아파트에 도착해 다섯 층의 계단을 올라 비상계단으로 나갔다. 비현실 속으로 들어갔다. 때맞춰 또다른 빌딩이 무너지는 모습을 보았다.

맨해튼이 봉쇄되어서 나는 뉴욕을 떠날 수 없고 루시는 집으로 돌아올 수 없었다. 이상한 말이지만 나보다 루시에게 더 힘든 일이었을지 모른다. 뉴욕에 있는 건 끔찍했지만 동시에 그때 뉴욕은 세계의 기묘한 중심이기도 했기 때문이다. 14번가 아래로는 차량 통행이 금지되었고, 사람들은 집 앞 계단에 앉아 저녁 늦게까지 이야기를 나누었으며, 그러는 동안 아이들은 일회용 의료용 마스크를 쓰고 텅 빈 거리에서 자전거와 롤러스케이트를 탔다. 촛불이 이곳저곳에서 타오르고 매캐한 재가 계속 날렸다. 루시의 아파트로 걸어갔지만 가만히 들어앉아 있을 수가 없었다. 8번가로 걸어가서 친구 에리카의 소파에서 밤을 보냈다. 며칠간 동요된 상태로, 그러면서도 몽유병 같은 상태로 이리저리 계속 걸어다니기만 했다. 나는 모든 걸 기억하고 싶었고, 버몬트에 갇힌 루시도 그랬다.

그러나 몇 밤 후에 겨우 돌아온 루시는 성난 고양이처럼 사납게 굴었다. 루시는 여전히 아일랜드인으로서 때때로 맹렬한 반미 성향을 보였고, 당시 미국 전역, 특히나 뉴욕을 휩쓴 애국주의의 물결에 반감을 보이며 분노했다. 루시의 아파트에서 길모퉁이를 돌면 있는 이탈리아 레스토랑에서 스튜어트와 함께 셋이 저녁을 먹은 적이 있다. 당시 건물 창문에 내걸린 종이 깃발과 도시 곳곳의 사람들이 만든 감상적인(하느님과 사랑과 조국, 또는 하느님과 복수와 조국을 역설하는) 포스터를 루시는 큰 목소리로 맹비난했다. 나는 다른 테이블에 앉은 손님들이 루시를 들어올려 길거리로 내던질까봐 걱정했다. 조금 후엔 내가 루시를 내던질까봐 걱정했다. 우리는 저녁식사 내내 지독하게 싸웠고, 그러는 동안 스튜어트는 밖으로 나가 길거리에 서서 핸드폰으로 전 부인과 언쟁을 했다. 루시가 지적한 대로 나 역시 미국이 세계 여기저기 남의 나라에서 극악무도한 짓을 저질렀으며 그 죗값을 받지 않았다는 점을 인정했지만, 그때 나는 매일 반나절을 실종된 사람들의 가족이 붙인 전단지를 읽으며 보내고 있기도 했다. 여전히 사람들이 그렇게 생각할 때였다. '실종'되었다고. 그래서 미국의 악행에 대한 루시의 비난을 듣고 싶지 않았다. 스튜어트가 우리만큼이나 혼란스러운 얼굴로 돌아왔을 때 루시는 버몬트의 어느 술집에서 겪은 일을 말하는 중이었다. 술집의 모든 이가 뉴스를 보며 성경에 써 있듯 저쪽 나라로 건너가서 쳐부숴야 한다고 떠들어댔다는 것이다. 루시는 이제 흥분해서 속사포처럼 말을 쏟아냈다.

"'성경의 어느 부분에서 우리가 그들을 쳐부숴야 한다고 말하는데요?' 그 남자한테 말하니까 이렇게 대답하더라고. '성경에서 그러잖아요, 눈에는 눈이라고.' 그 레드넥*이 모이는 술집 안의 모두를 쳐다보며 말했지. '성경 좆까라 그래!' 그런 다음에 나왔어. 술값은 안 냈다."

'성경 좆까라 그래'라는 말을 할 기회를 루시는 평생 기다려왔을 테고 마침내 때가 온 것이었다. "넌 여기 없었잖아." 나는 낮은 목소리로 말했다. "넌 버몬트에 있었어. 여기가 어땠는지 모르잖아." 이 말은 내가 루시에게 할 수 있는 가장 심술궂은 말이었다. 중요한 일이 전부 일어나고 있는 중심이 아니라 다른 곳에 있었다는 생각을 루시는 참을 수 없어했기 때문이다.

집으로 걸어가며 루시는 누그러졌다. 내가 소란 피우는 것을 굉장히 싫어한다는 걸 알기에 약간 미안해하는 것 같았다. 루시는 내 팔짱을 꼈다. "내 말 무시해." 루시가 말했다. "내가 가끔씩 흥분하잖아. 너도 알지."

"알아."

루시는 내 어깨에 머리를 기댔다. "나 아직도 사랑해?"

여전히 루시 때문에 열받고 화가 났지만, 그건 루시의 질문

---

* 교육 수준이 낮고 가난하며 보수적인 미국 남부의 백인을 비하해서 일컫는 단어.

과는 상관이 없었다. 질문은 내가 루시를 사랑하느냐는 것이었다. 그리고 나는 언제나 루시를 사랑했다.

2001년 10월 15일
앙고라 고양이 같은 내 친구야,

옛날식으로 카드를 쓰는 게 얼마나 이상하면서도 달콤한지. 내가 무언가 배운 게 있다는 걸 이 카드를 통해 정말로 전하고 싶구나. 너는 다정하고 좋은 친구가 되고자 끈질기고 성실하게 노력해왔지. 그런 노력이 내게 영향을 미치고 있다는 걸 보여주고 싶어. 네가 여러 방식으로 행동을 통해 진정으로 좋은 친구가 된다는 게 어떤 것인지 가르쳐주었다고 느껴.

플로리다에서 막 돌아왔어. 의외로 재밌었다. 사실 바다에 들어갔을 때 상어가 나타날까봐 문득 겁이 났는데, 태어나 처음 있는 일이었어. 다른 공포/반응도 미세하게 달라졌다는 걸 느낀다. 우리가 차를 타고 가는데 두 개의 커다란 빌딩이 연기를 뿜고 있는 거야. 실은 그냥 거대한 공장 굴뚝이었지만…… 요란한 소리도 마찬가지야. 큰 소음에 대한 반응도 변했어.

플로리다의 노점에서 너에게 줄 작은 장신구를 사고, 장신구를 넣어둘 롤업 파우치도 샀어. 네가 너의 보석(세상에, 보석 jewels 철자가 생각이 안 난다. jewles인가? 아냐. jewels가 맞다) 전부를 지니고 여행하면 좋을 거라는 생각이 들었지. 그런데 이제는 당연히도 이게 바보 같고 흉한 선물처럼 보이는구나. 하지만 좋은 친구가 되는 법을 배우려면 두려움에 굴복하지 말아야 해. 그건 결국엔 자기도취적인 일이 될 테니까. 그래서 여기 롤업 보석 파우치를 보낸다. 내가 이 파우치를 그 이름에 걸맞은 물건으로 채울 수 있다면 좋을 텐데.

내 사랑스러운 친구에게

사랑을 담아, 루시

세상이 무너지기 한 달 전에 루시의 또다른 수술이 11월 1일로 잡혔다. 이전의 그 의료진이 볼트를 박는 대신에 실행할 수 있는 수정된 계획을 내놓았다. 그 계획에는 루시의 위장에서 떼어낸 연조직을 이식하고 위턱의 뼈를 짧게 만드는 수술이 포함되어 있었다. 위턱을 수술한 적은 지금까지 한 번도 없었는데, 루시는 그 수술이 입을 다물지 못하는 문제를 창의적으로 해결할 수 있는 방법일지도 모른다고 생각했다. 이번에도 나는 왜 루시가 그런 수술을 추진하는지 도무지 이해할 수 없었다. 스코틀랜드에 있을 때 루시는 그런 걸 "의사가 자신을 달래주기 위해 하는 수술"이라고 부르지 않았던가. 적어도 두 주는 일을 할 수 없을 텐데, 여름까지 기다리는 게 낫지 않을까?

하지만 나는 루시를 전혀 설득하지 못했다. 일을 할 수 없다는 이유에 더해 당시 뉴욕의 상황이 너무도 불안정해 보였기 때문에 루시가 기다리길 바랐다. 마치 폭우가 지나간 후 버섯이 여기저기에서 솟아나듯 탄저균이 담긴 우편물이 이곳저곳에서 발견되었다. 무슨 일이든 벌어졌을 때 연조직 이식에서 회복중인 건 루시 역시 바라는 상황이 아닐 것이었다. 다시 뉴욕으로 돌아가 루시를 돌본다는 계획에 내가 아는 사람 모두가 반대했다. 10월 말이 될 때까지 마음을 정하지 못했다. "이해해. 올 필요 없어." 루시는 다정하게 말했다. "넌 이번에 완전히 면제야." 하지만 인생이 돌아가는 방식이 원래 그러하듯 일단 면제되자 오히려 가겠다는 결심을 쉽게 할 수 있었다.

9월에 뉴욕에서 보낸 시간 때문에, 또는 그 도시가 맞닥뜨린 위험 때문에 뉴욕에 있기가 힘들 거라고 예상했다. 그러나 정말로 힘든 건 루시가 고통받는 모습을 지켜보는 일이었다. 수술이 예상보다 오래 걸려서 루시는 거의 밤 열시가 다 되어서야 회복실로 내려왔다. 나는 엘리베이터를 타고 면회 금지 표지가 붙은 층에 내려 같은 문구의 표지가 붙은 문 안으로 들어갔다. 병원 침대가 사방으로 무질서하게 놓인 거대한 병실에 서 있자니, 내가 늘 꾸는 꿈 속에 있는 것 같았다. 루시를 찾지만 찾을 수가 없는 꿈이었다. "루시 그릴리요." 간호사에게 말했다.

"가족이세요?"

루시 언니라고 말했다. 간호사는 내가 엉덩이를 기대고 있던 병상을 가리켰지만 여전히 루시를 찾을 수 없었다. 내 앞에 있는 사람을 전혀 알아볼 수 없었다. 루시는 마치 누군가가 쇠지레로 때린 것처럼 보였다. 머리가 거대한 호박 같고 각 부위가 알아볼 수 없게 늘어나 있었다. 입 양쪽에서 피가 나와 목으로 흘러내리고 코에서도 피가 흘러나왔다. 눈 위 피부는 팽팽해져 반투명하고 맨가슴이 드러나 있었다. 나는 울었다. 루시 옆에 서서 루시의 이마에 손을 올렸다. 루시는 그렇게 하는 걸 좋아했다. 그게 세상에서 가장 마음을 진정시키는 동작이라고 자주 말했다. 어릴 적 병원에 있을 때 간호사나 의사가 와서 자기 이마에 손을 올렸던 일을 소재로 글을 쓴 적도 있었다. 엄청나게 바빠 보이던 그곳 간호사가 나에게 나갈 시간이라고 했을 때, 혹시 시간이 나면 루시의 이마에 손을 올려줄 수 없겠냐고 부탁했다. "그걸 좋아하거든요." 내가 말했지만 간호사는 이미 등을 돌려 가버린 후였다. 텅 빈 복도로 나가 이동식 침대 옆 바닥에 앉아 울었다. 내가 평소 우는 식이 아니라 루시가 우는 것처럼 울었다. 정신이 나갈 정도로 울었다. 나중에 들은 이야기지만, 내가 떠난 후 루시의 친구인 벤이 그날 밤에 와서 루시의 오빠라고 한 다음 루시의 침상 옆에 앉아 부풀어오른 루시의 손을 잡아주었고, 그다음엔 조이가 와서 루시의 언니라고 하자 간호사가 조이도 들여보내줬다. 하지만 루시는 우리가 왔었다는 사실을 전혀 기억하지 못했다. 뉴욕

전체가 견딜 수 없이 슬프고 외롭게 느껴졌다.

아침 여섯시에 다시 병원으로 갔다. 언제 중환자실에 들어갈 수 있는지 이십 분 단위로 입실 가능 시간을 알리는 표지가 여기저기 붙어 있었지만 나는 그냥 들어가서 의자를 끌어와 앉았고, 아무도 나를 제지하지 않았다. 루시의 모습은 여전히 끔찍했지만, 그래도 자기 얼굴이 약간 돌아와 있었다. 전날 밤부터 삽관을 해서 말을 할 수 없고 거의 삼키지도 못했다. 루시는 코에 끼운 튜브를 몹시 빼고 싶어했다. 정맥주사 줄이 꽂힌 부어오른 손으로 내 가방에서 꺼낸 포스트잇 패드에 끄적였다.

"너 여기 없었어." 글씨가 못 알아볼 정도로 비뚤비뚤했다.

"있었어. 네가 아직 잠들어 있는데 나더러 나가라고 했어."

루시는 펜을 돌려달라는 동작을 했다. "튜브 빼."

"내가 요청할게."

일어나 간호사에게 말하자 간호사는 의사가 올 때까지 아무것도 할 수 없다고 했다. "조금만 기다리면 돼요, 아가씨." 간호사가 루시에게 말했다.

하지만 카우보이 의사 중 한 명인 담당 의사가 왔을 때 그는 루시의 발목을 토닥이고는 잘하고 있다는 말만 했다.

"언제 튜브를 뺄 건가요?" 내가 물었다.

"금방이요." 그는 말하고는 루시 쪽으로 손가락을 굽혔다.

"금방 돌아올게요."

"금방이라는 말 그만하세요." 루시가 적은 것을 내가 읽었다.

열한시에 외과 레지던트들이 와서 튜브를 뺐다. 그들에게는 까다로운 사례로 연습해볼 좋은 기회였다. 그들은 루시의 기도가 막혀서 다시 삽관하지 못하게 될까봐 염려했다. 그래서 지금 끼워둔 튜브 안으로 작은 소아용 호흡 튜브를 넣은 다음 바깥쪽의 더 큰 튜브를 빼내려고 했다. 그러나 무언가가 잘못되었고, 루시는 마치 덫에 걸린 짐승이 공포에 차서 격렬하게 발버둥치듯 몸부림치기 시작했다. 네 명의 레지던트가 루시를 내리눌러 움직이지 못하게 했다. 그들은 루시를 아프게 하고 있었다. 루시의 발 쪽으로 손을 뻗는데 간호사가 나를 가만히 복도로 밀어냈다. 목소리가 돌아오자 루시는 쉰 목소리로 비명을 질렀다. 두번째로 넣은 튜브가 잘못되어서 튜브 두 개를 모두 제거한 것이었다. 루시의 기도가 닫히지 않았기에 레지던트들은 전부 다 잘 진행되었다고 느끼며 병실을 나갔다.

튜브를 제거하자 루시는 곧바로 기분이 나아졌다. 나는 얼음조각을 가져다주고 얼굴을 닦아주었다. 루시는 피곤하고 목말라했으며, 떼어낸 테이프의 접착제가 남아서 끈적끈적했다.

"넌 정말 좋은 친구야." 루시가 비몽사몽간에 말했다. "내가 뭘 했길래 너 같은 친구를 얻었을까."

"너도 나에게 좋은 친구야."

"아냐, 난 아냐. 너 같지 않아." 루시는 날 쳐다보며 한숨지었다. "하지만 최소한 네가 자신을 성인처럼 느끼게 해줄 수는 있지. 네가 언제나 원해온 일이잖아."

나는 멈칫했고, 수건을 든 채로 루시를 쳐다보았다. "끔찍한 말이구나."

루시는 어깨를 보일 듯 말 듯 살짝 으쓱했다. 그만큼밖에 움직일 수 없었기 때문이다. "사실이야."

루시를 두고 걸어나가 매점에 가서 커피를 마시고 싶었다. 간호사가 얼굴을 씻겨줄 때까지 기다리라고 루시에게 말하고 싶었다. "점수를 따려고 이러는 게 아냐." 내가 말했다. "널 돕고 싶어서 하는 거야." 나는 여기 오고 싶지 않기도 했다. 우리 집 책상에 앉아 일했다면 더 좋았을 것이다. 하지만 모르핀으로 몽롱한 루시는 그런 사실을 전혀 생각하지 못하는 것 같았다. 그저 나를 향해 미소를 짓기만 했다.

"내 사랑스러운 친구." 루시가 말했다.

루시는 일종의 덜 위중한 중환자실이라고 할 수 있는 중환자 후속 치료 병동으로 옮겼다. 간호사 데스크를 중심으로 침대가 원형으로 놓여 있었다. 병상이 멋지게 배치된 그곳에서 간호사는 주기적으로 나를 복도로 밀어내고 끝없이 이어지는 문병객을 한 번에 두 사람으로 제한했다. 루시는 매시간마다 나아졌다. 다음날이 되자 모르핀을 맞지 않아도 되었고, 그다음엔 몸을 일으켜 앉았고, 또 그다음엔 나와 함께 복도를 걸었다. 수술대 위에 열한 시간 동안 있었는데, 그렇게 긴 수술을 받고 몸 상태가 이만큼 좋았던 적이 없다고 루시는 거듭 말했다. 상황이 몹시 나쁜 시기에도 병원에 있으면 루시는 다시 중심을 찾았다. 루시는 병원의 규칙을 알았다. 어떻게 행동할지 알았다. 또한 혼자가 아니라는 증거, 모든 이가 자신을 사랑한다는 증거를 얻었다. 루시에게 필요한 것이었다. 내 할 일은 사람들의 물결을 통제하며 문병객을 들여보내고 너무 오래 머무른 사람은 내보내서 다른 사람에게도 기회를 주는 것이었다. 그렇지 않으면 모두 한꺼번에 모여서 루시를 만난 것만큼이나 서로를 만난 걸 반가워하며 침상 주변에서 수다를 떨 테고, 그러면 간호사들이 우리를 몽땅 밖으로 내보낼 것이었다. 정말 많은 친구가 있었다. 루시를 사랑하는 많은 사람, 내가 모르는 루시와의 역사가 있는 사람, 똑똑하고 웃기고 성공한 사람이 있었다. 그런 사람들이 한가득이었다. 그렇게 많은 우리가 루시를 사랑했다. 저녁에 조이가 나와 교대해 문병객 대장 역할을 이어받았다. 루시의 병실이 조용한 때는 새벽과 한밤중밖에 없었다. 루시가 바라는 대로였다.

"내 친구들에 대한 책을 쓸 거야." 루시가 어느 오후에 내게 말했다. 잡지 신간과 밀크셰이크를 사 오라며 소피와 벤을 내보낸 후였다. "내겐 정말 특별한 친구들이 있어. 왜 모두가 나한테 그렇게 잘해주는지 이제껏 제대로 이해를 못했어. 이제 친구들을 인터뷰하고 같이 이야기를 나누면서 알아볼 거야." 그리고 루시는 마치 선물을 주는 것처럼 덧붙였다. "한 챕터는 전부 너에 관해 쓸 거야."

"나는 너에 관해서라면 책 한 권을 쓸 수도 있어." 내가 말하고는 웃었다. 우리 모두가, 꽃을 한아름 안고 줄지어 문병을 왔던 친구 전부가 그랬을 것이다. 루시는 우리 각자에 관해 한 챕터씩 쓸 수 있겠지만, 우리는 루시에 관해 도서관을 채울 만큼 많은 책을 쓸 수 있었다. 속편, 색인, 부록도 있을 것이다. 말할 거리가 절대 떨어지지 않을 것이다.

"좀 쉴래?" 내가 물었다. "네가 잠을 좀 자도록 사람들을 그만 오라고 할 수도 있어."

"오, 아냐." 루시가 말했다. "전부 다 만나고 싶어."

전에 문병 온 적이 있는, 뇌종양을 앓는 시인 샤히드는 어떻게 지내냐고 루시에게 물었다. 그가 다시 올 수 있는지 궁금했다. 지난번 병원에서 만난 모든 사람 중 샤히드가 가장 맘에 들었다. 어쩌면 그가 병원에 있는 모습이 굉장히 편안해 보였기 때문인지도 몰랐다.

"샤히드는 죽어가고 있어." 루시가 말했다. "이제 가족과 함께 있어. 코마 상태라고 누가 나한테 말해줬던 것 같아."

"안됐구나." 나는 이렇게 말하고 덧붙였다. "그 사람이 맘에 들었거든." 다른 무슨 말을 해야 할지 몰라서 한 말이었다.

"아, 샤히드 멋지지." 루시는 갑자기 웃었다. 샤히드가 했던 농담이 떠올랐기 때문인데, 루시는 너무 피곤해서 그 농담을 다시 읊지는 못했다. "샤히드 정말 웃겼어."

그날 밤 다른 문병객들이 모두 돌아간 후에도 나는 늦게까지 남아서 루시의 침대에 같이 앉아 작은 텔레비전으로 영화 〈스위트 채리티〉를 보았다. 아홉시에 스튜어트가 의사 가운을 입은 모습으로 들렀다. 회진을 도는 중이었다. 스튜어트는 루시의 수술 부위를 손가락으로 만져보고 차트를 살폈다.

"기분 괜찮아?" 그가 말했다. 함께 어울리며 영화의 결말을 보고 싶어하는 친구의 목소리가 아니라 의사의 목소리였다.

"괜찮아." 괜찮지 않은 목소리로 루시가 말했다.

"수요일, 어쩌면 화요일에 퇴원할 수 있을 거야. 선생들하고 말해볼게." 스튜어트가 탁 하고 차트를 닫았다. "잠을 좀 자도록 해."

겨우 이 분 만에 가버렸다. 다른 의사들의 회진만큼이나 짧았다. 그가 나가고 문이 완전히 닫히자 루시는 울기 시작했다.

"왜 날 사랑하지 않지?" 루시가 말했다.

"루시, 스튜어트는 네 친구잖아. 네 의사이고 친구지. 너와 사랑에 빠져야 하는 건 아냐."

"하지만 싱글이잖아. 나랑 커피를 마시고 다른 여자 이야기도 하지. 하지만 절대 나와 사랑에 빠지지는 않아."

"그를 사랑해?"

"그럴 수도 있지." 루시가 말했다.

"아, 루시. 이러지 마. 너는 스튜어트를 정말 좋아하고, 그 사람은 좋은 친구잖아. 이런 식으로 만들지 마."

하지만 이제 루시는 정말로 울었고, 나는 루시가 무언가를 폭발시킬까봐 두려워서 진정하길 바랐다. "외로워하는 데 너무 지쳤어." 루시는 말했다.

그 밤 내가 두려워하는 게 루시의 신체적 문제가 전혀 아니라는 사실을 깨달았다. 내가 소독하고 붕대를 갈아주지 못할 상처는 없었다. 루시의 몸에서 나를 역겹거나 부끄럽게 하는 건 아무것도 없었다. 통증에서도 고개 돌리지 않을 수 있었다. 몸의 문제라면 지치지 않고 도울 수 있었다. 하지만 루시의 정신과 마음의 문제 앞에서는 때로 얼어붙었다. 어느 지점을 넘어가면 뭐라고 말해야 할지 알 수가 없었다. 복도를 달려가서 스튜어트를 찾아내 내 친구를 사랑하라고 요구하고 싶었으며, 사랑해준다면 그 보답으로 스튜어트가 원하는 것은 무엇이든 줄 것이었다. 이렇게 하는 게 정답이라는 말도, 그렇게 얻은 사랑으로 문제가 해결되리라는 뜻도 아니다. 그저 루시의 울음을 멈추기 위해서라면 그런 일까지 했으리라는 뜻이다. 루시의 고통, 내가 견딜 수 없는 건 바로 그것이었다.

일요일 오전 다섯시 삼십분에 루시가 전화해서 살구주스가 마시고 싶다고 했다. 농담하는 거냐고 물었다. 아니었다.
"일요일 다섯시 삼십분에?"
"뉴욕이잖아." 루시가 말했다. "살구주스 파는 데가 있을 거야."
그리하여 나는 찾아보러 나갔고, 여덟번째로 들른 곳에서 찾았다. 루시 말이 틀리지는 않았던 게, 문을 연 가게가 놀라울 정도로 많았다. 하지만 대부분은 복숭아주스나 막 짜낸 오렌지주스, 스트로베리바나나셰이크를 팔았고, 루시는 대체물은 싫다고 분명히 밝힌 터였다. 병실에 도착하자 루시는 큰 컵에 따라 마시고는 바로 자신이 원하던 거라고 했으며, 그러고는 내가 몸을 붙들고 있는 동안 토사물 용기에 토해냈다.

구토는 이번 수술에서 가장 고된 부분 중 하나였는데, 루시가 위장과 턱에 수술을 받았기 때문이다. 마치 둘이 라마즈 호흡 수업에서 연습이라도 하는 양 내가 침대 위 루시 뒤에 앉아 다리를 양쪽으로 벌리고 토하는 루시를 붙잡아줘야 했다. 토사물은 대개 구강청결제와 비슷한 냄새와 모양을 지닌 밝은 녹색 액체일 때가 많았다. 열한 시간의 마취에서 남은 잔여물인 듯했다.

그 일요일에 루시의 상태는 점점 나빠졌다. 루시는 계속 울고 정신이 없었다. 이인실로 옮긴 후였는데, 밤사이 새로 들어온 환자가 쉬지 않고 울었다. 고통과 절망에서 나오는 높은 음조의 끔찍한 소리로 흐느꼈고, 그 소리 때문에 루시는 잠을 잘 수 없었을뿐더러 내 신경도 끊어지는 것 같았다. 여전히 울면서 그 여자는 이제 자기 텔레비전을 최대한 크게 틀어놓았다. 고통의 소리를 가리기 위해서일 수도 있고 다른 데 정신을 쏟기 위해서일 수도 있었다. 어느 쪽이든 견디기 어려웠다.

"너무 피곤해." 루시가 울먹였다. "집에 가고 싶어."

목요일 밤에 열한 시간 동안 수술을 받고 일요일 아침에 퇴원하는 건 무리이긴 했지만, 의사가 들어왔을 때 나는 물었다. 큰 키에 호리호리하며 표정이 온화한 외과 전문의로, 루시는 그에게 반했다고 했다.

"물론입니다." 들고 있던 커피컵 너머로 루시를 보며 그가 말했다. "안 될 것 없죠."

내가 바랐던 건 좀더 의학적인 설명이었지만, 그냥 그 말을 받아들였다.

"제 고관절에 대해 여쭤보고 싶은데요." 의사의 관심이 아직 자신에게 쏠려 있을 때 루시가 말했다. 환자복을 들어올려 울퉁불퉁하고 끝이 뾰족이 나온 뼈를 보여주었다. 대학 시절에 다른 의사가 이식을 위해 잘라냈는데, 그 부분을 피부 아래

뽀족한 모양으로 남겨두어서 위험하고 아파 보였다. "고칠 수 있을까요?" 루시는 물었다.

의사가 살펴보고는 눈에 보이는 만큼 정말로 그렇게 날카로운지 알아보려는 양 머뭇거리며 만졌다. "이번에 고칠 수 있었을 텐데요." 의사가 말했다. "말씀하시지 그랬어요. 다음번엔 잊지 마세요. 어려운 일 아닙니다."

의사의 대답에 두 가지 의문이 생겼다. 어렵지 않은 문제라면 애초에 왜 그런 상태로 남겨두었으며 이십 년간 아무도 고칠 생각을 안 했는가, 그리고 다음번 수술이 또 있다는 말인가?

서류 작업이 끝나 퇴원하기까지 적어도 한 시간은 걸릴 터였다. 루시를 욕조 안 플라스틱 의자에 앉힌 후 머리를 감기고 목욕을 시켰다. 집에서 하려고 애쓰기보다는 여기서 하는 편이 나을 것 같았다. 몸을 닦고 옷을 입힌 다음 산처럼 쌓인 선물과 함께 아래층으로 루시를 데리고 내려갔다. 이번에 루시를 집으로 데려가는 일은 훨씬 더 어려웠다. 적어도 이틀은 더 병원에 있어야 할 상태인데다가 아침에 토하고 목욕까지 해서 루시는 완전히 지쳐 있었다. 병원 앞 거리로 나와 택시를 잡으면서 끔찍한 실수를 저지른 게 아닌가 하는 생각이 잠시 들었지만, 이미 나왔으니 돌아갈 수는 없었다. 루시를 안고 현관으로 들어가 엘리베이터를 타고 11층까지 올라간 다음 소파에 루시를 내려놓았다. 혼자 두기에는 루시가 너무 아팠기에 조이를 불러서 지켜보게 한 뒤 나는 약국으로 달려가 바이코딘, 클로노핀, 항생제 등 새 처방전에 적힌 여러 약을 받았다. 푸딩과 식사 대용 셰이크도 샀다. 모든 상황이 안정되자 루시는 열두 시간을 잤다. 약을 먹이기 위해 두 시간마다 알람을 설정해두었다. 한밤에 루시에게 무슨 약을 먹였는지 잊지 않기 위해 언제 어떤 약을 먹었는지 확인할 수 있는 정교한 차트를 만들었다.

루시가 여전히 병원에 있어야 할 상태였기에 집에서도 병원에 있는 것처럼 지냈다. 루시는 아파서 울고 토했으며, 나는 알약을 먹이고 스튜어트에게 계속 전화해 조언을 구했다. 진료를 받기 위해 루시를 파크 애비뉴까지 안고 가서 택시를 잡았다. 우리는 매번 더 많은 약의 처방전을 받아 집으로 돌아왔다. 인류에게 알려진 모든 진통제를 이미 시도해본 것 같았지만 루시는 더욱 잘 맞는 약, 통증에 더 잘 드는 약을 찾고 싶어 했다. 아픈 척하는 게 아니었다. 통증이 무시무시한데다가 약물마다 각기 단점이 있었다. 하지만 내가 두려웠던 건 의사들이 서로 알지 못한 채 각자 처방한 약이 담긴 주황색 플라스틱 약병이 아파트에 엄청나게 쌓여가고 있다는 사실이었다. 루시가 좋아하지 않는 약이나 지금까지 많이 먹은 약의 처방전을 의사가 써주면 루시는 혹시 모르니까 하는 마음으로 또 받았다. 다음날 전에 한 번도 진료를 받은 적이 없는 외과 전문의에게 갔다. 그 의사는 옥시콘틴 80정의 처방전을 써주었다.

다른 약에는 저마다 부족한 점이 있는 반면 옥시콘틴은 완벽한 약이었다. 다른 약은 환자를 서서히 통증에서 끌어내 꼭대기에 이르게 했다가 다시 서서히 내려놓지만, 이 약은 열두 시간 동안 꾸준히 약효를 발휘했다. 루시를 멍하거나 감정적이거나 졸리게 만들지 않았다. 약효가 좋고 값도 싸서 옥시콘틴은 길거리에서 엄청나게 인기 있는 마약으로 유통되었다. 옥시콘틴을 헤로인보다 더 달콤한 약으로 바꾸려면 으깨기만 하면 된다. 그러면 유효 성분을 서서히 방출하는 메커니즘이 파괴되어 일 분 만에 놀랍고도 멋지게 통증이 사라지고, 열두 시간 동안 효과가 지속된다. 집에 80정의 옥시콘틴을 두는 것은 믿을 수 없는 로트바일러*를 침대 발치에 두는 셈이었다. 약병마저 거대해서 위협적이었다.

"내가 옥시콘틴을 가져가면 어떨까." 나는 무심한 척 말했다. "매주 우편으로 보내면 되잖아."

"말도 안 돼." 루시가 말했다.

"그럼 조이에게 줘. 아니면 소피나. 걔네가 너에게 조금씩 주도록 말이야. 너무 많은 약을 먹어서 기억하기 어렵잖아."

---

* 중대형의 개 품종으로 경비견이나 경찰견으로 쓰인다.

"평생 해온 일이야. 약 먹는 방법은 나도 안다고."

나는 테네시 집으로 돌아가고 루시는 코네티컷으로 갔다. 이번에는 시골에 있는 소피의 농장으로 가서 요양했다. 수술이 성공적이었는지 알기엔 너무 일렀지만, 한 주가 지나자 루시는 훨씬 나아졌다. 그 학기의 강의를 마무리하기 위해 학교로 돌아갔다. 루시는 나중에 내게 말했다. 그때부터 옥시콘틴을 으깨어 코로 흡입하기 시작했다고. 옥시콘틴이 다 떨어지자 루시는 간단하게 다시 헤로인으로 돌아갔다.

17장

 루시는 늘 익명의 알코올중독자들 모임(AA)에 참여하고 싶어했다. "사람들을 만나기에 정말 좋은 방법일 것 같아." 루시는 말했다. "게다가 매일 가야 하는 곳이 생기는 거잖아." 루시는 살면서 몇 번 이런저런 모임에 나간 적이 있지만, 알코올에 의존한다든지 하는 것처럼 반드시 나가야 할 이유가 없으면 언제나 금방 지루해하곤 했다. 하지만 실제로 익명의 약물중독자들 모임(NA)에 나가야 하는 상황이 되자 루시는 벌써부터 지루해졌다. 혹은 초조해졌다. 루시는 익명의 알코올중독자들 모임에는 나갈 이유가 없다고 했는데, 마약을 끊어도 술은 마실 것이기 때문이었다. 약물을 그만둔다는 건 헤로인을 그만둔다는 뜻이었다. 오로지 헤로인만, 그것만 끊을 것이었다.

그리하여 루시는 모임에서 사람들을 만났지만, 그들은 루리드*나 메리앤 페이스풀**이 아니었다. 특출나게 낭만적인 방식으로 엉망인 사람은 없었다. 어느 밤 모임에서 알게 된 한 남자가 루시에게 전화해 도움을 청했다. 자기가 다시 약에 취하지 않도록 루시의 아파트에서 자면 안 되겠냐는 것이었는데, 그가 나타났을 땐 이미 약에 취해 있었고 아침에 루시는 그 남자가 주방에서 헤로인을 주사하는 걸 봤다. 전화로 이 이야기를 할 때 루시는 마치 아침에 일어나 싱크대에서 커다란 바퀴벌레라도 발견한 것 같은 투였다.

오랜 세월 동안 루시와 나는 매일, 아니면 이틀에 한 번은 이야기를 나눴지만, 이제는 루시에게서 아무 연락 없이 몇 주가 가기도 했다. 자동응답기에 루시를 압박하는 메시지를 아무리 많이 남겨도 소용이 없었다. 그러다가 루시는 전화해서 사흘이라든지 이십사 시간이라든지 한 주 동안 약을 하지 않았고, 신께 맹세코 이제 끝이고 자신이 바닥을 쳤으며, 다시는 절대로 헤로인을 하지 않을 거라고 했다. 이런 전화는 대개 후두염에 걸린 채로 걸려와서 루시가 하는 말을 거의 알아들을 수 없었다.

---

* 미국의 록밴드 벨벳 언더그라운드의 리드보컬 겸 기타리스트.
** 영국의 싱어송라이터, 배우.

"하지만 네가 이미 그만둔 줄 알았는데." 항상 두 발짝 뒤처진 기분이었다. 루시가 다시 약을 시작했다는 것도 몰랐는데 그만뒀다고 기뻐해야 한다니.

"지난번엔 진심이 아니었어." 루시는 쉰 목소리로 말했다. "사람들에게 이제는 끝이라고 했지만 그때조차 내 마음속 아주 작은 한구석에서는 알고 있었어. 내가……" 루시의 목소리가 점점 작아졌다.

"다시 말해봐. 못 들었어."

"내가 그걸 한번 더 할 거란 걸 알고 있었다고. 하지만 이번엔 달라. 이번엔 그걸 다시 하고 싶은 마음이 전혀 없어."

"하고 싶은 마음이 사라졌다는 걸 어떻게 알아?" 나는 물었다.

그 마음이 사라진 건 루시가 헤로인을 너무나 많이 해서 종종 정신을 잃고 의식이 없는 동안 구토했기 때문이다. 목소리가 나오지 않는 건 그 때문이었다. 루시는 토사물에 질식할까봐 겁에 질렸다. 의식을 잃을 때 소파 끝에 머리를 걸치려고 신경쓴다고 했다. 루시의 목구멍은 전쟁터였다. 수년에 걸친 수술과 삽관으로 벗겨지고 파였다. 며칠간 마구 약을 한 후에 몸 곳곳이 다 힘들고 목소리도 나오지 않으면 루시는 휴강을 했다.

"너 주사하는 거야?"

"아냐!" 루시가 말했다. "그건 역겨워. 절대 그러지 않을 거야. 그냥 흡입만 할 뿐이야." 루시의 머릿속에서 자신은 흡입만 하는 더 나은 부류의 중독자였다. 나는 아파트에 헤로인이 남아 있냐고 물었다.

"조금. 많지 않아."

"그렇다면 지금 그걸 버리는 게 좋은 생각 아닐까?"

그리하여 우리는 남은 약 전부를 변기에 버리고 물을 내리는 의식을 수행했다. 나는 그 모든 과정을 전화기 너머로 들었는데, 마치 라디오드라마를 듣는 것 같기도 했다. 약은 사라졌지만 소용없었다. 루시의 딜러가 건물 도어맨에게 약을 배달했고, 딜러의 전화번호는 루시 핸드폰에 단축번호로 저장되어 있었다. 루시는 헤로인 한 봉지에 10달러라며 마리화나보다 싸다고 말했다.

내가 헤로인에 관해 아는 건 전부 영화에서 본 거라, 루시가 약을 매일 하지 않으면 진짜로 중독된 것은 아니라고 생각했다. 약을 하지 않고 육 주를 보낼 수 있다면 단번에 끊을 수도 있는 것 아닌가. 루시가 길거리에 나가 텔레비전을 훔치고 다니는 그런 중독자도 아니지 않은가. 하지만 헤로인이 보이지 않는 목줄 같은 것이라도 쥐고 있는 듯 루시는 육 주를 넘기지 못했다. 다시 약을 하고, 그다음 다시 끊고, 며칠, 몇 주가 흐르면서 헤로인이 남긴 사악한 숙취 때문에 점점 더 비참해졌다. 오직 헤로인만이 사라지게 할 수 있는 종류의 숙취였다.

그리고 어쩌면 루시의 말과는 달리 육 주가 아니었는지도 모른다. 삼 주였을 수도, 일주일이었을 수도 있다.

"그건 몸이 스스로 엔도르핀을 생성하는 걸 막아." 루시가 말했다. "엔도르핀이 가장 필요한 순간에 말이지."

"왜 계속 다시 하는 거야?" 내가 물었다. 그 모든 게 전혀 이해되지 않았다.

"그걸 헤로인이라고 부르는 데는 다 이유가 있어."* 루시는 말했다.

루시는 언제나 꿈꿔온 굉장한 연애를 하고 있었다. 위험하고 험난하며 폭력적일 정도로 자신을 고갈시켰지만, 상대가 다정하게 구는 몇 분 동안은 모든 것을 감싸안는 사랑의 열기를 느낄 수 있었다.

좋은 날도 있었다. 그런 날에는 루시가 행복해하며 전화를 걸어왔다. 루시는 린디 박사라는 새로운 정신과 의사에게 상담을 받고 있었으며 그 사람을 굉장히 신뢰했다. 자신이 마침내 과거를 대면하게 되었다고 했다. 자기 인생의 거대한 슬픔이 어쩌면 얼굴이 아닌 다른 데서 비롯했을 수 있는데도, 늘 잘못된 대상을 고치려 했기에 온전히 회복될 수 없었다는 걸 깨달았다고 했다. 루시는 린디 박사를 설득해 한 회 상담 금액

---

* '헤로인'이라는 명칭은 '커다란' '강력한' '소량으로도 두드러진 효과가 있는'이라는 뜻을 지닌 독일어 의학 용어 '헤로이슈(heroisch)'에서 유래한 것으로 여겨진다.

으로 두 번을 받았고, 이를 통해 다시 한번 자신이 특별한 환자임을 입증했다. 나는 루시가 과거의 어두운 불행을 헤집고 다녀도 괜찮을 만큼 강인한지 걱정이 됐다. 그러나 루시가 지적했듯 나는 언제나 무언가를 걱정하는 사람이었다.

어느 밤 잠이 들려는데 루시가 전화해서 길고 복잡한 이야기를 늘어놓았다. 자기가 정말 좋아하는 블루스 가수 리틀 지미 스콧의 공연을 앤디와 함께 보고 나서 집에 돌아와 헤로인을 했는데, 앤디가 루시와 연락이 되지 않자 루시가 죽었거나 죽어가고 있을지도 모른다고 생각해 경찰을 불러 루시의 아파트 문을 부수게 했다는 것이다. 자기는 물론 죽은 게 아니라 잠시 의식을 잃은 것뿐이었는데 말이다. 앤디 입장에서는 루시 목숨을 구하려고 한 일이었지만, 루시는 앤디가 자기 일에 끼어들었다고 엄청나게 화를 냈다. 이야기를 듣다가 나는 중간에 끊었다.

"너 다시 헤로인을 한다고?"

"너한테 거짓말하지 않을래." 루시가 말했다. "이 약이 다른 사람들은 거짓말쟁이로 만들지 몰라도 나는 그렇게 되지 않을 거야. 나 가끔 헤로인을 해. 너도 그 사실에 익숙해지는 게 좋을 거야."

"아니," 나는 말했다. "절대로 익숙해지지 않을 거야. 헤로인을 두고 자연스럽게 대화하는 일은 없을 거야."

"내가 너한테 거짓말을 해야 한다는 말이니?"

"헤로인을 끊으라는 말이야." 나는 말했고, 잘 자라고 하고는 전화를 끊었다.

다음날 예전 남자친구 일라이에게서 전화가 왔다. 일라이는 로마에서 돌아온 참에 뉴욕에서 루시를 만났다고 했다. "네 가장 친한 친구를 대신해서 전화하는 거야." 일라이가 명랑한 어조로 말했다. "너한테 이렇게 전해달래. 자기는 좋은 사람이고 네가 자기를 용서해야 한다고."

"세상에, 너는 마치 루시가 스웨터를 허락도 없이 빌려 입어서 내가 화났다는 투로 말하는구나." 나는 말했다. 하지만 그때 루시는 우리가 왜 싸웠는지 일라이에게 말하지 않고 내가 화났다는 사실만 전한 것이었다.

2월에 일주일 동안 루시에게서 아무 연락도 없던 차에 조이가 한밤에 전화를 했다. 루시가 손목을 그었는데 꿰매야 할 만큼 심각한 건 아니고, 손목을 그은 다음 헤로인을 과다 복용했다고 했다. 지금 루시는 뉴욕 장로병원에서 자살 방지 감시하에 있으며, 루시 BB와 소피가 거기로 가는 길이고, 조이 생각에 내가 갈 필요는 없을 것 같다고 했다. 전에 루시가 수술을 받았을 때 나눴던 대화와 놀랍도록 똑같았다. 누가 언제 교대해서 돌볼 것인가. 조이는 루시가 어떤 약을 복용했는지 말해

췄고, 나는 그 전부를 쪽지에 적어 주방 서랍에 넣어두었다.

다음날 정신병동의 공중전화로 전화를 걸었다. 조이에게서 번호를 받아둔 터였다. 연결되기까지 반시간이 걸렸다.

"야도에 있을 때 같다." 마침내 누군가가 루시를 찾아 전화를 바꿔줬을 때 내가 말했다.

"너 나 미워하지." 루시가 말했다.

"전혀 안 미워해. 네가 건강할 땐 가끔 화낼 수도 있겠지만 아플 땐 아냐. 사랑해."

"미안해." 루시는 말했다. "너에게 상처 주려고 이러는 게 아냐. 너한테 상처 줄 마음 전혀 없어."

"알아."

"그만두고 싶어. 이걸 그만두고 나아지고 싶어."

"알아, 친구야."

"나 계속 사랑해줘."

"언제나 널 사랑할 거야."

"내 전화도 계속 받아야 해."

"루시," 나는 말했다. "자동응답기 확인해봐. 나는 매일 전화한다고."

루시는 두 주간 병원에 있어야 한다는 말을 들었고, 나도 루시에게 그러라고 했다. 친구들은 전부 루시가 재활원에 가야 하며 우리가 돈을 모아서 보내야 한다고 했지만, 루시는 시기가 적절하지 않다고 했다. 사십팔 시간 후 루시는 자신이 더 이상 위험한 상태가 아니라고 의사들을 설득했다. 적극적으로 자살을 시도하려는 상태가 아닌 한 입원비에 보험 적용이 되지 않았고, 의사들은 소피가 보살핀다는 조건으로 루시를 퇴원시켰다.

루시가 내 전화에 답이 없을 때마다 나는 루시가 약을 하느라 그렇다고 생각했다. "안녕, 친구야, 나야." 나는 루시의 자동응답기에 대고 말했다. "네가 약에 취해 있을 거라는 끔찍한 생각이 들어. 제발 전화해줘."

하지만 루시는 다음날 전화해서 아니라고, 약에 취하지 않았다고, 잘 있다고, 그냥 아주 바쁠 뿐이라고 했다. 나는 언제나 루시의 말을 믿었다. 그 외엔 할 수 있는 일이 없었기 때문이다.

"오늘은 일하러 '작가의 작업실'에 갔어." 루시가 전화로 말했다. "진짜 오랜만에 갔는데, 세라로런스 출신의 여자가 자살을 했대. 그 일에 관한 작은 게시물이 붙어 있더라고." 루시가 이름을 말했지만 내가 모르는 사람이었다. "'작가의 작업실'에서 글을 쓰던 사람이야. 가끔 마주치면 서로 인사했지. 그 게시물을 봤을 때 우리가 반대 상황에 있었을 가능성도 아주 높다는 생각이 들었어. 그 사람이 살고 내가 죽고, 그 여자가 들어와서는 루시 그릴리가 자살해서 모두가 얼마나 슬픈지 적어

진실과 아름다움 355

둔 게시물을 보는 거지. 그리고 앤, 내가 살아 있어서 정말 말도 안 되게 운이 좋다고 느꼈어. 밖으로 걸어나갔는데 세상이 믿을 수 없을 정도로 아름답더라. 너무 행복해서 울었다. 나 정말로 살아 있고 싶어."

죽음은 인간을 파괴하지만 죽음이라는 개념은 인간을 살릴 수 있다. 언젠가 루시가 편지 끝부분에 이렇게 적었다. 방금 이 문장을 읽었는데 마음에 들었어.

그 무렵 내 인생은 예상치 못한 방향으로 전개되었다. 내 소설 『벨칸토』는 하드커버로 출간된 첫해엔 그럭저럭 팔리는 정도였는데, 페이퍼백으로 출간되면서 갑자기 베스트셀러가 됐다. 미국에서 상을 받고 그다음엔 영국에서 받았다. 나의 네번째 책이 하룻밤 사이에 성공을 가져다준 것이다. 지난 몇 년 동안 친구 중 여럿이 영광을 차지하는 모습을 봤다. 엘리자베스의 책이 전미도서상 후보에 오르고 그후엔 미국 문예아카데미에서 상을 수여했다. 친구 매넷의 책은 오프라 윈프리 북클럽 도서로 선정되었다. 십 년간 준비한 에이드리언의 책은 출간 후 내가 지금껏 본 적 없는 엄청난 찬사를 받았으며, 〈뉴욕 타임스〉 1면에 서평이 실렸다. 그리고 루시. 루시는 우리 중 가장 먼저였다. 이제 내 차례인 것 같았다.

루시는 기뻐했다. 기뻐하려고 노력했다. "질투가 안 나는 건 아냐." 루시가 말했다. "하지만 널 자랑스러워하는 마음이 질투보다 훨씬 커. 어쨌든 내가 예측한 대로지. 이게 네 최고의 책이라고 했잖아."

그해 봄, 뉴욕에서 낭독회를 할 때 루시를 만났다. 그날 칼과 나와 함께 자연사박물관에 가서 나비 전시회를 보기로 했지만, 루시는 약속 직전에 마음을 바꿔 맨해튼 북부까지 오는 건 힘드니 저녁식사 때 보자고 했다. 루시는 수술 후 목에 넓게 부풀어오른 부분이 여전히 남아서 터틀넥 스웨터를 입었다. 루시는 수술을 받은 후엔 언제나 터틀넥을 입었고, 나는 루시에게 터틀넥 옷을 자주 사줬지만 적당한 걸 고르기가 쉽지 않았다. 목이 편하면서도 루시가 원하는 방식으로 목을 가려주는 옷이어야 했기 때문이다. "내 얼굴 어때 보여?" 루시가 말했다.

우리는 루시가 예전에 살았던 소호의 아파트에서 가까운 발타자르라는 레스토랑에 있었다. 그곳 조명은 친절하게도 모두를 따뜻한 오렌지빛으로 감쌌지만, 아늑한 조명 아래에서도 루시의 얼굴은 마치 머드팩을 한 양 어딘지 얼어붙은 것처럼 보였다. 아니면 그저 내가 그 얼굴에 아직 익숙하지 않은 것일 수도 있었다. 마지막으로 봤을 때와는 굉장히 달랐다. 움직이지 않는 듯 보였다. "좋아 보이는 것 같아." 나는 말했다.

"좋은 건 필요 없어." 루시가 말했다. "그냥 좋아 보이려고 이 모든 일을 다 겪은 게 아냐. 멋져 보이고 싶은 거지."

"멋져 보여." 내가 말했다.

"이제 소용없어."

"제발." 나는 말했다. "용서해줘. 너 멋져 보여."

다음날 밤 우리 셋은 같이 시상식에 갔다. 나는 어느 문학상의 최종 후보였다. 칼과 나는 호텔에서 루시를 만났는데, 칼이 나를 한쪽으로 데려가서 루시가 술이나 약에 취한 것 같다고 말했다. 그럴 리 없었다. 약에서 완전히 손을 뗐다고 했기 때문이다. 그날 밤 이런저런 이유로 나와 이야기하고 싶어하는 사람들이 많았다. 그러나 누군가가 다가와 말을 걸려고 할 때마다 루시가 사이에 끼어들어서는 내 머리를 당겨 자기 이마에 맞붙였다.

"너 정말 록스타다."

"그럴 리가."

"나 사랑해?" 루시가 물었다.

"정말 사랑해."

루시는 내 목에 팔을 감고 매달렸다. "네가 상을 탈 거야." 루시가 말했다. "최고거든." 내가 자기에게서 눈을 돌리면 루시는 내 머리에 손을 얹어서 다시 자기 쪽으로 돌렸다. "내가 이 책 훌륭하다고 했지?"

나는 수상하지 못했다. 출판사와 에이전트가 배려의 뜻에서 우리에게 저녁식사 자리를 마련해주었다. 테이블에 일곱 사람이 앉았으며 루시는 내 옆에 앉았다. 누군가가 내게 무슨 말이든 할 때마다 루시가 내 귀에 대고 속삭였다.

"개자식들." 루시는 말했다. "네가 탔어야 해. 상을 빼앗긴 거야." 루시는 코즈모폴리턴 한 잔을 더 주문했다.

"괜찮아." 나는 말했다.

루시가 내 어깨에 머리를 기대고 나를 올려다보았다. "나 사랑해?" 루시가 한 다리를 내 다리에 걸쳐놓자 테이블에 불편한 공기가 흘렀다. 루시는 식사 내내 그런 식이었고, 디저트를 먹는 동안에도, 길을 걸어내려가 우리가 택시를 잡아줄 때까지도 그랬다. 칼은 루시에게 택시 요금으로 20달러를 주며 굿나이트 키스를 하고는 루시를 집으로 보냈다.

일주일 후 루시는 한밤중에 베닝턴에서 집으로 돌아가는 길에 매사추세츠주 피츠필드에 있는 어느 주차장에 차를 세운 뒤 면도칼로 자해를 하고 술을 마시고 약을 한 줌 삼키고는 정신을 잃었다. 경찰관이 루시를 발견해서 지역 병원으로 데려갔고, 루시는 거기서 밤을 보냈다. 차 안에서 구토를 한 탓에 루시의 목소리가 상했지만 우리는 한 시간 동안 이야기했고, 다음날에도 한 시간 동안 이야기했다. 루시는 속삭이듯 미안하다고, 사랑한다고, 상처를 주려고 그런 게 아니라고, 현재의 이 외로움 속에서 사는 걸 더이상 견딜 수 없다고 했다. 루시는 내가 이미 알고 있는 모든 얘기를 했고, 나는 루시가 이미 알고 있는 모든 얘기를 했다. 내가 루시를 사랑하며, 루시를 위해서라면 무엇이든 할 것이고, 내슈빌에 와서 잠시 동안이라도 '루시의 방'에서 지낸다면 루시가 자기 발로 다시 설 때까지 내가 도울 수 있을 거라고. 나는 우리 둘이 말한 것 중 상황을 바꿀 수 있는 건 아무것도 없다는 사실을 알았다. 그럼에도 루시가 말하는 목소리를 들을 수 있어서 그저 감사했다.

"이런 짓을 계속하면 내가 얼마나 큰 고통을 겪는지 누군가가 마침내 눈치채고 나를 도와줄 거라는 생각이 계속 들어." 루시가 속삭였다.

"내가 도울 수 있어." 나는 말했다. "내가 돕게 해줘."

"방법을 모르겠어." 루시가 슬픈 목소리로 말했다.

한 달 후 휴강이 너무 많았다는 이유로 베닝턴대학에서 해고되었을 때 루시는 약간 불안해했지만, 그래도 신이 난 쪽에 가까웠다. 짐을 벗어서 후련하고 이제 그렇게 운전하고 다닐 필요가 없으니 모든 게 더 쉬워질 거라고 했다. "덕분에 상황이 전부 달라질 거야. 벌써 백배쯤 기분이 좋아졌어." 하지만 12월에 그간 말도 많고 마감 기한도 여러 번 연장되었던 루시의 출판계약이 끝내 취소되었다. 앞으로 포기할 게 얼마나 더 남았는지 나는 알 수 없었다.

일주일 후 루시를 만나 파크 애비뉴 카페에서 저녁식사를 했다. 근사한 곳에 데려가고 싶었지만, 루시는 주위를 돌아보더니 레스토랑에 관광객이 가득하다고 말했다.

"어떻게 알아?"

"그냥 보면 알아." 루시는 말했다. "뭘 먹고 있는지 봐." 루시가 와인을 한 잔 주문하자 나는 그러지 말라고 말렸다. 와인 한 잔 한다고 큰 문제는 없겠지만 그냥 루시가 와인을 마시는 모습을 보고 싶지 않았다.

루시는 내게 마음을 좀 가볍게 먹으라고 했다. 그날 저녁 루시는 기분이 좋았다. 집착하지 않으면서도 애정어린 태도를 보이며 말도 많이 했다. 해고가 자신에게 딱 필요한 일이었다고, 덕분에 여러 가능성이 생겼다고 했다. 이제 다시 책 작업으로 돌아갈 수 있고, 더블데이출판사와 다시 계약하려 애쓰지 않아도 되고, 다른 출판사에서 더 큰 돈을 받을 수도 있고, 소설이 아닐 수도 있고, 친구들에 관한 책을 정말로 쓸 수도 있을 거라고 했다. 또한 원래 임대인에게서 재임대받은 것이었던 자신의 사랑하는 아파트를 비워야 하지만 더 좋은 곳을 찾을 수 있을 거라고도 했다. "지금 그 모두를 걱정할 필요는 없어."

"약은?"

루시는 눈을 굴렸는데, 내 질문 때문이 아니라 그 성가신 약

문제가 여전히 존재한다는 사실을 표현한 것이었다. "노력하고 있어."

내 손이 땀으로 젖었다. 반쯤 먹은 값비싼 생선 요리를 앞에 두고 앉아 있다가 문득 어떤 지점을 넘어섰다고 느꼈다. "루시," 내가 말했다.

"응, 친구야."

"너도 알지, 난 네가 많은 일을 겪는 모습을 지켜봤어. 언제나 네 곁에 있었어." 나는 떨고 있었다. 떨고 있는 자신에게 놀랐다. "하지만 이건 못 견디겠어. 설명을 잘 못하겠는데, 지금 네가 하고 있는 짓이 너무나도 싫어. 그 모든 세월 동안 여러 가지 일이 널 해치는 걸 지켜봤어. 네가 통제할 수 없는 일들이었지. 그런데 이제 네가 자신을 해치는 걸 봐야 한다니, 이건 견딜 수가 없네."

루시는 고개를 기울이고는 가장 따뜻하고 사랑스러운 미소를 지어 보였다. "미안해." 루시가 말했다.

나는 테이블에 손을 올리고 엄지손가락에 닿는 무거운 은식기를 응시했다. 루시를 쳐다봐야 했지만 눈을 내리깔았다. "이 일로 너를 떠나게 될 거야." 나는 말했다. "진심이야. 얼마 안 있어 내 한계에 이를 테고, 더는 널 도울 수 없을 거야."

"알아." 루시가 말했다. 그러고는 테이블 위로 몸을 기울여 내게 키스했다. "이야기해줘서 고맙고 사랑해. 정말 중요하고 소중한 이야기였어."

루시를 쳐다보며 눈을 깜빡였다. 이런 반응을 기대하진 않았다. 내가 전부 다 잘못 안 거라고, 최소한 그렇게 말할 줄 알았다.

"소피도 거의 비슷한 얘길 했어. 조이도 그랬고. 그렇게 말해줘서 너희 모두를 더욱더 사랑하게 됐어."

소피와 조이가 어떤 기분이었을지, 나처럼 손이 떨렸을지 궁금했다. 루시 BB는 달랐다. 루시의 행동을 괜찮다고 여기지는 않았지만 아무런 판단도 하지 않고 우정을 지켰다. 루시 BB는 루시가 어떤 모습을 보여도 등을 돌리지 않을 것이었다. 흔들림 없이 모든 걸 수용하는 것이 그 친구의 사랑이었다.

루시가 내 손등을 손가락으로 톡톡 쳤다. "다만 지금 떠나지는 마." 루시가 말했다. "노력할 시간을 조금만 더 줘."

그 순간 루시를 미치도록 사랑했다. 그 침착함, 그 작고 간절한 요청에는 무언가 특별한 게 있어서 내 마음을 완전히 무너뜨렸다. 내가 한계라고 그은 선을 나중에 지울 수도 있음을 깨달았다. "물론 지금 떠나지는 않을 거야." 나는 말했다.

며칠 후 카페 데자르티스트에서 루시를 다시 만났다. 내가 르네 플레밍*과 더불어 링컨센터에서 강연을 하기 전 가볍게

---

*미국의 소프라노 오페라 가수.

한잔할 겸 칼이 내 친구 몇몇을 초대한 것이었다. 하지만 다시 약을 하던 루시는 산만한데다 고집을 부렸다. 하루종일 먹은 게 없으며 밀크셰이크를 먹고 싶다고 했다. 그 레스토랑이 너무도 고급이라 밀크셰이크가 없다는 데 짜증을 냈고, 아티와 에이드리언이 루시를 데리고 나가 길 아래쪽의 작은 식당에 가서 진정시켜야 했다. 루시가 약에 취한 것인지, 약에서 깨어나고 있는 것인지, 그저 기분이 나쁜 것인지 나는 구분할 수가 없었다.

『벨칸토』 때문에 이곳저곳으로 이동할 일이 많았다. 대략 삼주에 한 번은 뉴욕에 갔다. 루시는 끔찍할 때도 있고 다정할 때도 있었다. 5월 말에 만났을 때는 자신이 우울에서 벗어나는 것 같다고, 이십팔 일이나 약을 안 했다고 했다. 의대 진학에 관해 다시 이야기를 꺼냈다. 루시는 대학 때 의예과 과정에 있었고, 글쓰기가 불가능해 보일 때마다 어린 시절 사랑했던 직업으로 돌아가는 것에 대해 고민해보곤 했다. 루시는 작가이자 의사인 윌리엄 카를로스 윌리엄스처럼 되고 싶어했다. 보통은 작업이 잘되지 않을 때 농담으로 하는 말이었지만, 이번에는 훨씬 더 진지했다. 루시는 더는 강의를 하고 싶지 않다고 했다. 글쓰기는 생계 수단이 아니라 예술로만 하고 싶어했다. 학교의 규율이 자신에게 도움이 될 것이며, 새로운 사람을 많이 만나게 될 거라고 했다.

"어린 사람들," 내가 말했다. "정말 어린 사람들이겠지."

"내 나이의 학생도 있어."

루시는 헌터 칼리지와 컬럼비아대의 의예과 집중 과정에 있는 사람들을 만나보았고, 그들은 격려를 아끼지 않았다. 컬럼비아대의 한 여성은 루시의 책을 읽은 적이 있다며 굉장히 도와주고 싶어했다.

"돈은 어떻게 하고?" 내가 말했다.

"2만 달러야. 글을 몇 편 쓰면 수업료를 낼 수 있어."

"하지만 의대 학비는 어떻게 할 건데?" 루시는 여전히 대학원과 학부 시절의 학자금 대출에 더해 체납 세금을 갚으라는 독촉까지 받고 있었다. 이번에는 정부에서 그냥 빠져나가게 두지 않을 것 같았다.

루시는 손을 저었다. "그건 지금 문젯거리도 아냐. 방법을 찾아서 입학한 다음 돈을 내줄 사람을 구하면 돼."

그 사람이 나를 말하는 것인지 궁금했다. 자살 위기에 있는 헤로인 중독자에게 의대에서 입학 허가를 내줄까 묻고 싶었지만 입을 다물었다.

내셔널 아트 클럽에 있는 아파트에서 지낼 수 없게 되자 루시의 상황은 다시 혼란스러워졌다. 베닝턴대학의 일자리 없이 루시가 감당할 수 있는 거처는 브루클린에서만 찾을 수 있었는데, 조이의 집에서 가까웠음에도 루시는 그곳으로의 이사를 시베리아로 유배당하는 일처럼 여겼다. 그간 루시가 처한 경제적 곤경을 해결하려 애써온 루시의 언니 세라와 그 남편 밥이 임대계약서에 보증 서명을 했다. 루시의 신용 기록은 어떻게 모든 것이 잘못될 수 있는지 말해주는 교훈적 이야기 같았기 때문이다. 루시는 이사간 곳을 싫어했다. 오래 걸어야 한다고, 다리가 계속 아프다고, 다리 때문에 끊임없이 진통제를 복용해야 한다고 불평했다. 어리석은 수술을 받아서 전보다 더 나쁜 상황에 처했다고 자신을 비난했다. 완전히, 끔찍하게 비참하다고도 했다. 하지만 나중에 루시는 이사 전에 헤로인을 엄청나게 해서 그렇게 느낀 것이며, 브루클린에 도착해서는 완전히 약을 끊기로 결심했다고 말했다. 그러나 당시에 나는 몰랐다. 그저 루시가 설명한 대로만 루시가 사는 곳을 그려보았을 뿐이다. 지하철까지 수십 분을 걸어야 하고, 식료품점도 없고, 철물점도 없고, 전부 똑같아 보이는 건물만 끝없이 늘어선 곳.

예전 맨해튼의 아파트에는 기기가 전부 갖추어진 주방이 있었지만 브루클린의 집에는 숟가락도 커피잔도 없었다. 이사와 마약이 루시의 돈과 에너지를 고갈시켰고, 루시는 바닥에 앉아 상자에 둘러싸인 채로 울었다.

"내가 주방을 채워줄게." 나는 말했다. "적어도 그건 내가 해줄 수 있어. 주문해서 배송시킬게. 너는 밖에 나갈 필요도 없어." 나는 루시에게 더는 돈을 주지 않았지만 물건을 보내고

급할 때는 집주인에게 바로 집세를 수표로 부치기도 했다. 한 시간 동안 통화하고 난 후 온라인으로 생각나는 물건을 전부 주문했다. 오븐 장갑, 감자칼, 접시, 프라이팬 등등. 여섯 군데에서 배송될 것이었다. 타파웨어도 주문했다. 질서정연하게 쌓인 타파웨어가 루시 인생의 고난을 어떻게든 좀 덜어줄지도 모른다는 말도 안 되는 생각에서였다.

한여름의 어느 날 루시의 의사 친구인 스튜어트에게서 전화가 왔다. 목소리를 듣자마자 심장이 얼어붙었다. 서 있던 채로 벽에 머리를 기대고 눈을 감았다. "루시가 죽은 거죠." 내가 말했다.

"뭐라고요!" 스튜어트가 말했다.

"그 이유가 아니면 왜 저한테 전화를 했겠어요."

알고 보니 다른 이유가 있었다. 스튜어트와 그의 여자친구가 휴가 때 테네시에 오는데 어디를 가보면 좋을지 조언을 구하려 한 것이었다. 우리는 웃음을 터뜨렸다. 모든 게 괜찮았다. 하지만 그날 내내 마음이 안 좋았다.

루시의 연락은 갈수록 뜸해졌다. 전화를 해도 다시 전화를 걸어오지 않았다. 상황이 안 좋아질수록 루시는 나를 피했다. 내가 지나치게 비판적이고 자신은 날 실망시키고 싶지 않기 때문이라는데, 둘 다 사실이었다. 여름이 끝나갈 무렵 다시 연락을 해왔을 때 루시는 두 달 내내 약을 했으며 이제 막 빠져

나왔다고 했다. 다른 때와 달리 이번에는 이게 마지막임을 확신하며, 돈을 준다고 해도 다시는 헤로인을 하지 않을 거라고 했다. 전에는 절대적으로 확신한 적이 없지만 이번에는 완전히 다르다고 했다.

 루시는 브루클린을 떠났다. 원격 대학원 강사직에서 해고되어 돈이 다 떨어졌고, 어쨌거나 루시는 브루클린을 싫어했다. 의예과 집중 과정 개강 날짜를 잘못 알아서 벌써 수업 두 개를 놓쳤기 때문에 기다렸다가 겨울 학기에 시작하는 게 낫겠다고 루시는 말했다. 루시는 코네티컷에 있는 농장으로 가서 어린 시절 친구인 스티븐과 함께 지냈다. 스티븐은 어퍼이스트사이드에 조그마한 아파트도 가지고 있어서 루시가 뉴욕에서 밤을 보내야 할 때 그곳을 쓸 수 있었다. 가을에 루시는 그 아파트에서 루시 BB의 자동응답기에 메시지를 남겼다. 헤로인을 과다 복용해서 자살하겠다는 것이었다. 케임브리지에서 그 메시지를 들은 루시 BB는 소피에게 전화했고, 스티븐의 아파트 전화번호를 알고 있던 소피가 재빨리 인터넷으로 검색해 아파트 주소를 알아냈다. 두 사람 다 뉴욕에 있지 않았으므로 그들은 한밤에 루시의 친구 벤에게 전화했으며, 벤이 급하게 달려가 루시를 찾았다. 루시는 아프고 약에 취하고 깨어 있었으며, 문을 잠그지 않은 채로 헤로인을 주사하고 있었다.

조이가 내게 전화했다. 정신병동을 지키는 일은 늘 조이 몫이었다. 조이는 다섯 살 때 자매를 잃고, 가장 가까운 친구 두 명을 사고로 잃고, 그 전해에 아버지를 잃었다. 조이는 병실에 앉아 죽은 친구의 유품을 또다시 정리할 수는 없다고 루시에게 말했다.

"루시에게 계속 말해. 내가 여기 앉아 있다니 믿을 수가 없다고. 이런 대화를 나누고 네가 죽을 거라고 말하다니 믿을 수가 없다고." 조이는 내게 전화해 말했다.

"루시는 죽지 않을 거야." 내가 말했다. 갑자기 화가 났다. "이런 건 그냥 심각하지 않은 자살 시도일 뿐이야. 루시가 집 없이 떠돌게 될 수도 있겠지. 아는 사람 모두와 멀어질 수도 있고. 하지만 죽지는 않을 거야. 우리 중 끝까지 버티는 사람은 루시일 거야." 열 살 때 이후로 인생은 줄곧 루시를 죽이고자 했지만 계속 실패했다. 루시는 고비마다 죽음과 씨름했다. 그리고 언제나 이겼다.

"내 얼굴을 똑바로 쳐다보며 말하더라고." 조이가 말했다. "자살에 성공했으면 좋았을 거라고."

다음날 밤 병동 공중전화로 전화를 걸어 루시와 오랫동안 이야기했다. 내슈빌의 밤은 춥고 환했으며, 나는 뒤뜰에 서서 별을 올려다보았다. 루시는 코네티컷에 있는 재활원에 들어가겠다고 했다. 우리는 새 출발과 새 직업에 대해 이야기하다가 나보코프에 관해 이야기했고, 그다음엔 각자 뉴욕과 테네시에서 올려다보는 밤하늘에 대해 이야기했고, 그다음엔 시각의 형이상학적 과정을 주제로 이야기했다. 루시는 스티븐사이트[*]라는 명칭이 그것을 발견한 스티븐스라는 남자의 이름에서 따온 것임을 방금 알았다고 했다.

"나는 스티븐사이트가 뭔지도 몰라."

"광물이야." 루시가 말했다.

"너만큼이나 즐겁게 이야기를 나눌 수 있는 사람이 또 있을까?" 나는 알고 싶었다. "너 말고 이렇게 이야기를 나눌 사람이 또 있을까?"

"난 이겨낼 거야." 루시가 말했다. "우리는 이때를 돌아보면서 '헤로인의 나날들'이었다고 할 거야. '루시가 헤로인 중독자였던 시절 기억나?'라고 말할 거야."

"우리는 그때 정말 심각했다고 말하겠지." 내가 말했다.

"우리는 루시를 완전히 잃은 줄 알았다고 말하겠지." 루시가 말했다. "하지만 무슨 일인가가, 아무도 모르는 무슨 일인가가 벌어지고, 어느 날 루시는 다시 일어서. 나중에 루시의 인생이 얼마나 멋진지를 보며 그때의 루시와 같은 사람이라고는 믿을 수가 없을 거야."

---

[*] 백색 점토 광물.

18장

 루시는 코네티컷에 있는 재활원에 한동안 있다가 스티븐의 집으로 돌아가서 나머지 재활 프로그램에 외래환자로 참여했다. 루시는 대수학을 다시 배우러 여름학교에 가야 하는 중학생처럼 골이 나 있었다.
 "나는 그 사람들하고 달라." 루시가 내게 말했다. "나는 중독자가 아냐."
 "맙소사, 네가 중독자라는 걸 인정하지도 않으면서 이걸 왜 하는 건데?"
 "친구들을 위해서지." 루시는 말했다. "친구들이 다시 나를 믿고 더는 간섭하지 않도록 말이야."
 "재활은 친구들을 위해 하는 게 아냐."

"글쎄, 난 그것도 가능하다고 봐. 지금 내가 그러고 있으니까. 그 12단계라는 것도 그렇고, 완전 헛소리야. '우리는 우리 자신보다 더 큰 힘이 존재함을 믿습니다.' 내가 그 사람들한테 말했잖아. '당신들이 신이 있다고 말한다고 해서 내가 믿을 거라고 기대하진 마쇼.' 어느 사회복지사가 신이 있다고 말한다고 해서 내가 천 년의 철학을 없는 셈 쳐야 해?"

"그래, 네가 재활원에서 제일 똑똑하구나."

"내가 약을 끊는다면 그건 바로 나 자신이 원해서일 거야."

"너 약 끊었어?"

"당연히 끊었지." 루시가 말했다. 화를 냈다. 우리 둘 다 화를 냈다.

루시는 다시 폐렴에 걸려서 입원했지만 의사들의 말을 따르지 않고 하루 뒤에 퇴원했다. 그들은 코네티컷의 의사이며 자기들이 무슨 말을 하는지 전혀 알지 못한다고 했다.

"다시 뉴욕으로 돌아가야겠어." 루시가 말했다. "돌아가서 친구들과 같이 있어야 해."

"돌아가면 안 돼. 돈도 없잖아. 건강도 너무 나쁘고. 당분간 조용히 지내면서 자신을 돌봐야지." 나는 앤디를 떠올렸다. 앤디는 루시가 뉴욕에 오지 못하게 하려고, 딜러에게서 떨어뜨려놓으려고 필사적으로 애썼다. 앤디는 루시가 약을 손에 넣을 수 없는 곳에 있어야 한다고 생각했다.

"스티븐의 아파트에서 살면 돼. 방법을 알면 도시에서 사는 게 더 돈이 안 들어."

나는 계속 안 된다고 했다. 안 돼, 기다려, 거기 있어야 해. 루시에게 '안 돼'라고 말하는 게 습관이 되어버렸다. 루시가 앞으로 걸음을 내디딜 때마다 절벽에서 떨어질 것만 같았기에 안 된다는 말이 특히나 좋은 충고로 보였다.

12월에 뉴욕에 갔다. 영화 시사회와 〈뉴욕 타임스〉의 크리스마스 파티에 참석하기 위해서였다. 루시에게는 말하지 않았다. 말하면 오고 싶어할 테고, 루시가 오면 파티를 망칠 테니까. 칼과 나는 이틀 밤만 뉴욕에 있을 예정이었고, 나는 즐겁게 보내고 싶었다. 루시에게 말하지 않고 뉴욕에 가는 건 이번이 처음이었다. 떠나기 몇 시간 전 루시가 전화했다.

"전화 받았네!" 루시가 말했다.

"나랑 통화하려고 했어? 메시지를 열 개 넘게 남겼는데 한 번도 전화 안 했잖아."

"네 자동응답기가 싫어." 루시가 말했다. "거기에 대고 말하진 않을 거야." 당시 나는 새 자동응답기를 사서 내 목소리 대신 기본 전자 음성으로 설정을 해두었다. 내가 모르는 정신 나간 사람들이 나한테 전화를 걸기 시작했기 때문인데, 그 사람들이 맞는 번호로 전화한 것인지 알 수 없게 하려는 의도였다.

이렇게 설명했지만 루시는 막무가내였다. "네가 메시지를 바꾸면 그때 너랑 통화할 거야."

오늘 뉴욕에 간다고, 오늘밤에 만나서 저녁을 같이할 수 있다고 거의 말할 뻔했지만 아무 말도 하지 않았다.

"크리스마스에 내슈빌에 갈까 생각중이야." 루시가 말했다.

"난 애틀랜타에 있을 거야."

"그럼 가서 네 어머니랑 크리스마스를 보내지, 뭐. 너희 어머니랑 같이 있고 싶어."

"전화해봐." 나는 말했다. "하지만 크리스마스가 이 주밖에 안 남았어."

"비행기표 구하기 어렵겠지." 루시가 우울한 목소리로 말했다. "하지만 네가 정말 그리워."

"중요한 건 네가 회복하는 거야." 못된 말이었다. 나는 루시가 그립지 않았다. 그리고 짐을 싸야 했다.

"넌 내가 안 그립다는 말이야?"

"물론 그립지."

"사랑해." 루시는 그리움이 담긴 목소리로 다정하게 말했다.

"나도 사랑해." 내가 말했다. 진심이긴 했지만, 그 순간엔 바빠서 다소 급하게 뱉은 대답이기도 했다.

잠시 침묵이 이어진 후 루시가 한숨을 쉬었다. "그래, 알았어. 끊어야겠다. 더 자주 통화하자. 다시 매일 통화하자."

"그러자," 나는 말했다. "매일 통화할 때 우리는 더 잘 지내니까."

전화를 끊었는데, 잠시 후 전화기가 다시 울렸다.

"너는 내가 재능이 있다고 생각하지, 그렇지?" 루시가 말했다.

"물론 네가 재능이 있다고 생각해."

"알았어. 그냥 확인해본 거야. 다시 안녕."

그러곤 루시는 가버렸다.

왜인지는 모르겠지만 새가 자꾸 내 창문에 부딪혀〔루시가 1990년에 애버딘에서 쓴 편지다〕. 여기 앉아 있는 동안 또다른 새가 쿵 하고 부딪혔고, 어제도 두 마리가 그랬어. 무슨 징조일지도 몰라(언젠가 내가 창문에 부딪히는 새에 관해 시를 쓴 적이 있지 않나?). 이제 기억난다. 시에서 그건 나쁜 징조였어. 무언가를 예감해본 적 있니? 내가 언제나 느끼는 예감이 있는데, 텅 비고 어두운 느낌이야. 암울한 미래에 대한 예감이 아니라 미래 없음에 대한 예감. 설명은 못하겠지만 너무도 확실하게 느껴져서 정말 두려워. 내 상상일 뿐이라고, 우울해서 그런 거라고 생각하고 싶어.

칼과 나는 2002년 12월 18일 수요일 오후에 뉴욕에서 돌아왔다. 그날 밤 열시 삼십분에 스튜어트가 전화했을 때 나는 이미 잠들어 있었다. 이번에는 정말로 루시가 죽었다는 말을 하려고 전화한 것이었다. 목소리에 놀라움과 두려움이 배어 있었다. 죽었다는 말을 그 자신도 확신하지 못하는 것 같았다. "앤," 스튜어트가 말했다. "루시가 죽었어요." 전화를 끊고 몇 분 동안 어둠 속에 누워 꿈을 꾼 척했다. 스튜어트는 테네시로 여행을 왔을 때 핸드폰에 내 전화번호를 단축번호로 저장해두었고, 검시관에게서 소식을 들었을 때 내게 가장 먼저 전화했다. 나는 조이에게 전화했고, 조이는 소피에게, 소피는 루시BB에게 전화했다. 그렇게 소식이 퍼졌다. 루시가 죽었다는 소식을 전하는 전화가 스티븐에게 닿았을 때 그는 이미 알고 있다고 했다. 스티븐은 침대 위 루시의 시신 곁에 앉아 있었고, 경찰도 그곳에 있었다. 전화해도 응답이 없자 루시를 찾아 나선 게 스티븐이었고, 뉴욕의 그 작은 아파트에서 루시를 발견한 것도 스티븐이었다.

새벽 세시에 칼의 집으로 운전해서 갔다. 칼을 깨워 소식을 전하면서 울기 시작했다. 내 인생의 또다른 반절이 막 시작되었기 때문이다. 남은 반절은 루시 없이 살아야 했다.

몇 주 후 부검 결과가 나왔을 때 우리가 들은 이야기는 이랬다. 루시 몸에 헤로인이 남아 있긴 했지만 치사량은 아니었다. 탁자 위에 음식이 있고 루시는 침대에 있었다. 모든 이가 처음에 생각한 것과는 달리 질식 때문이 아니었다. 확실히 알아낸 건 루시가 죽었다는 사실뿐이었다. 어떤 일들이 겹쳐 그렇게 되었는지는 알 수 없을 것이다. 그래도 루시가 그 순간에 굉장히 불행하지는 않았을 거라는 생각에 작은 위안을 얻었다. 어쩌면 루시는 졸리고 배부르고 기분좋게 취한 채로 이불 속에 기어들어가 잠들었는지도 모른다. 루시의 죽음은 우발적인 약물 과다 복용으로 결론이 났다.

나는 루시가 죽지 않았을 수도 있는 온갖 시나리오를 생각해낼 수 있다. 가장 맘에 드는 시나리오는 내가 루시를 뉴욕의 파티에 데려가는 것이다. 루시는 치마 부분이 넓게 퍼지는 은빛의 실크 칵테일드레스를 입었고, 모두가 루시를 보고 반가워하며, 루시는 즐거운 시간을 보낸다. 그래서 얼마 동안은 헤로인을 하지 말아야겠다고 생각하고 또 어쨌든 내가 곁에 있으니까 헤로인을 하지 않고, 그래서 한 주를 더 살고, 자신이 좀더 강해졌다고 느껴서 또 한 주를 더 산다. 한 달을 더 살고, 그러곤 일 년을 더 산다. 나는 욕심내지 않으려 애쓴다. 일 년 이상 살길 바라지 말자고 나 자신에게 말하고, 그런 다음엔 내가 누구에게 바라는 걸까 생각한다. 루시는 죽었고, 이제 나는 루시에게 바라는 것이 전혀 없다. 사실 한 주면 충분했을 것이다. 그동안에 나는 인내심을 되찾았을 것이다. 전에도 백번은 그랬다. 그렇게 만드는 게 루시의 능력이었기에 그토록 많은

진실과 아름다움

친구가 있었던 것이다. 우리 모두 루시에게 인내심을 잃었지만, 모두가 동시에 그런 적은 한 번도 없었다. 우리 중 한 명이 지치면 대신 등불을 들고 루시를 집으로 인도할 다른 사람이 언제나 있었다. 그 사람이 또다시 나였을 수도 있음을 나는 안다. 그때, 파크 애비뉴 카페에서 루시와 같이 있던 그 순간에, 루시를 떠나보낼 수도 있다고 생각했다. 하지만 이제는 안다. 나는 루시 없는 삶을 살 수 없다. 지금 그런 삶을 살고 있지만 선택한 것이 아니다. 루시가 헤로인을 포기할 수 없었다면, 나는 루시를 포기할 수 없었다.

밤에 루시 꿈을 자주 꾼다. 나는 낯선 도시에 있고 어느 카페에 앉아 있는 루시를 본다. 커피를 마시며 공책에 무언가를 쓰고 있다. 루시는 내가 상상했던 것보다 훨씬 허약해서 잔을 두 손으로 겨우 들어올릴 수 있을 정도지만, 그래도 나를 봐서 행복해한다. 나는 루시에게 달려가 키스하고, 루시는 몸을 일으켜 내 무릎에 앉아 작은 새처럼 내 품에 안긴다.

"네가 죽었다고 생각했어." 나는 말한다. 루시가 거기 있어서, 여전히 살아 있어서, 여전히 나의 루시라서 너무도 기쁘다. 팔로 루시를 감싸자 루시의 이마가 내 목선에 닿는다. "모두 네가 죽었다고 생각해."

"회복하기 위해 한번 더 노력해야 했어." 루시가 말한다. 지친 목소리다. "내가 마음을 잡으려고 애쓰다가 또다시 실패하는 모습을 모두에게 다시 보이고 싶지 않았어." 루시는 자신이 지금 아주 비밀스러운 재활원에 있는데, 주변 사람 모두가 이미 죽었다고 여기는 이들을 위한 곳이라고 했다. 자신이 성공할 확률은 반반이지만, 일단 재활 프로그램을 마치고 나면 평생 약물 문제 없이 건강하게 살 수 있다고 했다. "이렇게 생각했어. 이 방법을 쓰면 만일 내가 죽어도 아무도 모를 테니 그 모든 슬픔을 다시 겪을 필요가 없을 테고, 만일 내가 산다면 완전히 나았을 테니 모두가 나를 다시 만나 아주 기뻐할 거라고."

"네가 어떤 모습이든 우리는 널 만나면 기뻐할 거야."

"내 생각이 맞단다." 루시가 내 손목을 만지며 말한다.

어두운 바에서, 애버딘의 카페 드러먼드일 수도 있는 바에서, 나는 아몬드 페이스트를 넣은 크루아상을 잘게 찢어 내 무릎에 앉은 루시에게 먹여주다가 무언가를 기억해낸다. "오 세상에, 루시, 난 네 죽음에 관한 책을 쓰고 있어." 어쩐지 부끄럽다. 루시의 생존력을 내가 더는 믿지 않음을 증명하는 행위 같아서다. "정말 미안해. 내다버릴게."

루시는 고개를 젓는다. 팔에 안긴 루시를 느낀다. 뼈의 무게를, 내 뺨에 스치는 루시의 머리칼을 느낀다. "계속 써." 루시가 말한다. "나는 아마 죽을 거야. 지금은 아니더라도 조만간 죽을 거야, 그렇지?"

밤마다 루시를 만나고 또 만난다. 언제나 공공장소다. 박물관, 레스토랑, 기차. 매일 밤 루시는 날 보고 반가워하며 내 품에 폭 안긴다. 하지만 품안의 루시는 매번 점점 더 작아진다. 루시는 사람들이 자신을 죽었다고 생각하게 내버려두고, 나는 거기서 루시의 다정한 마음을 본다. 루시를 다시 잃는 건 끔찍한 일일 테니까. 시간이 갈수록 꿈속에서 루시를 보는 일이 뜸해지지만, 루시는 여전히 그 비밀 재활원에서 내게 전화하곤 한다. 거기서 자신을 더이상 내보내주지 않는다고, 하지만 나는 이미 진실을 알기에 나에게 전화하는 건 허용된다고. 끊어질 듯 말 듯 이렇게나마 나는 내 죽은 이를 방문할 수 있다.

우리가 이십대 초반이고 아직 아이오와에 살던 시절, 하루는 밤에 장 콕토의 〈오르페우스〉를 보러 학내 영화관에 갔다. 루시의 친구들인 한 무리의 시인과 함께 앉았는데, 시 몇 편을 끄적인 초고를 두고 주먹다짐이 벌어지는 시인 카페 장면에서 모두 함께 환호성을 질렀다. 멋진 밤이었다고 기억한다. 우리는 영화를 보고 흥분했고, 얼어붙을 듯한 추위를 뚫고 집으로 돌아오며 시인을 사회에서 가장 중요하고 추앙받는 이들로 그리는 영화를 만들다니 콕토는 정말 훌륭한 감독이라는 이야기를 나눴다. 루시는 죽음의 여신의 운전사인 외르트비즈에게 반했다고 했다. 오르페우스 대신에 조연이고 이인자인 인물에게 끌리는 것이 자신의 탁월한 감수성을 잘 보여준다고 여겼다. 너무도 아름다운 오르페우스를 원하는 건 지나친 욕심일 수 있었다. 나는 외르트비즈가 마음을 끈다는 데 전적으로 동의했다. 비록 그후 몇 년 동안이나 내 마음에 남은 이미지는 거울에 뺨을 댄 채 모래 위에 잠든 오르페우스의 모습이었음에도 말이다.

"그럼 오르페우스는 너 가져." 루시가 말했다.

"하지만 나도 외르트비즈가 좋은걸." 나는 말했고, 그건 사실이었다. 외르트비즈가 좋았다. 그리고 루시가 눈높이를 낮춰 차선을 선택했다고 느끼지 않길 바랐다. "외르트비즈는 오르페우스보다 더 훌륭한 영혼을 지녔어."

루시가 고개를 저었다. "죽었으니까 그렇게 보이는 거야. 진짜로 오르페우스 너 가져."

우리는 이미 세상을 떠난 프랑스 영화배우 중 누구와 데이트하고 싶은지 떠드는 젊은 여성이었다. 간단히 말해, 우리는 아주아주 생생하게 살아 있었다.

루시가 죽은 후 그 영화를 다시 봐야겠다는 생각에 사로잡혔다. 그 영화가 유일하게 위안을 줄 수 있을 것 같았다. 죽음의 여신과 협상할 수 있는 사람은 결국 오르페우스뿐이니까. 거래를 성사시킬 만큼 아름답고 영리한 사람도 오르페우스뿐이니까. 나는 오르페우스 신화를 기억했다. 에우리디케를 몹시 사랑한 나머지 오르페우스는 지하세계로 내려가 아내를 데려오려 하지만, 뒤돌아보지 말라는 단 하나의 규칙을 어겨 에우리디케를 영원히 잃고 만다.

하지만 영화를 다시 봤을 때 콕토의 이야기는 전혀 달랐다는 사실이 기억났다. 영화에서 에우리디케는 올곧고 아름다운 인물이며, 임신중이다. 생명의 빛 자체와도 같은 여인이지만 오르페우스는 아내에게 큰 관심이 없다. 그는 허리가 두 손으로 감쌀 수 있을 만큼 가느다란데다 음산하고 뼈가 앙상한 죽음의 여신을 사랑한다. 오르페우스가 아내를 찾으러 가면서 만나길 원하는 이는 죽음의 여신이다. 키스하고 맹세하는 상대도 죽음의 여신이다. 루시가 그 장면을 기억할지 궁금했다. 루시는 죽음의 여신과 거의 낭만적인 관계를 맺고 있었다. 너무도 여러 번 죽음의 여신을 물리쳤기에 자신이 원하는 만큼 죽음에 키스한 후에도 여전히 이 세계로 돌아올 수 있다고 확신했다. 죽길 원했을 때조차 뜻대로 되지 않는 듯 보였다. 45킬로그램의 몸으로 서른여덟 번의 수술을 겪어낸 루시는 무적임을 모두가 인정했다. 루시는 인생의 가장 기본적인 규칙이 자신에게는 적용되지 않는다고 믿었고, 나 역시 루시와 함께하면서 언제부터인지는 모르지만 그렇다고 믿게 되었다. 루시의 생명력이 그토록 강했기에 무슨 일이 있어도 계속 살 것이라고 확신했다.

그것이 나의 실수였다.

옮긴이의 말

사랑과 애도의 제의로서의 글쓰기

2012년에 방영된 HBO 드라마 〈걸스〉에는 다음과 같은 내용의 에피소드가 있다. 작가 지망생인 주인공이 대학에서 문학 창작을 공부하던 시절에 자기보다 글을 못 쓴다고 내심 깔봤던 동창이 있는데, 졸업 후 그 동창이 자살한 남자친구에 대한 회고록을 내서 작가로 먼저 화려하게 데뷔한다. 출간 파티에 참석한 주인공은 남자친구가 시의적절하게 죽어(!) 좋은 글감을 제공해줬다며 동창을 부러워한다. 눈에 불을 켜고 드라마틱한 이야깃감을 서로 차지하려는 작가들의 징글징글한 욕심과 질투를 블랙유머로 꼬집는 이 에피소드는 또한 고통스러운 경험이 '콘텐츠'가 된 시대에 대한 코멘트이기도 했다.

옮긴이의 말

"2010년대 중반에 젊고 배고픈 작가가 목소리를 내고 주목받을 수 있는 방식으로 두드러진 것은 자신의 트라우마 중 어떤 것을 화폐화할지 결정하는 것이었다. 한 사람의 고투—거식증, 우울증, 일상적 인종주의일 수도 있고 나의 트라우마처럼 슬픔일 수도 있는데, 내 슬픔은 앞의 세 개를 다 합친 것이었다—는 서정적으로 묘사되고 최근 나온 책이나 영화의 렌즈를 통해 정교화된 후 매달려 건조되었다. 이렇게 하는 대가로 나는 이 산업의 요율인 150달러를 받았다."*

아시아계 미국인 작가이자 예술가 라리사 팜은 질병, 장애, 사회적 차별 등 자신이 겪은 곤경이나 피해의 경험을 소재로 한 작업물을 내는 것이 출판·문화계에서 창작자로서 시선을 끄는 하나의 방식이 되었다며, 이 같은 경향을 '트라우마의 화폐화'라는 말로 짚는다. 이제 글을 쓰고 예술을 하고 싶은 사람은 (외부의 대상을 탐구하거나 취재하기보다는) 자신이 겪은 고난의 목록을 먼저 뒤적여본다는 것이다. 나에게 어떤 아픔, 어떤 피해, 어떤 소수자성이 있는가? 어떤 상처가 '팔리는' 이

---

* Larissa Pham, *Pop Song : Adventures in Art Intimacy*, Catapult, Kindle Electronic Edition, 2021, "Body of Work".

야기가 되겠는가?

 자신의 고통 경험에서 출발하는 개인적인 글쓰기는 어느 정도는 여성을 비롯한 소수자 운동의 유산이다. 멀리는 메리 울스턴크래프트부터, 가까이는 1960~1970년대의 제2물결 페미니즘 이후 여성주의적 실천에서 자신의 경험을 탐구하는 것은 삶으로부터 정치적 질문을 형성하는 일이었다. 개인적 고통의 사회적 구성을 살피는 작업을 통해 다른 관점과 입장과 지식이 생산될 수 있었으며, 이런 점에서 고통은 '우리'의 힘이고 자원이자 특권이기까지 했다. 사적인 경험과 구조를 연결하며 개인적인 목소리로 서술하는 이 같은 서사 형식은 주관적인 경험에 권위를 부여했고, 근래 한국 사회에서도 성폭력 피해자, 참사 생존자와 주변인, 장애인, 성 소수자, 건강 약자 등 다양한 주변화된 주체들이 목소리를 낼 때 주된 이야기의 방식이 되었다. 다른 한편으로 일인칭 고통 이야기의 증가는 신자유주의적 현상이기도 하다. 자기 계발의 맥락에서 모든 이들이(사회적 약자뿐 아니라 기득권자라든지 '셀럽'까지도) 자신의 부정적인 경험을 발견하고 그 치유에 열중하는 문화가 배경에 있다는 것이다. 또 시장에서 개인의 역량 강화를 강조하는 흐름 속에 자기 이미지와 서사를 구축하여 상품화하는 자기-브랜딩 문화 역시 하나의 맥락으로 지적할 수 있을 것이다.

 나는 개인적인 경험을 개인적인 목소리로 담아낸 에세이나 회고록 등의 논픽션이 우리 시대가 도달하고 발전시켜온 고통 쓰기의 주요 형식이며, 이런 글쓰기에 여전히 탐구되지 않은 가능성이 많다고 믿는다. 또한 자기돌봄의 기술을 익히고 고통에서 벗어나려는 개인적 구도求道의 이야기들이 사회적 차원을 고려하지 않으며 체제 영합적이라고 무조건 폄하하고 싶지도 않다. 그럼에도 더 '좋은' 고통 이야기가 있는 사회가 덜 아픈 사회라고 믿는 사람으로서, 회의하고 경계하는 질문도 던지고 싶다.

모두가 자신을 고통받는 자로 내세우는 '고통의 민주주의(사회학자 에바 일루즈의 용어)' 하에서는 누구의 고통을 누가 어떻게 말하는가/말하지 못하는가라는 중대한 정치적인 질문이 사라지는 것 아닌가. 그런 질문 없이 고통이 있다는 것 자체에, 고통을 드러낸다는 것 자체에 과도하게 가치가 부여되는 것은 아닌가. 고통이 물신화되었기에 고통 서사가 쉽고 안전하며, 그래서 글쓰는 이에게 유혹적인 서사가 된 것은 아닌가. 이제 눈길을 끄는 글을 쓰려면 트라우마 하나쯤은 있어야 하고, 저자 자신에게 흥미로움과 깊이를 부여하기 위해서는 약자성을 발견하거나 발명해야 하는 것 아닌가. 그리하여 앞에서 말한 〈걸스〉의 에피소드에서처럼 고통 경험이 서로 은밀히 차지하고 싶어하는 자원이 된 것은 아닌가.

다소 냉소적인 질문이나 냉소만을 위한 질문은 아니다(나 역시 나 자신의 질병 경험을 소재로 한 에세이집을 낸 적이 있다!). 그보다는 오늘날 고통의 이야기를 읽고 쓰는 이들이 의식할 수밖에 없고 또 의식해야만 하는 이야기의 지형과 지평이 존재한다는 것이다. 고통이 상품화될 때의 윤리적·정치적·예술적 문제와 긴장이 적극적으로 사유되어야 한다는 것이다. 고통이 관심과 사랑을 받을 수 있는 자기 서사의 소재, 진정성의 제스처, 매력적인 정체성의 요소 같은 사유화된 쓸모를 갖게 될 때, 모두가 아프다고 말하지만 고통도, 고통받는 사람도, 고통과 함께 산다는 것도 오히려 제대로 분석되고 탐구되지 않을 수 있다는 것이다.

오늘날의 고통 이야기에 대한 위와 같은 문제의식 때문이었을 것이다. '손상된 얼굴로 살아온 경험을 쓴 자서전으로 유명해졌으나 서른아홉의 나이에 거의 자살이나 마찬가지인 헤로인 과다 복용으로 죽은 여성 시인에 관해 소설가 친구가 쓴 회고록'으로 요약할 수 있는 이 책 『진실과 아름다움』의 소개문을 보고 책을 구해 읽으면서도 얼마간 미심쩍어하며 펼쳤던 건 말이다. 남의 고통을 냉큼 자신의 이야깃거리로 포착한 또 하나의 실망스러운 책을 만나게 되는 게 아닐까, 친구의 장애와 고난과 죽음이 주목을 끄는 소재로만 쓰이는 건 아닐까, 비극을 도드라지게 하기 위해 한 사람의 삶을 트라우마와 서글픈 죽음이 전부인 것으로 만들어버리는 건 아닐까. (이렇게 미리 여러 가지 의심을 품었던 건 마침 그 직전에 자살한 친구를 소재로 한 또다른 작가의 에세이를 읽었기 때문이기도 했다. 그 책은 친구의 고통을 자신의 고통으로 전유하는—'친구의 끔찍한 자살 때문에 힘들어하는 나를 봐! 내 마음이 아프다, 내가 아프다!'—문제 많은 작품이었다.)

그러나, 아, 패칫의 책은 달랐다. 첫번째 장을 다 읽기도 전에 내 불신은 일소되었으며 나는 앤 패칫의 이야기에 완전히 빠져들고 설득되었다. 패칫의 관심은 애초에 좋은 글감으로서의 친구의 고통에 있는 것이 아니었다. 친구를 잃은 자신의 상실감을 내세우는 데 있는 것도 아니었다. 이 책은 친구의 삶을 훼손된 얼굴과 고통의 상징으로 축소하는 것과는, 그 삶을 저자의 민감성과 풍부한 감정을 돋보이게 하는 소재이자 자기연민의 도구로 만드는 것과는 거리가 멀었다. 친구 루시 그릴리가 죽고 두 달 후 『뉴욕 매거진』에 실렸던 에세이를 확장해 이 년 후 출간한 이 작품은 모든 빼어난 책이 그러하듯 작가가 자신의 주제에 사로잡혀서 반드시 그것에 관해 써야만 한다고 느끼는 내적인 필연성과 충동, 심지어는 의무감에서 탄생한 것으로 보인다. 친구의 몸이 세상에서 사라지고 난 후엔 그의 흔적들도 점차 풍화될 것이기에, 기억도 아픔도 가장 또렷할 때 충격과 슬픔과 죄책감을 정면 돌파하며 이루어진 글쓰기.

이런 글쓰기는 작가가 상실에 대응한 방식이자 맹렬한 애도의 제의이고 친구의 죽음 후에도 멈추지 않은 헌신의 행위일 것이다. 앤 패칫은 망각의 어둠이 침윤하기 전에 그때까지의 인생 절반을 함께한 루시의 삶과 우정의 역사를 그려냄으로써 사랑하는 친구를, 명민하고 빛났던 문인을, 고통 많았던 생을 산 한 인물을 생생한 모습으로 계속 살아 있게 하고자 한다.

책을 열면 우리는 스무 살 언저리의, 재능과 열정 가득한 두 여성을 만난다. 소설가가 되고자 하는 앤 패칫과 시인이 되고자 하는 루시 그릴리. 이들에게 미래는 아직 미정형이며 세계는 탐색과 실험의 대상이다. 글쓰기, 예술, 생계, 커리어, 사랑, 섹스, 우정, 일상의 갖가지 문제까지 두 사람은 모든 것을 함께 고민하고 공유하며 서로에게 힘과 자극이 되어주면서 세상 안에서 자기 자리를 찾아간다. 빵집 아르바이트, 보모, 패밀리 레스토랑 웨이트리스, 비서, 대학 강사 일을 하는 한편 야도 작가 공동체, 프로빈스타운 순수예술창작센터, 번팅 펠로십 등 미국의 예술가 지원 제도를 하나하나 거치며 작가로 성장해간다. 우리는 젊은 창작자로서 두 사람의 불안과 어려움을 보고, 글쓰기로 자신을 구하겠다는 결단과 도약도 본다. 한 글자, 한 페이지, 한 권의 책을 써내는 고투를 지켜보고, (루시가 먼저) TV와 라디오에 출연하고 북토크에 사람들이 몰려들게 하는 유명 작가가 되는 여정을 따라간다.

그리고 루시의 고통이 있다. 어린 시절 암으로 턱 절반을 잘라낸 후 남은 서른 해 동안 루시 그릴리는 수십 번의 재건 수술을 받는다. 이는 몸의 불편과 장애 자체에 더해 계속 바뀌는 얼굴로 살며 정체성의 혼란을 겪고, 끝이 나지 않는 수술을 받으면서 기대와 절망을 잇따라 오가고, 병원비 때문에 진 빚에 쫓기고, 무엇보다 잔인한 괴롭힘과 빤히 쳐다보는 시선의 폭력을 평생 견뎌야 했다는 뜻이다. 하지만 이 책에서 그런 고통만큼이나 강렬하며 주된 줄기가 되는 이야기는 친구들의 사랑과 보살핌이다. 앤을 비롯한 친구들은 곁을 지키고 간병하고 지낼 곳을 내주면서 루시를 지탱하고 어려움을 나누는 망이 되어준다.

이 모든 이야기를 앤 패칫은 지성, 통찰, 명료함, 균형감, 온기어린 유머(개미와 베짱이 같은 두 사람의 대비되는 캐릭터는 특히 웃음을 짓게 하는 포인트다)를 가지고 풀어낸다. 가장 인상적인 것은 이 책의 솔직함이다. 패칫은 친구의 결점이나 약점을 숨기지 않는다. 최선의 모습뿐 아니라 최악의 모습까지 전부 담는다. 처음엔 '이런 것까지 다 써도 되나' 하는 생각이 들기도 했지만, 읽어가면서 '이런 것까지 다 써야 했구나'라고 납득하게 됐다. 앤의 루시를 향한 애정은 '모든 것을 다 감싸안는all-encompassing'이라는 영어 단어를 떠올리게 했는데, 루시가 그처럼 모든 것을 다 감싸안는 애정의 대상이었다면 루시에 관한 책도 당연히 모든 것을 다 감싸안는 책이어야 할 것이기 때문이다.

무엇보다 그런 솔직함 없이는 루시 그릴리라는 사람, 많은 역경이 있었으며 문제적이기도 했던 그의 삶을 온전히 그려낼 수 없었을 것이다. 자신이 추하기에 사랑받을 수 없을 거라는 생각에 시달리고, 자존감을 박살내고 정신과 육체를 굴종시키는 나쁜 남자에게 매달리고, 마법 같은 단 하나의 사랑을 찾고, 채워지지 않는 허기를 섹스로 채우고, 모두의 관심과 애정을 독차지하고 싶어하고, 유명해지고 싶어하고, 질투하고, 자기중심적이고…… 사람들은 흔히 비 온 뒤에 땅이 굳는 말도 하고, 회복탄력성이라는 말도 하고, 시련이 사람을 성장하게 한다는 말도 한다. 그 말들이 거짓은 아니나 고통이 사람을 망가뜨리고 마음에 검은 구멍을 남기는 것도 사실이어서, 루시의 어떤 면들은 고통의 상흔이기도 할 것이다. 앤 패칫은 고통의 작용과 주체의 반작용 속에 고통이 한 사람을 어떻게 빚어내는지를, 영웅적이기도 하고 뒤틀리기도 하고 망가지기도 한 채로 살아가는(혹은 더는 살아가지 못하는) 그 사람의 다면적인 모습을 감추거나 유보하는 일 없이 보여준다.

독자를 친밀하게 이야기 속으로 끌어들이는 저자의 솜씨가 어찌나 뛰어난지 나는 앤과 루시가 내 친구이고 동료인 것처럼 가깝게 느끼면서 두 사람의 여정을 응원했으며, 루시의 세계가 무너져내리기 시작하는 후반에 이르러서는 눈물을 훔쳐가며 번역을 해야 했다. 그리고 이런 질문들이 머릿속을 맴돌았다.

한 사람이 일생동안 견딜 수 있는 고통의 총량이란 게 있을까?
한 사람이 어디까지 견딜 수 있을까?
무엇이 널 구할 수 있었을까?

이 책은 고통 이야기일뿐 아니라 평생 한 번만 쓸 수 있는 (그런 사랑은 평생 한 번뿐일 것이기에) 사랑 이야기였고, 그토록 개미같이 성실한 사랑으로도 구할 수 없었던 절망의 이야기였다.

책을 읽고 나면 앤 패칫의 정확한 의도대로 살아 움직이는 한 사람의 모습이 남는다. 밤의 서점에서 시를 낭독하는 루시, 손바닥으로 날아드는 작은 새처럼 품에 안기는 루시, 글은 안 쓰고 당구장에서 노닥거리는 루시, 아무에게도 신경쓰지 않고 혼자 춤추는 루시, 명성을 만끽하는 루시, 친구들로 가득찬 병실에 누운 루시, 동그랗게 몸을 만 채로 울고 또 우는 루시, 제멋대로인 루시, 허영덩어리 루시, 얄미운 루시, 엉망진창인 루시, 루시, 루시, 루시.

한 인물을 이해하게 할 뿐 아니라 독자를 그 인물에게 정서적으로 연루시키고 그를 잊을 수 없게 만든다는 점에서 탁월하고 특별한 회고록이다. 고통이 많았던 누군가의 인생을 실제 삶의 복잡성과 모순 속에서 풍부하게 그려낸다는 점에서 전범이 되는 고통 이야기다. 한편 이 책에서 얻을 수 있는 건 쓰기의 기술만이 아니다. 아침을 먹는 동안 키츠의 시를 암송하는 루시에게서 앤이 진실과 아름다움을 배웠듯, 우리도 이 책에서 진실과 아름다움을 배운다. 친구를 사랑하는 법을 배운다. 돌보고 의존하는 법을 배운다. 자신을 구하는 법을 배운다. 인간에게는 고통을 견디는 능력이 있지만 견딜 수 없는 고통 역시 존재한다는 걸 배운다. 늦은 밤 주방에서 춤추는 법을 (허리 아래쪽에 집중하고 한 번에 몸 반쪽만 움직일 것, 그것도 어렵다면 오른발만 움직일 것!), 그리고 세상에서 제일 다정한 안부 인사를 하는 법도.

사랑하는 내 앙고라 고양이, 잡히지 않는 심장을 지닌 나의 시니컬한 해적, 알아서 태엽이 감기는 나의 시계, 나의 대표작, 나의 신발끈, 어떻게 지내니?

진실과 아름다움
어느 우정의 역사

초판 인쇄 2025년 7월 29일
초판 발행 2025년 8월 11일

지은이 앤 패칫
옮긴이 메이

펴낸곳 복복서가(주)
출판등록 2019년 11월 12일 제2019-000101호
주소 03720 서울특별시 서대문구 연희로 28길 3
홈페이지 www.bokbokseoga.co.kr
전자우편 edit@bokbokseoga.com
마케팅 문의 031) 955-2689

ISBN 979-11-91114-92-8 03840

이 책의 판권은 지은이와 복복서가에 있습니다.
이 책 내용의 전부 또는 일부를 재사용하려면 반드시 양측의 서면 동의를 받아야 합니다.
이 책의 일부를 어떤 방식으로든 인공지능 기술이나 시스템 훈련 목적으로
사용하거나 복제할 수 없습니다.
No part of this book may be used or reproduced in any way
for the purpose of training artificial intelligence techniques or systems.

잘못된 책은 구입하신 서점에서 교환해드립니다.
기타 교환 문의: 031) 955-2661, 3580